이십이사차기 5

Ershier shi zhaji (Critical Notes on the 22Histories)

지은이 조익(趙翼, Zhao Yi, 1727~1812)은 淸 양호(陽湖 : 江蘇省 武進縣) 사람으로 자는 운송(耘松), 호는 견북(甌北)이다. 관은 광서(廣西) 진안(鎭安) 지부(知府)에 까지 올랐으나 그의 관력보다 시인으로서 역사가로서 이름을 날렸다. 시로서는 원목(袁牧), 장사전(蔣士銓)과 함께 건륭(乾隆) 3대가라 칭해졌다. 사학 방면에는 건가(乾嘉)시대 고증사학의 3대 명저의 하나인 본『이십이사차기』외에『해여총고(陔餘叢考)』,『황조무공기성(皇朝武功紀盛)』등이 있다.『청사고(淸史稿)』권485와『청사열전(淸史列傳)』권72에 그의 열전이 있다.

옮긴이 박한제(朴漢濟, Park, Han Je)는 1946년 경남 진주에서 태어나 서울대학교 동양사학과 학사, 석사, 박사 과정을 수료하였다. 1985년 이후 같은 과의 교수로 중국 중세사(위진남북조 수당사)를 가르치고 있다. 주요저서로는『중국중세호한체제연구』가 있고,『아틀라스 중국사』를 주편하였으며, 역서로는『진인각 최후 20년』이 있다. 한국 중국학회 회장과 동양사학회 회장을 역임하였으며 일본 오짜노미즈 여자대학, 대만한학연구중심, 중국사회과학원 역사연구소, 미국 하버드 대학 옌칭연구소에서 연구한 바 있다.

이십이사차기 5

1판 1쇄 인쇄 2009년 6월 25일
1판 1쇄 발행 2009년 6월 30일

지은이 / 조익
옮긴이 / 박한제
펴낸이 / 박성모
펴낸곳 / 소명출판
등록 / 제13-522호
주소 / 137-878 서울시 서초구 서초동 1621-18 (란빌딩 1층)
대표전화 / (02) 585-7840
팩시밀리 / (02) 585-7848
somyong@korea.com / www.somyong.co.kr

값 16,000원

ISBN 978-89-5626-403-5 93920
ISBN 978-89-5626-398-4 (전5권)

이십이사차기 5

二十二史箚記 五

조익 지음
박한제 역주

◈ 일러두기

1. 趙注 : 撰者 趙翼이 스스로 붙인 注.
2. 王注 : 『廿二史箚記校證』(北京 : 中華書局, 1984)의 王樹民의 校注.
3. '(사마)천' : 원문에 천(遷)으로 되어 있는 것은 알기 쉽게 하기 위해서 괄호를 쓴 것임.
4. 한자표기는 각조를 한 단위로 하여 붙였음. (예) 사마천(司馬遷)
5. 번역은 가능한 한 원문에 충실하려 했기에 문맥상의 이해를 돕기 위해 필요한 문장은 ( )에 넣어 보충했음.
6. [ ]은 원문의 해당 단어 표현을 뜻함.

역자 서문

오늘날 역사라는 학문은 전공하는 학자만이 아니라 다양한 직업이나 계층의 사람들도 폭넓은 관심의 대상이 되고 있다. 우리와 이웃하고 있고, 5,000년 역사를 중단 없이 이어왔을 뿐만 아니라 줄곧 동아시아 문명권의 중심에 위치했으며, 그리고 최근 비약적인 경제 성장으로 '세계의 공장'으로 불리는 중국의 역사에 대한 관심은 더욱 더 높아지고 있다. 이런 높은 관심에도 불구하고 제대로 된 중국통사 하나 내놓지 못한 것이 우리학계의 현실이다. 그것은 단적으로 우리 중국사학계가 아직 그만한 역량을 가지지 못한 데서 비롯된 것이다. 조선시대까지만 해도 학문의 주된 영역을 차지했던 중국학이 이렇게 쇠락해 버린 것은, 우리 과거의 이해뿐만 아니라 우리 민족의 장래를 위해서도 바람직한 일은 아니다. 이런 쇠락의 원인은 한두 가지가 아니겠지만, 무엇보다 근래 서양 학문에 밀려 일반 대중의 중국학에 대한 관심과 지원이 멀어진 것을 중요한 원인으로 꼽을 수 있을 것이다. 여하튼 현재 우리 중국사학계가 일반 대중의 수요에 적절하게 대응하지 못하고 있는 것은 분명한 사실이다. 이런 문제가 여전히 해결되지 않고 있는 것은 무엇보다 전문 학자와 대중간의 유리 현상이 지속되기 때문이다. 학자는 전문적인 연구논문도 써야 하지만, 대중들에게 읽을거리를 제공하는 것도 그 못지않게 소망스런 일일 것이다. 대중의 관심으로부터 멀어지면 그 지원도 기대하기 어렵기 때문이다.

여기에 전문성과 대중성을 함께 갖춘 하나의 명저가 있으니, 바로 청(淸)나라의 초기 대학자 조익(趙翼)이 저술한 『이십이사차기(二十二史箚記)』가 그것이다. 이 책은 높은 학문적 수준과 함께 중국사(先秦時代에서 明代까지)의 흐름을 일목요연하게 제시하고 있다는 점에서 대중성도 아울러 갖춘 보기 드문 저작이라 할 것이다. 이 책은 그 이름대로 '이십이사'라는 각 정사(正史)의 잘 · 잘못을 검토함과 동시에 재미있고 유익한 역사적 사실을 다양하게 소개하고 있다. 역사학에 접근할 때 가장 기본적인 것은 사료의 정확한 해독이다. 역사 특히 중국사를 연구하는 데 있어서 역대 학자들이 가장 관심과 정력을 쏟았던 것은, 어떻게 하면 그 많은 사료를 섭렵하고 그것을 정확히 해석해내느냐 하는 일이었다. 이를 위해서는 한 글자 한 글자의 뜻풀이에서부터 글자의 탈루, 오자의 발견과 판본에 따라 나타나는 표현의 차이 등을 정확히 고증하는 것이 가장 중요한 작업이다. 이 작업은 전통적인 훈고학(訓詁學)이나 고증학(考證學) 등의 학문을 생성시켰다. 고증사학자인 조익이 지은 『이십이사차기』는 우선 이런 역사학 연구의 가장 기본적인 문제에서부터 시작하고 있다.

중국사의 연구 자료로서 가장 기본적인 것은 두말할 필요도 없이 각 왕조의 정사(正史)일 것이다. 중국 왕조의 정사에는 1920년대 가소민(柯劭忞)이 새롭게 수찬(修撰)한 『신원사(新元史)』를 포함하여 모두 '25사'가 있다. 그러나 대개 중국 역대 정사를 일컬을 때 흔히 '24사'라 한다. 『사기(史記)』를 비롯하여 『한서(漢書)』 『후한서(後漢書)』 『삼국지(三國志)』 『진서(晉書)』 『송서(宋書)』 『남제서(南齊書)』 『양서(梁書)』 『진서(陳書)』 『남사(南史)』

『위서(魏書)』『북제서(北齊書)』『주서(周書)』『수서(隋書)』『북사(北史)』『구당서(舊唐書)』『신당서(新唐書)』『구오대사(舊五代史)』『신오대사(新五代史)』『송사(宋史)』『요사(遼史)』『금사(金史)』『원사(元史)』, 그리고 『명사(明史)』가 바로 그것이다.

조익의 『이십이사차기』는 '22사'라 하였지만, 사실은 『신당서』와 『구당서』, 그리고 『신오대사』와 『구오대사』를 비교 고찰함으로써 실제 다룬 정사는 24개사이다. 그러니 그 서명을 오히려 『이십사사차기』라고 해도 잘못이 없다. 『이십이사차기』는 조익의 생존 당시까지 전해진 모든 정사를 바탕으로 쓴 중국통사이다. '24사'는 청을 제외한 중국 역대 왕조의 가장 기본적인 사서로 총 3,243권으로 되어 있다. 중국사를 연구하면서 반드시 갖추어야 할 책이지만, 그 방대한 양의 책을 모두 통독하기란 중국사 전공자들에게 쉽지 않은 일이다. 따라서 '24사'에 기록된 역사적 흐름의 대강을 파악하는 데는 이만큼 유익한 책도 없다. 청말의 장지동(張之洞)도 "『이십이사차기』를 읽는 것으로 정사 통독을 대신할 수 있다"고 하였다. 즉 이 책을 읽는다면 실제 '24사'를 거의 섭렵하는 효과를 거둘 수 있는 것이다. 뿐만 아니라 '24사'의 찬자가 저지른 실수나 의도적인 왜곡까지도 교감하고 바로잡았으니, 24사를 읽을 적에 반드시 옆에 두고 참조해야 할 책이 바로 이 『이십이사차기』인 것이다.

앞서 말한 것처럼 정사에 대한 정확한 해석은 중국사 연구의 기본 바탕이 되는 것이기 때문에 정사에 대한 철저한 고증작업이 역대 끊임없이 이루어져 왔다. 특히 청대에 들어 이러한 작업은 전성기를 맞는다. 그 가운데 왕명성(王鳴盛), 전대흔(錢大昕), 조익 등이 이 작업을 수행한 대표적인 인물들이다. 즉 왕명성의 『십칠사상각(十七史商榷)』, 전대흔의 『이십이사고이(二十二史考異)』, 조익의 『이십이사차기』 등은 청 건륭(乾隆)·가경(嘉慶)시대 고증사학의 3대 명저라고 칭해지고 있다.

조익은 강소성 상주부(常州府) 양호(陽湖 : 江蘇省 武進縣) 출신으로 자는 운송(耘松), 호는 견북(甌北)이다. 옹정(雍正) 5년(1727)에 태어나서 가경(嘉

慶) 19년(1812) 향년 88세로 죽었다. 조익은 나면서부터 재주가 있어 세 살 때 글자를 알기 시작했고, 12세 때 하루에 7편의 글을 지었다고 한다. 19세에 현학(縣學)에 들어가고 경사(京師)에 유학(遊學)해서 재명(才名)을 떨쳤다. 1750년(乾隆 15)에 거인(擧人)이 된 후, 관학교습(官學敎習)에 보임되었다. 1754년(乾隆 19) 내각중서(內閣中書)라는 직책으로 군기처(軍機處)에 들어가 근무했고, 1761년(乾隆 26) 진사(進士)에 급제하였다. 그 후 한림원(翰林院) 편수(編修)가 되고 『통감집람(通鑑輯覽)』 등 역사서 편찬을 담당하였다. 31세(1766, 乾隆 31) 겨울 광서(廣西) 진안부(鎭安府)의 지부(知府)에 취임했다. 당시 부의 창곡(倉穀)의 출입을 담당하는 관리 중 부정을 저지르는 자가 많았기 때문에 조익은 그 폐단을 엄격하게 바로잡고 청렴의 정치를 펴니 백성들이 감복했다고 한다. 그가 관내를 순행할 때마다 주민이 다투어 영접하며 "우리 공(公)께서 이르렀다"고 칭송하고 후하게 그를 대접했다고 한다. 그 후 조익을 위하여 생사(生祠)가 세워지기에 이르렀다. 얼마 후 어떤 사건에 연루되어 탄핵을 당했지만 청조의 군대가 면전(緬甸 : 미얀마)에 파견되는 일이 발생하자 조익은 운남(雲南)에 파견되어 그 군사작전에 참여했다. 1770년(건륭 35) 광동(廣東) 광주부(廣州府)의 지부로 다시 임명되었다. 그곳에서도 결옥(決獄)을 공평하게 하고, 또 해도(海盜) 108명을 생포하여 법에 따라 참형에 처하는 등 공적이 많았다. 조익은 이렇게 변경지방의 지방관으로 주로 활약하는데, 그가 귀주(貴州) 귀서병비도(貴西兵備道)직을 맡고 있을 때인 1772년(건륭 37) 조정에서 광주 지부 당시의 재판처리 문제로 징계를 내리자, 어머니가 늙어 시양(侍養)해야 한다는 이유를 내세워 벼슬살이를 사양하고는 고향으로 돌아갔다. 그때 그의 나이가 46세였다.

어머니를 시양하기를 5년이던 해인 1787년(건륭 52) 대만사람 임상문(林爽文)이 난을 일으키자 이시요(李侍堯)가 상주를 지나면서 조익을 만나 군사에 참여시켰다. 이시요는 난을 평정하는데 극히 엄정하고 세심하였지만, 조익은 관서(寬恕)로서 대하여 그것을 평정하는 데 이르기까지 많은 힘을 기울였다. 대만이 평정되자 이시요는 그를 기용하려 하였지만 고사하고 향리로 은퇴하여 주로 저작 작업에 몰두하였다. 주로 안정서원(安定書院)에서 강론하고 평강(平江) 일대를 왕래하면서 시를 지었다. 당시 그의 시명(詩名)이 이미 높았고 특히 절동(浙東)의 산수(山水)를 유람하면서 주옥같은 시를 지어 원매(袁枚), 장사전(蔣士銓) 등과 병칭되는 유명한 시인이 되기도 하였다.

그러나 그의 해박한 지식은 역사 방면에서 특히 빛을 발했다. 가거(家居) 수십 년 만에 세상에 나온 『이십이사차기』 36권과 보유(補遺) 1권은 그 학식의 표현이었다. 『이십이사차기』의 자서[小引]를 쓴 시기가 건륭 60년(1795) 3월이니 이때가 바로 『이십이사차기』 초고의 완성 시기이다. 그의 조수 이보태(李普泰)가 서문을 쓴 것이 가경 5년(1800) 5월이고, 전대흔이 쓴 서문도 역시 가경 5년의 것인데, 이때의 판본은 그의 『전집』에 수록된 것으로 소위 증보본이다. 『명사』 부분 가운데 권36 「명조본기(明祖本紀)」 이하 「명조미가귀천(明朝米價貴賤)」까지의 22항목은 초간본에는 없던 것이니 이것들은 당연히 이 수년 내에 다시 작성된 것이었다.

그는 『이십이사차기』와 쌍벽을 이루는 『해여총고(陔餘叢考)』 43권을 발간함으로써 고증사학자로서 세상에 크게 알려졌다. 『해여총고』는 경(經)·사(史)·시(詩)·연호(年號)·관제(官制)·과거(科擧)·도량(度量)·길흉례(吉凶禮)·기구(器具)·오행(五行)·귀신(鬼神)·인사(人事)·병(兵)·고인(古人)·남녀(男女)에 관한 고증과 의견을 모은 것으로 고염무의 『일지록』, 전대흔의 『양신록(養新錄)』에 미치지는 못하지만, 문자와 사물에 관한 기원, 진위에 대한 고증 등에 특히 해박한 지식을 제공하고 있다. 그 밖에 그의 저작으로는 『황조무공기성(皇朝武功紀盛)』 4권, 『첨폭잡기(簷曝雜記)』 6권, 續 1권, 『견북시화(甌北詩話)』 12권 『견북집(甌北集)』 53권 등이 있다. 손성연(孫星衍)이 그의 전기(傳記)를 찬하였다. 그의 생애는 『청사고(淸史稿)』 권485에 있는 그의 열전에 잘 소개되어 있다.

『이십이사차기』의 저술 내용 및 동기는 그의 자서에 잘 나타나 있다.

『이십이사차기』에서 조익은 청대 고증학파의 기풍을 이어받아 정사의 교감·교정을 가장 우선으로 했다. 명말·청초는 이민족에 의한 왕조변혁으로 생긴 정치적 혼란기였다. 이런 혼란기를 맞아 일시 학술사상계는 실사구시적(實事求是的) 학문태도와 함께 통경(通經)과 치사(治史)하는 기풍이 흥기했다. 이 시기 고염무의 주장은 당시 학술계의 흐름을 대변하고 있다. 즉 고염무는 '망국(亡國)'과 '망천하(亡天下)'를 구별해야 한다는 유명한 논설을 발표하였다. 역성개호(易姓改號)의 망국은 인의(仁義)가 충색(充塞)하여 짐승이 사람을 잡아먹고, 사람이 서로 잡아먹는 소위 망천하와는 엄격히 구별되며, (망천하를 막고) 천하를 보전하는 데는 필부지천(匹夫之賤)도 그 책임이 있다(『日知錄』「正始」)고 역설하였다. 당시 청 정부도 입관(入關) 이후 민감한 정치적 토론을 문자옥(文字獄) 등으로 금지하고 처벌하였지만, 대신 회유수단으로 학자들의 순수한 학문 활동은 적극 권장하였다. 이에 고증·훈고학이 학술의 주류를 이루게 되었다. 사학 부문에서도 경학의 영향을 받아 탁월한 성취를 이룩하였으니, 전대흔의 『이십이사고이』와 왕명성의 『십칠사상각』, 조익의 『이십이사차기』 등이 그 산물이었다. 전대흔과 왕명성의 두 저작은 원래 경학자로서 경학연구과정에서 남은 힘으로 사학에 종사한 결과물이라고 한다면, 조익의 저작은 경학보다 사학에 치중한 측면이 강하였다.

이 세 저작들은 그 제목에서 나타나 있듯이 모두 정사에 대해서 고증한 책이지만 각각 다른 특징을 지니고 있다. 우선 각각 저작의 권수와 그 고증대상으로 삼은 정사를 비교하면 다음과 같다.

구 분	卷數	고증 대상 正史	비 고
『十七史商榷』	100卷	『史記』『漢書』『後漢書』『三國志』『晉書』『魏書』『北齊書』『周書』『北史』『宋書』『南齊書』『梁書』『陳書』『南史』『隋書』『新唐書』『新五代史』	실제 『舊唐書』와 『舊五代史』를 『新唐書』·『新五代史』와 비교하여 19史를 대상으로 하고 있다.
『二十二史考異』	100卷	24史에서 『舊五代史』『明史』 제외한 正史	·
『二十二史箚記』	36卷	24史에서 『舊唐書』『舊五代史』를 제외한 正史	실제 『舊唐書』·『舊五代史』도 비교하여 24史를 대상으로 하고 있다.

전·왕·조 세 명의 저작은 모두 역대 정사를 위주로 하여 역대의 사서들을 전면적으로 연토(硏討)한 공통적 특징이 있다. 전씨의 저작은 『명사』와 『구오대사』가 빠져 이름 그대로 「이십이사」이고, 왕씨의 저작은 『사기』에서 시작하여 『신오대사』·『구오대사』에 와서 그친 나머지 통사로서 누락된 부분이 더욱 많다. 그리고 두 책 모두 개별사건이나 자구(字句)의 정정에 치중하였던 반면, 조익의 책은 24사 전부를 논했을 뿐만 아니라 사법(史法), 사실(史實)을 다 같이 중요하게 취급하여 그 스스로 독특한 특징을 가지고 있다. 물론 전·왕 두 학자의 학문 태도가 비교적 근엄하여 책 속에 착오가 비교적 적었고, 특히 전씨의 책이 정밀하여 경학의 여풍을 받은 것이라는 평가를 받고 있다. 반면 조익의 책은 그 점에선 전·왕씨에 비교해 결점이 있다는 평을 듣기도 했다.

그러나 조익의 책은 두 책에 비해 장점도 많다. 『이십이사차기』는 여러 정사에 보이는 기록들을 비교하여 사실의 진위(眞僞)를 고증하는 방법을 취하였다. 먼저 정사의 작자, 편찬 경과, 책의 성립 연대를 소개하고 사료의 내원과 그 진위, 사료가치 등을 충실하게 설명하였다. 이 점은 『십칠사상각』이나 『이십이사고이』와 크게 다르지 않다. 다만 『십칠사상각』은 정사에 있어서 잘못된 글을 개정하고 빠뜨린 글을 보충하며 더 들어간 글을 없앴고 때로는 역사서의 우열 및 그 작자에 대한 평론을 가하고 있지만 전체적으로 교감·고증이 강한 반면, 역사적 사실에 대한 보다 많은 논의나 깊은 고찰을 담고 있지는 않다. 『이십이사고이』도 사실에 대한 논의는 별로 없고 문자의 교감과 훈고, 전장제도에 대한 상세한 해설 등에 중점을 두고 있다. 그런데 『이십이사차기』는 이상의 두 책에 보이는 여러 특징을 고루 갖추면서도 그 이외에 역사적 사실에 대한 깊은 논의와 고찰을 가하고, 여기다 역사를 관통하는 시각을 제시하고 있다. 자서에도 나타나 있듯이 "고금의 풍상이 점차 변하고 정사가 자주 바뀜 등에 대해서는 잘 다스려짐과 어지러움, 흥기함과 쇠퇴함의 원인"에 대한 자신의 의사를 개진하고 있는 것이 조익의 책의 특징이다.

『이십이사차기』는 출판된 후 역사 연구자들에게 크게 중시되었다. 『한서』의 주를 단 당나라 초 안사고(顔師古) 이후 정사 문장의 잘못을 지적한 것으로는 이만한 책이 없다는 평가를 받았다. 이자명(李慈銘)은 함풍(咸豐) 6년(1856)부터 11년(1861)까지 6년 간 이 책을 세 번이나 읽고 제기(題記)를 써서 "이 책은 전 역사를 관통하여 서로 교정함으로써, 빠진 문장과 잘못된 해석들을 밝혀낸 것이 많을 뿐만 아니라, 각 왕조의 역사에서 그 요점을 종합하고 이문(異聞)을 뽑아 수미일관하게 되었으므로, 전 정사를 읽지 않더라도 이 책만으로 역대의 제도의 대략과 시정의 득실, 풍속의 성쇠, 역사가가 중시한 부분과 그 포폄의 소재를 명확하게 알 수 있으니, 진실로 흉년의 조[粱]와 귀리[稷]와 같은 것이다"라고 평하였다.

『이십이사차기』의 출판은 조익의 문집 『견북전집』에 수록되어 가경 초년 담이당(湛貽堂) 명의로 원각본(原刻本)이 간행되었다. 그 후 『이십이사차기』 한 책만으로 번각된 것이 매우 많아, 광서(光緒) 26년(1900) 광주 광아서국(廣雅書局)에서, 26년에는 호남(湖南) 신화서여산관(新化西畬山館)에서 간행되었는데, 이 2종이 가장 가본(佳本)이다. 담이당본은 비록 원각본이지만 교각과정에서 정밀함이 부족한 반면, 서여 2본은 문자 교정을 많이 했을 뿐만 아니라 내용이 소략한 곳을 간혹 교보(校補)하였다. 특히 서여본이 보정한 부분이 많다. 본 번역에 있어 대본으로 사용한 것은 왕수민(王樹民)이 교증하여 북경 중화서국(中華書局)에서 1984년에 출판한 『이십이사차기고증(廿二史箚記校證)』(上·下)이다. 왕수민의 교증본은 상기한 3가지 판본을 서로 비교하여 '가장 좋은 것을 따랐다(擇善而從)'고 한다. 원각본에 잘못이 있어 2본이 다 개정한 것은 모두 따랐으며, 원각본에 잘못이 없으나 2본이 모두 개정한 것은 원각본을 따랐다고 한다. 역주자는 본 역주본 주(注 : 별도로 [王注]라 표기함) 부분에서 이것을 밝혔다.

『이십이사차기』에 수록된 578편의 글은 모두 다채로우면서도 수미일관한 하나의 논문이라 해도 과언이 아니다. 이것들은 사료의 정확한 읽기를 바탕으로 하면서 역사를 바라보는 방법까지도 제시하고 있는 것이다. 『이십이사차기』를 통해서 그 자체만으로도 '22사'를 거의 섭렵하고 중국사학사를 통람하는 지식을 얻게 될 뿐만 아니라 중국사를 분석하는 시각까지도 배우게 된다.

예를 들어 권3의 「여후와 무후는 나란히 칭할 수 없다(呂武不當並稱)」라는 글은 잔인하기로 유명한 한 고조의 비 여후와 당의 무측천이라는 두 여성 권력자를 예리하게 비교하고 있다. 단순히 한 시대의 역사적 사실에만 매몰되지 않고 중국 전시대를 통괄하는 박학함을 여실히 드러내고 있다. 그 뿐만 아니라 본서에서는 현재 학계에서도 유력한 시대구분론의 하나로 거론되고 있는 중국 중세사의 특징인 귀족제사회론(貴族制社會論)이 이미 제시되었다는 점도 눈에 띤다. 즉, 권12의 「강좌의 권세 있는 가문에는 공신이 없었다(江左世族無功臣)」는 그의 또 다른 저서 『해여총고』의 「육조시대는 씨족을 중시했다(六朝重氏族)」는 항목과 함께 20세기 초 일본의 나이토 고난(內藤湖南)이 제시하여 현재까지 일본 학계의 하나의 축이 되고 있는 「중세귀족제론」의 논거 대부분을 제시하고 있어 그의 혜안을 엿보게 한다.

여기서 『이십이사차기』의 역주에서 교정과 출판과정에 얽힌 개인사를 약간 부기해 두고 싶다. 역주자가 『이십이사차기』를 처음 대한 것은 학부 2학년 때 해방 후 한국의 동양사학 특히 중국사학계를 이끌던 은사 고(故) 동빈(東濱) 김상기(金庠基) 박사의 「동양사강독(東洋史講讀)」 강의를 들으면서부터이다. 그때에는 대만 세계서국(世界書局)에서 출판한 것을 복사하여 사용하였다. 당시 강독교재로 조익의 『해여총고』도 함께 읽게 되었는데, 김 박사의 유려한 한문해석과 해박한 역사적 지식은 40년이 지난 지금 회상해도 경외로 다가오고 있다. 역주자는 1985년 이후 모교에서 설경(舌耕)하면서 학과의 필수과목인 「동양사사료강독」 과목

강의를 줄곧 맡았고 그 교재는 항상 『이십이사차기』였다. 이 책을 그렇게 자주 사용한 것은 이 책에 담겨져 있는 다양한 역사적 지식뿐만 아니라 역주자의 전공(위진남북조 · 수당)과 깊은 관련이 있다는 생각에서였다. 『이십이사차기』는 모두 36권으로 되어 있다. 그 가운데 후한 이전의 역사가 6권(1~6), 위진남북조와 수의 역사가 10권(6~15), 당의 역사가 5권(16~20), 오대의 역사가 2권(21~22), 송요금원사가 8권(23~30) 명대사가 6권(31~36)으로 되어 있다. 눈에 띄는 것은 위진남북조(수는 15권의 일부인 4항에 불과)와 명대의 분량이 가장 많다는 것이다. 명대는 조익이 살았던 청대의 바로 앞선 시대라는 점에서 이해가 되지만, 위진남북조가 가장 많다는 것은 쉽게 이해가 되지 않는다. 물론 위진남북조를 다룬 정사는 『삼국지』 이하 『남 · 북사』까지 24사 가운데 12사(隋書 포함)를 차지하고 있다는 점도 작용했을 것이다. 그러나 역주자는 조익을 감히 위진남북조 전공자였다고 생각하고 있다. 그의 『해여총고』에도 상당 부분을 할애해서 위진남북조를 다루고 있기 때문이다.

역주자는 1997년 2월부터 위진남북조시대에서 당 · 오대까지를 전공하는 석 · 박사과정 지도학생들(최재영 · 홍정아 · 이준희 · 최진열 · 김성희)과 함께 매주(혹은 격주로) 강독 겸 번역 주석작업을 시작하여, 만 6년이 걸려 2003년 2월에 그 작업을 완료하였다. 마침 한국학술진흥재단에서 이를 동서양고전번역과제로 선정하여 연구비를 제공함으로써 우리들에게 용기를 북돋아 주었다. 주석작업 초기에는 역주자가 관심을 가진 시대의 역사사실에 대한 이해에 중점을 두었다. 그래서 위진남북조시대 부분부터 읽기 시작하였다. 이어서 수당시대 부분을 읽었다. 역주자뿐만 아니라 학생들도 이 책에 점차 매료되기 시작했다. 그러나 더욱 치밀한 교정이 필요하다는 생각을 가졌다. 조익이 대단히 해박한 지식을 가진 학자이고, 훌륭한 고증학자이지만, 군데군데 오류도 적지 않게 발견하게 되었다. 그래서 그가 인용한 문장 하나하나를 정사 등의 해당 부분과 대조해 보기로 했다. 그리고 이제까지 출판된 각종 교정본을 참조하였다.

『이십이사차기』는 세계 어디에도 아직 제대로 된 번역이 없는 상태이다. 1945년 이전 일본에서 『국역한문대성(國譯漢文大成)』 제7권 「속경자사부(續經子史部)」 제3집에 『이십이사차기』에 대한 세천종랑(笹川種郎)과 공전연태랑(公田連太郎)의 역병주(譯幷注)본이 출판되었다. 일본의 것은 번역이라 하나 토와 약간의 주를 단 것에 불과하다. 그 외에는 중국대륙에서조차 번역본 내지 역주본이 나와 있지 않다.

이후 당대와 오대까지의 강독을 마쳤을 때는 강독에 그칠 것이 아니라 본격적인 역주작업을 진행하여 출판하는 것이 우리학계에 어느 정도 공헌할 수 있다는 생각을 가지게 되었다. 앞서 소개했듯이 『이십이사차기』는 모두 36권 578편으로 구성된 방대한 저작이다. 이 방대한 책을 단순히 그 해석에만 그치지 않고 조익이 인용한 정사 및 기타자료에 대해서 원문 대조 등의 주석작업까지를 목표로 한다는 것은 실로 지난한 일이었다. 특히 송대 이후 부분은 강독에 참여한 우리들에게는 매우 생소한 부분이었다. 따라서 본 번역은 일단 그 분량을 권1부터 권22 오대(五代)까지로 한정하기로 하였다. 권1~권22까지 모두 309편의 글이 실려 있고 22사 가운데 17사에 해당한다. 앞으로 송대부터 명대까지의 나머지 부분은 누군가 그 전공자가 우리 작업을 이어서 역주작업을 해 주었으면 한다.

『이십이사차기』의 역주로 중국사 연구자들에게 청대 고증학자의 중국 정사에 대한 독해와 이해를 우리글로써 전달함으로써 연구 진작에 조금이나마 도움이 될 수 있을 것으로 기대한다. 『이십이사차기』는 단지 중국사의 전문 연구자만이 아니라 일반인에게도 유용한 책임에 틀림없다. 『이십이사차기』는 중국사학사(中國史學史)와 중국통사(中國通史)의 두 가지 특징을 아우르는 성격을 지니고 있다. 뿐만 아니라 오늘날에 간행된 저명한 중국사학사나 중국통사 관련 교양서를 뛰어넘는 수준을 확보하고 있다. 『이십이사차기』를 통해서 중국사의 흐름과 중국인의 역사인식을 생생하게 느낄 수 있기를 역주자로서 기대한다.

역주원고는 2003년 이미 학술진흥재단으로부터 심사를 받아 출판을 허가 받았다. 그러나 도저히 바로 출판할 수가 없었다. 군데군데 보완점이 발견되었기 때문이다. 연구년을 맞아 미국에 1년간 동안 체류하면서 역자는 틈틈이 교정을 계속하였고 이후 귀국한 후에도 교정작업을 계속하여 2006년 1월 그 결과를 넘길 수 있었다. 3개월 후 소명출판사로부터 편집본 파일을 다시 돌려받았다. 편집본을 돌려받은 역주자는 또 다시 대대적인 보완과 수정이 필요함을 절감하게 되었다. 다른 연구자가 교정을 맡는 것이 오류를 하나라도 더 많이 발견할 수 있겠다고 생각했다. 이리 하여 다시 전반적인 교정작업을 맡기게 되었다. 13,000매가 넘는 이 역주본에 대한 지루하고 따분한 교정작업에 당초부터 강독에 참여했던 제자 홍정아 선생이 2년 가까운 기간 동안 귀중한 시간을 소비하며 실로 헌신적인 도움을 주었다. 홍 선생에게 이 자리를 빌려 참으로 고마움과 미안함을 전하고자 한다. 이 교정작업이 없었더라면 그녀는 몇 편의 논문을 더 써내었을 것으로 여겨지기 때문이다. 2008년 말 다시 출판사로부터 최종 교정본을 받았다. 다시 보니 고칠 곳이 많았다. 이때 석・박과정 학생들과 같이 매주 해오던 원서(周一良, 『魏晋南北朝史札記』) 강독을 중단하고 2개월여에 걸쳐 다시 한 글자 한 글자 읽고 바로잡았다. 그리고 이들은 무미건조한 색인 작업도 맡아 주었다. 이 교정과 색인 작업에 다시 헌신적으로 참여한 나의 제자들(최재영・홍정아・이준희・이기천・문미정・민혜란・한수정)에게 사랑과 감사의 말을 전한다.

이렇게 기본적인 역주작업 6년, 교정작업 6년, 총 12년이란 세월이 걸린 것이다. 강산이 변하고 남을 이 짧지 않은 세월 동안 역주자의 노력에도 불구하고 적지 않은 오역과 오류를 범하지 않았을까 심히 걱정된다. 그 모든 책임은 모두 역주자로 명기된 박한제에게 있음을 밝혀둔다. 추후 수정할 기회가 허여될 것인지, 아니면 이 역주본으로 끝날 것인지는 하느님만이 가진 권한일 것이다. 이제 10여 년 동안 지고 온 무거운 짐을 내려놓은 기쁨을 잠시나마 만끽하고 싶다. 좀 더 나은 역주본의 출판을 위한다는 역주자의 거듭된 변명을 의심하지 않고 수년간 인내심을 가져주신 학술진흥재단 관계자 여러분과 소명출판사 편집부 관계자 여러 선생들에게 이 자리를 빌려 심심한 사의를 표하고자 한다.

2009년 4월 박한제

二十二史箚記 전체 차례

권21

283. 설거정의 『오대사』薛居正五代史

송(宋) 태조(太祖)는 개보(開寶)[1] 6년(973) 4월에 『양(서)(梁書)』 『당(서)(唐書)』 『진(서)(晉書)』 『한(서)(漢書)』 『주서(周書)』를 편찬하도록 조서를 내렸는데, 그것을 일러 『오대사(五代史)』라고 한 것은 후대 사람들이 총괄하여 명명한 것이다. (개보) 7년(974) 윤10월에 책이 완성되었는데,[2] 모두 150권에 목록 2권이었다. 감수자는 사공(司空) 동중서문하평장사(同中書門下平章事) 설거정(薛居正)[3]이고,[4] 함께 편찬한 사람은 노다손(盧多遜), 호몽(扈蒙),

---

1) 開寶 : 宋 太祖의 연호. 968~976년이다.

2) 『宋史』 卷3 「太祖紀」, 42면, "(開寶 7年 閏月)甲子, 薛居正等上新編五代史, 賜器幣有差."

3) 薛居正(912~981) : 五代宋初 浚儀(지금의 河南省 開封市) 사람으로 字는 子平이다. 後唐 淸泰 進士이며, 後晉・後漢・後周에서 벼슬하였다. 宋太祖 開寶 6년(973) 吏部

장담(張澹), 이방(李昉), 유겸(劉兼), 이목(李穆), 이구령(李九齡)이었다[趙注 : 『송사(宋史)』[5] 및 조공무(晁公武)의 『독서지(讀書志)』,[6] 『옥해(玉海)』[7]에서 인용한 『중흥서목(中興書目)』에 보인다]. 모두 본래 각 왕조의 실록을 저본으로 삼았으니, 이는 관찬 사서이다. 그 뒤에 구양수(歐陽修)가 『오대사기(五代史記)』 75권을 개인적으로 편찬해 집에 보관해 두었다.[8] (구양)수가 죽은 뒤 희녕(熙寧[9]) 5년(1072)에 조서를 내려 그 책을 구해 간행하도록 하니[趙注 : 『송사』에 보인다],[10] 이에 설(거정), 구(양수)가 지은 두 개의 사서가 함께 세상에 나오게 되었다. 금(金) 장종(章宗) 태화(泰和) 7년(1207)에 이르러 단지 구(양수)의 책만을 사용하도록 조서를 내리니,[11] 이에 설(거정)의 사서는 점차 자취를 감추게 되었다. 다만 전대 명(明)나라의 『영락대전(永樂大典)』에서 그 유문(遺文)을 많이 수록하고는 있으나, 이미 뒤섞이고 문란해져 설(거정)이 지은 사서의 예전 편제가 아니다. 우리 황상(皇上)께서 사고관(四庫館)을 여시게 되자 여러 신하들에게 『영락대전』 중에서 취해 살피고 기록하여 차례로 배열할 것을 명하셨는데, 그 중에서 빠진 부분은 송나라 사람의 책 중에서 설(거정)의 사

侍郎에서 參知政事 門下侍郎이 되어 『五代史』를 監修하였고, 同平章事로 승진하였다. 太平興國初 司空으로 승진하였다. 저서에는 『文惠集』이 있다.

4) 『宋史』 卷264 「薛居正傳」, 9110면, "開寶五年, 兼淮南、湖南、嶺南等道都提擧三司水陸發運使事, 又兼判門下侍郎事, 監修國史; 又監修五代史, 踰年畢, 錫以器幣."

5) 『宋史』 卷264 「盧多遜傳」, 9118면, "(開寶)六年, 使江南還, 因言江南衰弱可圖之狀. 受詔同修五代史, 遷中書舍人、參知政事"; 『宋史』 卷269 「扈蒙傳」, 9239면, "六年, 復知制誥, 充史館修撰. 開寶中, 受詔與李穆等同修五代史, 詳定古今本草."

6) 『宋史』 卷204 「藝文志」, 5148면, "晁公武讀書志四卷".

7) 『玉海』 : 南宋의 王應麟이 편찬한 類書로서, 이 책은 왕응린이 과거 응시 준비를 위해 여러 문헌에 나타난 기록과 문장을 종류별로 편집한 것이라고 한다. 모두 21門, 240類로 구성되어 있는데, 위에서 언급한 『中興書目』은 『玉海』 「藝文類」에 언급이 보인다.

8) 『宋史』 卷319 「歐陽脩傳」, 10381면, "奉詔修唐書紀・志・表, 自撰五代史記, 法嚴詞約, 多取春秋遺旨."

9) 熙寧 : 宋 神宗의 연호. 1068~1077년이다.

10) 『宋史』 卷15 「神宗紀」, 282면, "(熙寧 5年)八月甲申, 太子少師致仕歐陽脩薨. 秦鳳路沿邊安撫王韶復武勝軍. 丁亥, 詔求歐陽脩所撰五代史."

11) 『金史』 卷12 「章宗紀」, 282면, "(泰和 7年)十一月癸酉, 詔新定學令內削去薛居正五代史, 止用歐陽修所撰."

서를 밝혀 인용한 것을 뽑아 보충했다.[12] 이에 설(거정)의 책은 다시 완전한 사서가 되었고, 예전처럼 정사에 들어갈 수 있게 되었으며, 마침내 23사의 숫자가 완성되었다.

지금 다시 그것(설거정의 『구오대사(舊五代史)』)을 살펴보면 비록 문필이 구(양수)의 사서에 한참 못 미치지만 사실은 비교적 상세하다. 대개 구(양수)의 사서는 전적으로 서법을 중시했고, 설(거정)의 사서는 전적으로 사실 서술을 중시했으니, 본래 서로 무시할 수가 없다. 4~5백 년이나 오래 감추어졌던 책이 하루아침에 다시 세상에 나와 과거(역사)를 살피는 사람들에게 서로 참고해 정정할 수 있게끔 했으니, 후학들에게 은혜로운 바가 진실로 적은 것이 아니다.

284. 『구오대사』는 각 왕조의 실록에서 전부 자료를 취했다薛史全採各朝實錄

오대(五代)는 비록 세상이 어지러워 백성들이 뿔뿔이 흩어지는 지경에 이르렀지만 각 왕조에는 모두 실록이 있었다. (후)량(後梁) (말제(末帝)) 정명(貞明) 연간(915~921)에 이기(李琪), 장곤(張袞), 극은상(郤殷象), 풍석가(馮錫嘉)에게 조서를 내려 『태조실록(太祖實錄)』을 편찬하도록 하여 모두 30권을 완성했다. 곧이어 기사에 빠지고 간략한 부분이 많다고 하여 또 경상(敬翔)[13]에게 조서를 내려 보충하여 편집하도록 하니, (경)상이 이에 따로

12) 『四庫全書總目』 卷46 「史部」 「正史類」 「舊五代史」.

13) 敬翔(?~923) : 五代 同州 馮翊縣 사람으로 字는 子振이다. 進士에 급제하지 못하였으나 朱溫에게 인정받아 軍職을 받았다. 전쟁터에 30여 년 동안 따라다니며 마음을 다해 勤勞하여 계책을 다수 내놓았다. 後梁 시기 벼슬은 兵部尚書 金鑾殿大學士가 되었다. 朱友珪 즉위 후 中書侍郎 同平章事에 제수되었으나, 병을 이유로 정사에 참여하지 않았다. 末帝 때 등용되지 않았으나, 後梁이 망하자 스스로 목을 매어 죽었다.

30권을 만들어 『대량편유록(大梁編遺錄)』이라 이름을 붙였고, 『(태조)실록』과 함께 통용되었다[趙注 : 설거정의 『구오대사(舊五代史)』 「이기(전)」[14] 및 「경상전」[15]에 보인다]. 이는 『(후)량(태)조실록』이 정명 연간에 만들어졌다는 것이다[趙注 : 서인(주)우규(朱友珪)와 『말제실록』은 (후)주(後周) 때에 보충해 편찬되었는데, 그 이야기는 뒤에 보인다].

후당(後唐) 명종(明宗) 천성(天成) 4년(929)에 노질(盧質), 하찬(何瓚), 한언휘(韓彦暉)에게 조서를 내려 무황(武皇)[16] 이전과 『장종실록(莊宗實錄)』을 편찬하도록 했다.[17] (하)찬이 장소(張昭)[趙注 : 즉 장소원(張昭遠)인데 나중에 외자인 소(昭)로 이름을 바꾸었으며, 『송사(宋史)』에 그 열전이 있다][18]가 사학에 재주가 있어 일찍이 『동광실록(同光實錄)』을 개인적으로 편찬했고, 또 『삼조지(三祖志)』를 편찬하려고 하며, 또 당(唐) 소종(昭宗)이 무황 이극용(李克用)에게 하사한 조칙 90여 편을 소장하고 있다고 상주하면서 (장)소를 수찬(修撰)으로 삼고, 그가 편찬한 책을 사관(史館)으로 보내도록 하자고 청하였다. (명종은) 그대로 따랐다. (장)소는 의(조)(懿祖), 헌(조)(獻祖)[19]와 무황(이극용)은 제위에 오르지 않았기 때문에, 이에 『기년록(紀年錄)』 20권을 만들고, 『장종실록』 30권을

---

14) 『舊五代史』 「唐書」 卷58 「李琪傳」, 783면, "貞明·龍德中, 歷兵·禮·吏侍郎, 受命與馮錫嘉·張充·郄殷象同撰梁太祖實錄三十卷, 遷御史中丞, 累擢尙書左丞·中書門下平章事."

15) 『舊五代史』 「梁書」 卷18 「敬翔傳」, 250면, "初, 貞明中, 史臣李琪·張袞·郄殷象·馮錫嘉奉詔修撰太祖實錄三十卷, 述非工, 事多漏略. 復詔翔補緝其闕, 翔乃別纂成三十卷, 目之曰大梁編遺錄, 與實錄偕行."

16) 武皇 : 後唐 莊宗의 아버지 李克用을 지칭한다. 李克用은 唐 말엽에 晉王으로 봉해졌는데, 당이 망하고 後梁이 들어선 뒤에도 여전히 당의 연호를 사용했다. 이후 아들 莊宗이 정식으로 後唐을 건국하면서 시호를 추증받았다. 『舊五代史』 「唐書」 卷25 「武皇紀上」, 331면, "太祖武皇帝, 諱克用, 本姓朱耶氏, 其先隴右金城人也."

17) 『舊五代史』 「唐書」 卷40 「明宗紀」, 555면, "(天成 4年)癸未 …… 史官張昭遠等以新修獻祖·懿祖·太祖紀年錄共二十卷·莊宗實錄三十卷上之, 賜器帛有差."

18) 『宋史』 卷263 「張昭傳」, 9085면, "張昭字潛夫, 本名昭遠, 避漢祖諱, 止稱昭."

19) 懿祖는 武皇 李克用의 할아버지이고, 獻祖는 李克用의 아버지를 가리킨다. 『舊五代史』 「唐書」 卷25 「武皇紀上」, 331~332면, "祖執宜, 卽盡忠之長子也, 收合餘衆, 至於靈州, 德宗命爲陰山府都督. …… 莊宗卽位, 追諡爲昭烈皇帝, 廟號懿祖. 烈考國昌, 本名赤心, 唐朔州刺史. 咸通中, 討龐勛有功, 入爲金吾上將軍, 賜姓李氏, 名國昌, …… 莊宗卽位, 追諡爲文皇, 廟號獻祖."

만들어 바쳤다[趙注 : 설거정의 『구오대사』 「당기(唐紀)」 및 『오대회요(五代會要)』,[20] 『송사』 「장소전(張昭傳)」[21]에 보인다]. 이는 (후)당 무황 이전의 재기(載記)와 『장종실록』이 천성 연간에 만들어졌음을 말하는 것이다[趙注 : 설거정의 『구오대사』 「이우전(李愚傳)」을 보면, 명종 때 (이)우는 감수국사(監修國史)가 되어 여러 유생들과 함께 『창업공신전(創業功臣傳)』 30권을 편찬했다.[22] 또 『이지의집(李之儀集)』에서는 조봉(趙鳳)이 『장종실록』을 편찬했는데, 하정(何挺)이 유구(劉昫)를 탄핵한 상소를 싣지 않아 (유)구가 이를 은혜로 생각했다고 썼다. 이는 실록에 신하들의 열전도 함께 있었으며 오직 조정의 정사만을 다루지는 않았다는 것이다].

청태(淸泰)[23] 2년(935)에 사관에게 명하여 『명종실록(明宗實錄)』을 편찬하도록 했다.[24] 이듬해 감수국사 요의(姚顗)와 사관(史官) 장소(張昭), 이상(李祥), 오승범(吳承範) 등이 30권을 완성해 바쳤다[趙注 : 설거정 『구오대사』 「당기」[25]와 「오승범전(吳承範傳)」,[26] 『송사』 「장소전」[27]에 보인다]. 이는 『명종실록』이 청태 연간에 만들어졌음이다[趙注 : 『민제(愍帝)(실록)』 『폐제실록』은 (후)주 (태조) 광순(廣順) 연간(951~953)

---

20) 『五代會要』 卷18 「修國史」條, 299면, "其年(곧, 後唐 天成 4年) 十一月, 史官上新修獻祖・懿祖・太祖紀年錄共二十卷・莊宗實錄三十卷. 監修宰臣趙鳳・修撰張昭遠・呂咸休各賜繪綵銀器等."

21) 『宋史』 卷263 「張昭傳」, 9086~9087면, "時以武皇・莊宗實錄未修, 詔正國軍節度盧質・西川節度副使何瓚・祕書監韓彥輝纘錄事郎. 瓚上言 : '昭有史材, 嘗私撰同光實錄十二卷, 又聞其欲撰三祖志, 藏昭宗朝賜武皇制詔九十餘篇, 請以昭所撰送史館.' 拜昭爲左補闕・史館修撰, 委之撰錄. 昭以懿祖・獻祖・太祖並不踐帝位, 仍補爲紀年錄二十卷, 又撰莊宗實錄三十卷上之. 優詔褒美, 遷都官員外郎."

22) 『舊五代史』 「唐書」 卷67 「李愚傳」, 893면, "後轉門下侍郎, 監修國史, 兼吏部尙書, 與諸儒修成創業功臣傳三十卷."

23) 淸泰 : 後唐 末帝의 연호. 934~936년을 가리킨다.

24) 『舊五代史』 「唐書」 卷47 「末帝紀中」, 648면, "(淸泰 2年 6月)壬申, 命史官修撰明宗實錄."

25) 『舊五代史』 「唐書」 卷48 「末帝紀下」, 657면, "(淸泰 3年 2月)庚午, 監修國史姚顗, 史官張昭遠・李祥・吳承範等修撰明宗實錄三十卷上之."

26) 『舊五代史』 「晉書」 卷92 「吳承範傳」, 1219면, "吳承範, 字表微, 魏州人也. …… 長興三年, 擢進士第. 及閔帝卽位, 授左拾遺. 淸泰二年, 以本官充史館修撰. 與同職張昭等共修明宗實錄, (考張昭本名昭遠, 至漢初始去'遠'字. 薛史晉書已作張昭, 蓋從其最後之名, 今姑仍其舊(影庫本粘籤).)轉右補闕, 依前充職."

27) 『宋史』 卷263 「張昭傳」, 9090면, "淸泰初, 改駕部郎中・知制誥, 撰皇后冊文, 遷中書舍人, 賜金紫. 二年, 加判史館兼點閱三館書籍, 校正添補. 預修明宗實錄, 成三十卷以獻. 三年, 遷禮部侍郎, 改御史中丞."

에 보충해 편찬되었는데, 그 이야기는 뒤에 보인다]. (후)진(後晉)은 (후)한(後漢)보다 앞서 있었지만 『(후)진(고)조실록』은 도리어 나중에 완성되었다. 후주 태조 광순 원년(951) 7월에 사관 가위(賈緯) 등은 편찬한 『(후)진고조실록』 30권과 『소제실록(少帝實錄)』 20권을 바쳤다.[28] 이는 (후)진 두 황제의 실록이 모두 (후)주 광순 연간에 만들어졌다는 뜻이다.

(후)한 건우(乾祐)[29] 2년(949) 2월에 좌간의대부(左諫議大夫) 가위 등에게 조서를 내려 『고조실록(高祖實錄)』을 편찬하게 했다.[30] 이 해 10월에 감수국사 소봉길(蘇逢吉), 사관 가위 등이 (『고조실록』) 20권을 완성해 바쳤다 [趙注 : (『구오대사』) 「한기(漢紀)」에 보인다].[31] 이는 『(후)한(고)조실록』이 건우 연간에 만들어진 것이라는 뜻이다[趙注 : 그 『은제실록(隱帝實錄)』은 역시 (후)주 현덕(顯德) 연간(954~960)에 보충해 편찬되었는데, 그 이야기는 뒤에 보인다].[32]

후주 (세종(世宗)) 현덕 3년(956)에 병부상서(兵部尙書) 장소에게 조서를 내려 『태조실록』을 편찬하게 했다. (현덕) 5년(958)에 (장)소 등이 20권을 완성해 바쳤다.[33] (현덕) 6년(959)에 세종이 붕어하자, 왕부(王溥)가 『세종실록(世宗實錄)』을 편찬하자고 청하여 호몽(扈蒙), 장담(張澹), 왕격(王格), 동순(董淳)을 찬수관으로 삼았다[趙注 : 「주기(周紀)」[34] 및 『송사』 「왕부전(王溥傳)」[35]에 보인

---

28) 『舊五代史』 「周書」 卷111 「太祖本紀」, 1473~1474면, "(廣順 元年 秋七月)壬申, 史官賈緯等以所撰晉高祖實錄三十卷・少帝實錄二十卷上之."

29) 乾祐 : 後漢 高祖와 隱帝의 연호. 948~950년을 가리킨다.

30) 『舊五代史』 「漢書」 卷102 「隱帝紀中」, 1357면, "(乾祐 2年 2月)庚子, 詔左諫議大夫賈緯等修撰高祖實錄."

31) 『舊五代史』 「漢書」 卷102 「隱帝紀中」, 1362면, "(乾祐 2年 冬十月)癸未, 監修國史蘇逢吉・史官賈緯以所撰高祖實錄二十卷上之."

32) 『舊五代史』 「周書」 卷117 「世宗紀」, 1555면, "(顯德 4年 春正月)壬寅, 兵部尙書張昭上言 : '奉詔編修太祖實錄及梁・唐二末主實錄. 伏以撰漢書者先爲項籍, 編蜀記者首序劉璋, 貴神器之傳授有因, 歷數之推遷得序. 伏緣漢隱帝君臨在太祖之前, 歷試之績, 並在隱帝朝內, 請先修隱帝實錄, 以全太祖之事功. 又以唐末主之前有閔帝, 在位四月, 出奔於汴, 亦未編紀, 請修閔帝實錄. 其清泰帝實錄, 請書爲廢帝實錄.' 從之."

33) 『舊五代史』 「周書」 卷116 「世宗紀」, 1551면, "(顯德 3年 12月)癸亥, 詔兵部尙書張昭纂修太祖實錄及梁均王・唐清泰帝兩朝實錄."

34) 『舊五代史』 「周書」 卷152 「恭帝紀」, 1596면, "(顯德 6年)十二月壬申朔, 史館奏, 請差官修撰世宗實錄, 從之."

다]. 이는 『(후)주태조실록』이 모두 현덕 연간에 완성된 것이고, 『세종실록』 역시 이때에 편찬된 것이라는 말이다. (후)량의 서인 주우규(朱友珪)[36]와 말제 등의 『실록』 또한 (후)주 시대에 편찬되었다. 현덕 3년(956)에 장소에게 조서를 내려 (후)량 말제와 (후)당 청태제(淸泰帝) 두 황제의 『실록』을 편찬하도록 하였다. (장)소는, 본 왕조(후주)의 태조가 여러 차례 임명되었던 일들이 (후)한 은제 때이므로 먼저 『은제실록』을 편찬해 태조의 사적을 온전히 기록해야 한다고 청했다. 또 (후)량 말제 앞에 정왕(郢王) (주)우규의 시역이 있었는데, 몇 달 동안 기록이 없으므로 『송서(宋書)』에 있는 원흉(元兇) (유)소(劉劭)의 예[37]를 본받아 원흉 (주)우규로 쓸 것을 청했다. (후)당 청태제 앞에는 오히려 민제(愍帝)가 있어 넉 달 동안 재위했는데 역시 편년기록이 없었으므로, 아울러 『민제실록』을 편찬할 것도 청했다. 그는 청태제의 경우 폐제로 적어야 한다고 청했다. (세종이) 그대로 따랐다[趙注 : 『구오대사』 「주기」[38]와 『오대회요』[39] 및 『송사』 「장소전」[40]에 보인다]. 이는 (후)량

35) 『宋史』 卷249 「王溥傳」, 8800면, “恭帝嗣位, 加右僕射. 是冬, 表請修世宗實錄, 遂奏史館修撰·都官郎中·知制誥扈蒙, 右司員外郎·知制誥張淡, 左拾遺王格, 直史館·左拾遺董淳, 同加修纂, 從之.”

36) 朱友珪(?~913, 재위 912~913) : 小名은 遙喜이며, 後梁 太祖 朱溫의 庶長子이다. 開平 元年(907) 郢王에 봉해지고 후에 左右控鶴都指揮使 諸軍都虞候 등에 충임되었다. 乾化 2년(912) 朱溫이 병이 들어 양자 朱友文에게 帝位를 넘기려고 하면서, 그를 萊州刺史로 좌천하려 하였다. 이에 朱友珪는 군대를 이끌고 宮殿으로 들어가 朱溫을 살해하고 조서를 위조해 朱友文을 살해하고 帝位에 올랐다. 다음 해 鳳曆으로 改元하였다. 荒淫無度하고 마음대로 살육하여 내외에서 공노하였으며, 재위 7개월 만에 均王 朱友貞 등이 禁軍을 이끌고 政變을 일으켰을 때 살해되고 말았다.

37) 宋 文帝의 태자 劉劭는 아버지를 시해하고 제위에 올랐기 때문에 그에 대한 열전을 ‘元凶劭傳’으로 만들었다. 『宋書』 卷99 「元凶劭傳」, 2423면, “元凶劭, 字休遠, 文帝長子也. 帝卽位後生劭, 時上猶在諒闇, 故秘之. 三年閏正月, 方云劭生. 自前代以來, 未有人君卽位後皇后生太子, 唯殷帝乙既踐阼, 正妃生紂, 至是又有劭焉.”

38) 『舊五代史』 「周書」 卷117 「世宗紀」, 1555면, “(顯德 4年 春正月)壬寅, 兵部尙書張昭上言 : ‘奉詔編修太祖實錄及梁·唐二末主實錄. 伏以撰漢書者先爲項籍, 編蜀記者首序劉璋, 貴神器之傳授有因, 歷數之推遷得序. 伏緣漢隱帝君臨在太祖之前, 歷試之績, 並在隱帝朝內, 請先修隱帝實錄, 以全太祖之事功. 又以唐末主之前有閔帝, 在位四月, 出奔於汴, 亦未編紀, 請修閔帝實錄. 其淸泰帝實錄, 請書爲廢帝實錄.’ 從之(案 : 自‘唐末主’以上, 原文疑有脫誤. 據五代會要云 : 梁末主之上, 有郢王友珪, 簒弑

서인 (주)우규와 말제, (후)당의 민제와 폐제, (후)한의 은제의 『실록』이 모두 (후)주 현덕 연간에 보수된 것이라는 말이다.

오대의 여러 황제들에게 본래 각각 실록이 있어서 설거정이 이를 저본으로 하여 사서를 편찬했으며, 그러므로 1년 안에 완성을 아뢸 수 있었음을 볼 수 있다. 지금 그 기록을 살펴보면 실록에서 채취한 흔적을 볼 수 있을 뿐만 아니라, 각 왕조실록의 서법 또한 아울러 대강을 살필 수 있다.

285. 『구오대사』 서법 가운데 말을 돌려 비호한 대목薛史書法迴護處

「(후)량(後梁) 태조본기(太祖本紀)」를 보면, (다음과 같이 되어 있다) 주선(朱瑄)과 주근(朱瑾)이 변(주)(汴州)을 구한 뒤 황제[趙注 : 곧 주온(朱溫)이다]는 그들이 자신에게 힘이 되었다고 여겨 후하게 예우해서 그들을 돌려보냈다. (주)선과 (주)근은 황제의 군사들이 용감하고 사납다고 여겨 금과 비단을 내걸고 그들을 유인했는데, 군사들 가운데 그 재물을 이익으로 여겨 달려가는 자들이 많았다. 황제는 이에 격문을 보내 그들을 꾸짖었는데, (주)근 등이 보낸 사신의 언사[來使[41]]가 공손하지 않자, 이에 주진(朱珍)에게 명을 내려 조(주)(曹州)를 침략하고 복(주)(濮州)을 정벌하도록 했다.[42]

居位, 未有紀錄, 請依宋書劉劭例, 書爲'元凶友珪' 其末主請依古義書曰後梁實錄. 又, 唐末主之前, 有應順帝, 在位四月出奔, 亦未編紀, 請書爲前廢帝, 淸泰主爲後廢帝, 其書並爲實錄)."

39) 『五代會要』 卷18 「修國史」條, 300면.

40) 『宋史』 卷263 「張昭傳」, 9091면, "顯德元年, 遷兵部尙書. 世宗以昭舊德, 甚重焉. 二年, 表求致仕, 優詔不允, 促其入謁. 嘗詔撰制旨兵法十卷, 又撰周祖實錄三十卷, 及梁郢王均帝・後唐閔帝廢帝・漢隱帝五朝實錄; 梁二主年祀寖遠, 事皆遺失, 遂不克修, 餘三帝實錄, 皆藏史閣."

41) 본문에는 '來使'라고 되어 있지만 『舊五代史』 원문(『舊五代史』 「梁書」 卷1 「太祖本紀」, 9면)에는 '來詞'라고 되어 있어 원문을 첨가하여 해석하였다.

『통감고이(通鑑攷異)』43)와 『오대사보(五代史補)』44)를 살펴보면, 주온은 항상 병력이 부족한 것을 걱정했는데, 경상(敬翔)이 휘하의 군사들을 거짓으로 배반해 도망가게 하고서 곧 당(唐)나라 황제에게 상주하고 아울러 사방 주변에 알려 배반한 자들을 추격하는 것을 명분으로 삼으면 땅을 넓히고 사람을 많이 모을 수 있다고 설득하자, (주)온이 크게 기뻐하며 그 의견을 따랐다고 하였다. 이는 연(주)(兗州), 운(주)(鄆州)에서 본래 군사들을 유인한 일이 없었고, 다만 (주)온이 그것을 핑계로 해서 군사를 일으키는 단서로 삼았다는 것인데, 그러나 설거정의 『구오대사(舊五代史)』에서 운운하기로는 실로 (주)선, (주)근이 군사들을 유인해서 틈을 벌렸다고 한 것이다. 구양수(歐陽修)의 『신오대사(新五代史)』에서는 바로 써서, (주)선(朱宣)[趙注 : 구양수의 『신오대사』에서는 '선(瑄)'을 '선(宣)'이라 썼다]과 (주)근이 변(주)를 도와 이미 진종권(秦宗權)을 격파한 뒤 동쪽으로 돌아갔는데, 왕[趙注 : 주온은 당시 이미 왕으로 봉해졌다]이 연(주), 운(주)에 격문을 보내 그들이 변(주)의 도망병들을 유인했다고 무고하고는 곧 군사를 일으켜 그들을 공격했다고 기록했다.45)

천우(天祐) 원년(905) 7월에 황제(후량 태조(太祖))는 동도(東都)를 출발해 하중(河中)에 이르렀다. 8월 임인(壬寅)날에 (당나라) 소종(昭宗)이 대내(大內)46)에서 시해를 당했는데, 유언으로 휘왕(輝王) (이)축(李柷)을 후계자로

---

42) 『舊五代史』「梁書」 卷1 「太祖本紀」, 9면, "鄆州朱瑄瑾皆領兵來援. 及宗權既敗, 帝以瑄·瑾宗人也, 又有力於己, 皆厚禮以歸之. 瑄·瑾以帝軍士勇悍, 私心愛之, 乃密於曹·濮界上懸金帛以誘之, 帝軍利其貨而赴者甚衆, 帝乃移檄以讓之. 朱瑄來詞不遜, 乃命朱珍侵曹伐濮, 以懲其姦."

43) 『通鑑考異』: 司馬光이 『資治通鑑』 편찬 과정에서 여러 서적을 참고하여 사실을 고증하였는데, 이때 참고한 자료의 같고 다름을 평가하고 정리하여 별도의 책으로 만든 것이다. 『通鑑考異』는 사용한 자료의 출처와 그것을 버리고 취하는 이유를 설명하고 있으며, 『資治通鑑』의 한 부분을 이루고 있다. 본문 이외에 『通鑑考異』를 더한 것은 창조적인 업적이자 사료학에 큰 공헌을 한 것으로 평가받고 있다.

44) 『五代史補』: 宋 陶岳이 찬술한 책으로 5卷으로 구성되었다. 이 책을 통해 薛居正의 『舊五代史』에서 빠진 五代 國家의 세력 형성 과정, 창업 과정 등을 알 수 있다.

45) 『新五代史』 卷1 「梁本紀」 「太祖紀上」, 3면, "朱宣·朱瑾兵助汴, 已破宗權東歸, 王移檄兗·鄆, 誣其誘汴亡卒以東, 乃發兵攻之, 取其曹州·濮州."

46) 大內: 황제가 거처하는 곳으로 三內라고도 한다.

삼도록 했다. 10월에 황제(태조)가 낙양(洛陽)에 이르러 (소종의) 관 앞으로 나아가 후계자를 공손하게 알현했다.[47] 「이언위(전)(李彦威)」[趙注 : 즉 주우공(朱友恭)이다], 「씨숙종(전)(氏叔琮)」 등 열전을 살펴보면, (주)온은 당나라 소종을 낙음(洛陰)으로 옮긴 뒤 경상을 낙양으로 보내 (이)언위, (씨)숙종에게 시해를 하도록 명했다. (그들은) 용무병(龍武兵)을 거느리고 밤에 궁으로 들어와 문을 두드리며 일을 아뢰겠다고 하였다. (이에) 부인(夫人) 배정일(裴正一)이 문을 열며, 일을 상주하는데 어찌 군사를 거느리고 들어올 수 있냐고 물었는데, 아관(牙官)[48] 사태(史太)가 그녀를 죽이고는 곧장 초란전(椒蘭殿)으로 달려갔다. 소종은 마침 취해 있다가 일어나 달아났고, (사)태가 검을 들고 좇아가 그를 시해했다고 한다.[49] 이는 소종이 시해당한 것이 실은 (주)온이 (이)언위 등에게 시켜 일을 저질렀다는 것이다. 그런데 설거정의 『구오대사』에서는 (주)온이 하중에 있었는데 소종이 대내에서 시해를 당했다고 해서, 하나같이 소종의 시해가 주온과 관련이 없는 것처럼 되어 있다.[50] (이어지는) 아래 글에서도 또 주온이 낙양에 이르러서 관 앞으로 나아가 후계자를 공손히 알현했다 말하여, 신하의 절조를 곡진하게 다할

47) 『舊五代史』「梁書」 卷2 「太祖本紀」, 36면, "十月癸巳, 至洛陽, 詣西內, 臨於梓宮前, 祗見於嗣君."

48) 牙官 : 문무 신료들이 사절로 나가거나, 번진에서 입조할 때 거느리던 시종의 일종이다. 『宋史』 卷172 「職官志」, 4145면, "文武羣臣奉使於外, 藩郡入朝, 皆往來備饔餼, 又有賓幕、軍將、隨身、牙官, 馬驢、槖駝之差 : 節、察俱有賓幕以下; 中書、樞密、三司使有隨身而無牙官、軍將隨; 諸司使以上有軍將、槖駝.(餘皆有牙官、馬驢, 惟節、察有賓幕.)"

49) 『新五代史』 卷43 「雜傳」「李彦威傳」, 469면, "太祖大懼, 恐昭宗奔佗鎭, 以兵七萬如河中, 陰遣敬翔至洛, 告彦威與氏叔琮等, 使行弑逆. 八月壬辰, 彦威·叔琮以龍武兵宿禁中, 夜二鼓, 以兵百人叩宮門奏事, 夫人裴正一開門問曰 : '奏事安得以兵入?' 龍武牙官史太殺之, 趨椒蘭殿, 問昭宗所在, 昭宗方醉, 起走, 太持劍逐之, 昭宗單衣旋柱而走, 太劍及之, 昭宗崩"; 『新五代史』 卷43 「雜傳」「氏叔琮傳」, 468면, "昭宗遷洛, 拜右龍武統軍. 太祖遣叔琮與李彦威等弑昭宗, 而已殺之."

50) 『舊五代史』「梁書」 卷19 「朱友恭傳」, 257면, "天祐初, 昭宗東遷洛邑, 徵拜左龍虎統軍, 以爲宮闕. 尋與氏叔琮同受太祖密旨, 弑昭宗於洛陽宮. 旣而太祖自河中至, 責以慢於軍政, 貶崖州司戶, 仍復其本姓名, 與氏叔琮同日賜死."

수 있었던 것처럼 되어 있다. 구양수의 『신오대사』에서는 바로 써서, (주)온이 주우공, 씨숙종, 장현휘(蔣玄暉) 등을 보내 시해를 하도록 했고, 소종이 붕어했다고 했다.[51]

(천우) 2년(906) 11월에 천자[趙注 : 당나라 소선제(昭宣帝)]는 황제[趙注 : 즉 주온]를 상국(相國)으로 삼아 모든 관리들을 총괄하게 하고, 선무(宣武) 등 21도(道)를 위국(魏國)으로 해서 황제의 작위를 높여 위왕(魏王)으로 봉하고, 아울러 구석(九錫)을 갖추도록 명했다. 황제는 상국, 위왕, 구석을 사양했다.[52] (그런데) 「공순전(孔循傳)」을 살펴보면 다음과 같다. 당나라 애제(哀帝)[趙注 : 곧, 소선제]는 (주)온을 위왕으로 봉하고 구석을 갖추었으나, (주온은) 거부하고 받지 않았다. 장현휘, 유찬(柳璨) 등이 달려가 (주)온에게 "예로부터 혁명이 일어나는 때에는 반드시 먼저 나라를 세우고 구석을 갖춘 뒤에야 제위를 선양합니다"라고 말하자, (주)온이 "나는 구석을 받지 않고 천자가 되고자 하는데, 괜찮은가?"라고 물었다.[53] 이는 (주)온이 나라를 찬탈하기에 급했던 것이지, 특별한 예우를 사양한 것은 아닌데, 『구오대사』의 기록은 마치 (주)온이 진실로 사양할 수 있었던 것처럼 되었다. 『신오대사』에서는 (주)온이 화를 내며 받지 않았다고 했다.[54] 이 해에 당나라 소선제가 남교(南郊)에서 하늘에 제사지내는 것에 대해 점을 치자 (주)온은 화를 내면서

---

51) 『新五代史』 卷1 「梁本紀」 「太祖紀上」, 9면, "王乃以兵如河中, 聲言攻崇本, 遣朱友恭·氏叔琮·蔣玄暉等行弒, 昭宗崩."

52) 『舊五代史』 「梁書」 卷2 「太祖本紀」, 38면, "(天祐 2年)辛巳, 天子命帝爲相國, 總百揆. 以宣武·宣義·天平·護國·天雄·武順·佑國·河陽·義武·昭義·保義·武昭·武定·泰寧·平盧·匡國·武寧·忠義·荊南等二十一道爲魏國, 進封帝爲魏王, 入朝不趨, 劍履上殿, 讚拜不名, 兼備九錫之命 . …… 十二月乙酉朔, 帝讓相國、魏王、九錫之命."

53) 『新五代史』 卷43 「雜傳」 「孔循傳」, 473면, "封太祖魏王, 備九錫, 太祖拒而不受. 玄暉與宰相柳璨相次馳至梁自解, 璨曰 : '自古王者之興, 必有封國, 而唐所以不卽遜位者, 當先建國備九錫, 然後禪也.' 太祖曰 : '我不由九錫作天子可乎?' 璨懼, 馳去."

54) 『新五代史』 卷1 「梁本紀」 「太祖紀上」, 10면, "十一月辛巳, 天子封王爲魏王、相國, 總百揆. 以宣武、宣義、天平、護國、天雄、武順、佑國、河陽、義武、昭義、武寧、保義、忠義、武昭、武定、泰寧、平盧、匡國、鎭國、荊南、忠武二十一軍爲魏國, 備九錫. 王怒, 不受."

장현휘 등이 당나라의 조명(祚命)을 연장하려 한다고 여기니, 소선제는 두려워하면서 결국 남교에 대해 점을 치는 것으로 바꾸었다.[55] 『구오대사』에서는 쓰지 않았다. 또한 이 해에 (주)온은 사람을 시켜 장현휘가 사사로이 하태후(何太后)를 옆에서 모신다고 고발하게 하고는 마침내 (장)현휘를 죽이고 태후를 시해했는데,[56] 『구오대사』에서는 역시 쓰지 않았다.

소선제가 제위를 선양한 뒤 (후)량에서는 그를 제음왕(濟陰王)으로 봉했다.[57] (이어) 개평(開平) 2년(908) 정월에 그를 시해하였다.[58] 『구오대사』에서는 역시 쓰지 않았다.

건화(乾化) 2년(912)에 (주)온은 그 아들 (주)우규(朱友珪)에게 시해되었다.[59] 『구오대사』에서는 역시 쓰지 않고 다만 (주)우규가 태조를 이궐(伊闕)에다 장례지내고 선릉(宣陵)이라 불렀다고만 적었다.[60]

「(후)당(後唐) 명종기(明宗紀)」를 보면, 명종[61]이 장종(莊宗)[62]의 명을 받

---

55) 『新五代史』 卷1 「梁本紀」 「太祖紀上」, 10면, "天子卜祀天于南郊, 王怒, 以爲蔣玄暉等欲祈天以延唐. 天子懼, 改卜郊."

56) 『新五代史』 卷1 「梁本紀」 「太祖紀上」, 10면, "王益怒, 遣人告樞密使蔣玄暉與何太后私通, 殺玄暉而焚之, 遂弑太后于積善宮."

57) 『舊五代史』 「梁書」 卷3 「太祖本紀」, 48면, "(開平 元年) …… 可改唐天祐四年爲開平元年, 國號大梁. 書載虞賓, 斯爲令範; 詩稱周客, 蓋有明文. 是用先封, 以禮後嗣, 宜以曹州濟陰之邑奉唐主, 封爲濟陰王"; 『舊五代史』 「唐書」 卷26 「武皇本紀下」, 360면, "四月, 天子禪位於汴帥, 奉天子爲濟陰王, 改元爲開平, 國號大梁"; 『新五代史』 卷2 「梁本紀」 「太祖紀下」, 13면, "(開平 元年 夏四月)甲子, 皇帝卽位. 戊辰, 大赦, 改元, 國號梁. 封唐主爲濟陰王."

58) 『新五代史』 卷2 「梁本紀」 「太祖紀下」, 15면, "(開平 2年 春正月)己亥, 卜郊于西都. 弑濟陰王."

59) 『新五代史』 卷2 「梁本紀」 「太祖紀下」, 21면, "(乾化 2年)六月, 疾革, 郢王友珪反. 戊寅, 皇帝崩"; 『新五代史』 卷2 「梁本紀」 「太祖紀下」, 23면, "乾化二年六月, 太祖遇弑, 友珪自立, 殺博王友文, 以弑帝之罪歸之."

60) 『舊五代史』 「梁書」 卷7 「太祖本紀」, 108면, "(乾化 2年)辛卯, 詔曰 : '…… 友珪葬太祖於伊闕縣, 號宣陵'."

61) 明宗(866, 혹은 867~933, 재위 926~933) : 이름은 李嗣源이다. 沙陀部 사람으로 原名은 邈吉烈이며, 李克用의 양자이다. 전공을 세워 蕃漢內外馬步軍 總管이 되었다. 同光 元年(923) 군대를 이끌고 汴梁을 취하여 後梁을 멸하였다. 同光 4년(926) 後唐 莊宗이 兵變 중 피살되자 洛陽으로 들어와 監國하였다. 즉위 후 이름을 亶으로 고쳤으며, 연호를 天成이라 바꿨다. 酷吏 孔謙을 주살하고 廉吏를 포상했으며, 宮人과 伶

들어 조재례(趙在禮)를 토벌하러 업성(鄴城)에 이르렀는데, 밤에 군사 장파패(張破敗) 등이 북을 치고 크게 소리치면서 군영에 들이닥치며 "성 안에 있는 군사들이 무슨 죄가 있습니까. 다만 죽음을 두려워하고 있을 뿐입니다. 지금 이미 성 안 군사들과 약속을 했으니, 주상은 하남(河南)에서 황제를 하고 나으리[公]는 하북(河北)에서 황제를 했으면 합니다"라고 말했다. 명종이 이를 힘써 거절하자, 반란을 일으킨 군사들은 더욱 갑옷을 걸쳐 입고 칼날을 드러내면서 명종의 주위를 둘러쌌다. 안중회(安重誨),[63] 곽언위(霍彦威)가 명종의 발을 밟으며 거짓으로 허락할 것을 청하자, 이에 따라 반란을 일으킨 군사들에게 호위를 받으며 업성으로 들어갔다가 저녁이 되어서야 나올 수 있었다. 명종은 번진으로 돌아가서 상주문을 올리고 다시 일을 일으킬 것을 도모하고자 했다. (안)중회 등이 "원행흠(元行欽)이 이미 무기를 버리고 가 버렸는데[趙注 : (원)행흠도 역시 군사를 거느리고 업성을 공격했으나, 군사들의 반란이 일어났다는 소식을 듣고 따로 군영을 거두어 가 버렸다], 그가 상주하는 것이 어떠

官을 파하고 內庫를 없앴으며, 민간의 疾苦를 파악하는데 힘썼다. 그러나 문맹으로 朝廷에 군림하여 用人을 제대로 하지 못했으며, 藩鎭의 할거를 방치하였고, 權臣 安重誨의 발호와 둘째 아들 李從榮의 교만을 그대로 두었다. 李從榮이 반란을 일으키자 憤死하였다. 徽陵에 장사지냈으며, 諡號는 德和武皇帝이다.

62) 莊宗(885~926, 재위 923~926) : 이름은 李存勗이다. 沙陀部 사람으로 小字는 亞子이며, 後唐의 건국자이다. 할아버지는 朱邪赤心으로 唐 懿宗이 李國昌이란 이름을 하사하였다. 아버지 李克用은 晉王에 봉해졌으며, 後梁 朱溫에게 불복하여 여전히 唐 年號를 사용하였다. 晉王이 된 후 幽州를 공격하여 劉仁恭 부자를 사로잡아 죽이고 남하하는 契丹兵을 격퇴했으며, 後梁과 몇 년 동안 힘든 싸움을 계속했다. 同光 元年(923) 魏州에서 즉위하여 國號를 唐이라 칭했는데, 사서에서는 後唐이라 한다. 이어 後梁을 멸하고 洛陽에 도읍을 정하였으며 黃河유역을 통일하였다. 그러나 宦官과 伶官을 신임하고 租庸使 孔謙을 중용하여 세금을 많이 걷어 정치를 망쳤다. 군대를 보내 前蜀을 멸망시켰지만 洪水가 나고 戶口가 流亡하였으며 軍士들이 먹을 것이 없어 위기가 잠재하였다. 同光 4년(926) 李嗣源이 반란을 일으키고 伶官 郭門高가 宮城을 공격할 때 흐르는 화살에 맞아 죽었다. 雍陵에 장사지냈으며, 諡號는 武皇帝이다.

63) 安重誨(?~931) : 五代 應州(지금의 山西省 應縣) 사람이다. 明敏하고 근면하였다. 젊어서 李嗣源을 섬겨 中門使가 되어 李嗣源을 따라 종군하였다. 明宗이 즉위한 후 兵部尙書, 山南東道節度使, 樞密使, 侍中 兼 中書令을 지냈다. 세력이 天下에 떨쳐 대소사를 처리하였다. 藩鎭을 억제하려고 하였으나 錢鏐 · 孟知祥 · 董璋가 반란을 일으켰다. 말년에 明宗에게 소외되다가 피살되었다.

할지 알 수 없으니, 마땅히 대궐로 달려가 스스로 아뢰어 참소하는 입을 막아야 합니다"라고 말하니, 명종이 그대로 따랐다. 상주(相州)에 이르러 관(官)의 말 2천 필을 얻었다.[64] 원행흠은 이미 터무니없는 말로 상주를 했다. 변(주)(汴州)에 이르게 되자 요언온(姚彦溫)이 투항해 와서 주상께서는 이미 (원)행흠의 말에 현혹되었고, 일의 형세가 이미 갈라졌으니 다시 합칠 수는 없다고 말했다. 명종은 "그대는 스스로 충성스럽지가 않구나. 말이 어찌 그리 도리에 어긋나는가"라고 말했다.[65] 장종이 이어 곽종겸(郭從謙)에게 시해되자, 명종은 급히 낙양으로 들어갔다.[66] 이때 위왕 (이)계급(李繼岌)은 촉(蜀)을 정벌하러 갔다가 아직 돌아오지 않았는데, 명종은 주수은(朱守殷)에게 "그대가 널리 돌아다니며 백성을 위무하는 일을 잘하니 위왕을 모시도록 하오. 나는 돌아가신 임금의 관을 받들다가 장례가 끝나면 바로 번진으로 돌아가겠소"라고 말했다. 그러나 여러 신하들이 장

---

64)『舊五代史』「唐書」卷35「明宗本紀」, 488~489면, "三月六日, 帝至鄴都, 趙在禮等登城謝罪, 出牲餼以勞師, 帝亦慰納之, 營於鄴城之西南, 下令以九日攻城. 八日夜, 軍亂. 從馬直軍士有張破敗者, 號令諸軍, 各殺都將, 縱火焚營, 讙譟雷動. 至五鼓, 亂兵逼帝營, 親軍搏戰, 傷痍者殆半, 亂兵益盛. 帝叱之, 責其狂逆之狀, 亂兵對曰 : '昨貝州戍兵, 主上不垂厚宥; 又聞鄴城平定之後, 欲盡坑全軍. 某等初無叛志, 直畏死耳. 已共諸軍商量, 與城中合勢, 擊退諸道之師, 欲主上帝河南, 請令公帝河北.' 帝泣而拒之, 亂兵呼曰 : '令公欲何之? 不帝河北, 則爲他人所有. 苟不見幾, 事當不測!' 抽戈露刃, 環帝左右. 安重誨·霍彦威躡帝足, 請詭隨之, 因爲亂兵迫入鄴城. 懸橋已發, 共扶帝越濠而入, 趙在禮等歡泣奉迎. ……安重誨·霍彦威等曰 : '……元行欽狂妄小人, 彼在城南, 未聞戰聲, 無故棄甲; 如朝天之日, 信其奏陳, 何所不至. 若歸藩聽命, 便是强據要君, 正墮讒慝之口也. 正當星行歸闕, 面叩玉階, 讒間沮謀, 庶全功業, 無便於此者也.' 帝從之. 十一日, 發魏縣, 至相州, 獲官馬二千匹, 始得成軍."

65)『舊五代史』「唐書」卷35「明宗本紀」, 489면, "二十六日至汴州, 莊宗領兵至滎澤, 遣龍驤都校姚彦溫爲前鋒. 是日, 彦溫率部下八百騎歸於帝, 具言 : '主上爲行欽所惑, 事勢已離, 難與共事.' 帝曰 : '卿自不忠, 言何悖也!' 乃奪其兵, 仍下令曰 : '主上未諒吾心, 遂致軍情至此, 宜速赴京師'."

66)『新五代史』卷25「唐臣傳」「符彦超傳」, 265면, "彦超爲汾州刺史. 郭從謙弑莊宗, 明宗入洛陽";『新五代史』卷51「朱守殷傳」, 574면, "莊宗東討, 守殷將騎軍陣宣仁門外以俟駕. 郭從謙作亂, 犯興教門以入, 莊宗亟召守殷等軍, 守殷按軍不動. 莊宗獨與諸王宦官百餘人射賊, 守殷等終不至, 方移兵憩北邙山下, 聞莊宗已崩, 旣馳入宮中, 選載嬪御·寶貨以歸, 縱軍士劫掠, 遣人趣明宗入洛."

계를 올려 (후계 지위로) 나아가기를 권하며, 재삼 감국(監國)을 맡으라고 청하자, 명종은 비로소 그 말을 따랐다고 한다.[67] 이(「명종기」)에 따르자면, 명종은 군사들의 반란을 겪은 뒤에 군사를 이끌고 낙양으로 갔고, 결코 반역할 마음이 없이 그저 스스로 아뢰고자 했을 뿐이었다. 장종이 시해되기에 이르러서도 오히려 장종의 아들 (이)계급이 오기를 기다려 받들려고 했으니, 충순한 신하라고 할 수 있을 것이다.

그러나 당시의 사정을 살펴보면 다 그렇지는 않았던 점도 있다. 명종은 성품이 본래 순박하고 꾸밈이 없었으니 군사들이 반란을 일으킨 초기에는 본디 그에 편승하여 이익을 삼으려고 하지 않았을 것이므로, 반란이 일어난 뒤 번진으로 돌아가 죄를 기다리고 상주문을 올려 억울한 내용을 밝히려고 한 것은 역시 실제 사정에 속할 것이다. 그러나 이때에는 다만 홀몸으로 조정에 돌아감으로써만 마음의 자취를 밝힐 수 있을 터인데, 명종이 무부(武夫)였으니 어찌 능히 이런 내용을 알 수 있겠는가? 마침 밖으로는 자신이 모반한다고 원행흠이 상주한 것을 두려워하고, 안으로는 석경당(石敬瑭),[68] 안중회 등이 모반을 권하는 것에 현혹되어, 형세가 호랑이

---

67) 『舊五代史』「唐書」卷35「明宗本紀」, 490면, “(天成年前)時魏王繼岌征蜀未還, 帝謂朱守殷曰 : ‘公善巡撫, 以待魏王. 吾當奉大行梓宮山陵禮畢, 卽歸藩矣’. 是日, 羣臣諸將上牋勸進, 帝面諭止之”; 『舊五代史』「唐書」卷35「明宗本紀」, 490면, “(天成年前)壬辰, 文武百僚三拜牋請行監國之儀, 以安宗社, 答旨從之. 旣而有司上監國儀注.”

68) 石敬瑭(892~942, 재위 936~942) : 沙陀部 사람이며, 일설에는 西夷라고도 한다. 後唐 明宗 李嗣源의 사위이며, 後晉의 창시자이다. 後唐 同光 4년(926) 李嗣源을 도와 기병하여 그를 즉위시켰다. 전후 保義·宣武·天雄·河陽·河東節度使를 지냈다. 閔帝 즉위 후 成德節度使가 되었다가 다시 河東節度使로 임명되었다. 淸泰 3년(936) 末帝의 시기를 받아 天平으로 옮길 것을 명받자 契丹의 구원병을 얻어 반란을 일으켰다. 契丹에서는 出兵하여 石敬瑭을 도와 後唐을 멸하고 그를 皇帝로 옹립했다. 年號를 天福, 國號를 晉이라 했는데, 사서에서는 後晉이라 한다. 契丹에 燕雲十六州를 할양했으며 매년 帛 30萬 匹을 바치고 契丹主를 父皇帝라 칭하고, 자신을 兒皇帝라 칭하였다. 汴州로 遷都하여 東京으로 승격하고 開封府를 두었으며, 洛陽은 西京으로 바꾸었다. 문신들에게 명하여 『大晉正統』을 편집하고 司天監이 『調元曆』을 만들었으며, 明經·童子·鴻詞·拔萃·明算·道擧·百篇 등 科를 없앴다. 安重榮이 契丹을 父로 섬기는 것을 반대하다 피살되고, 吐谷渾이 契丹ㄴ에 항복하지 않고 河東에 歸附하기 원하여 契丹主의 질책을 듣고 병이 나서 죽었다. 顯陵에 장사지냈으며, 謚

등에 타고서 내려오기 어려운 것과 같은 때가 되었으니, 사슴을 달리게 해서 험한 곳으로 가게 하는 계책[挺鹿走險][69]을 쓰지 않을 수 없었다. 그러므로 군사를 이끌고 남쪽으로 향할 때에 본디 이미 계획을 바꾸어 반란을 일으킬 것을 결정했던 것이며, 진정으로 장종 앞에서 직접 대면하여 아뢰려고 한 것은 아니었다. 세상에 어찌 스스로 아뢰어 반란을 일으키지 않으려고 하면서 도리어 군사를 일으켜 대궐로 향하는 경우가 있겠는가? 본기에서 '대궐로 달려가 스스로 아뢴다'고 한 것은 따져 보지 않더라도 꾸민 이야기라는 것을 알 수 있다.

게다가 이때에 일단 발을 크게 들어 반역의 형세가 이미 드러났다. 강의성(康義誠)이 "이제 여러 사람들의 의견을 따른다면 돌아갈 바가 있을 것이지만, 절조를 지킨다면 죽게 될 것입니다"라고 하니, 명종은 그 말을 받아들였던 것이다[趙注 : 「강의성전(康義誠傳)」].[70] 반란을 계획하기로 결정하지 않고서야 어찌 그 말을 받아들이겠는가? 정종(鄭琮)이 군영 중에 있을 때 안중회가 사방의 군사들을 불러들이려고 하자, (정)종은 여러 도에 있는 주둔병의 수를 하나하나 헤아려서 구두로 격문을 전하여 차례대로 이르도록 했다[趙注 : 「정종전(鄭琮傳)」].[71] 왕안구(王晏球)[72]는 군사를 거느리며 와교

號는 聖文章武明德皇帝이다.

69) 挺鹿走險 : 급한 일에 몰려 어쩔 수 없이 모험적인 일을 행하는 것. (『春秋左氏傳』「文公 17年」條, "古人有言曰 …… '鹿死不擇音', 小國之事大國也, 德, 則其人也; 不德, 則其鹿也. 鋌而走險, 急何能擇?")

70) 『舊五代史』「唐書」卷66「康義誠傳」, 879면, "同光末, 從明宗討鄴城, 軍亂, 迫明宗爲主, 明宗不然. 義誠進曰 : '主上不慮社稷阽危, 不思戰士勞苦, 荒禽色, 溺於酒樂. 今從衆則有歸, 守節則將死.' 明宗納其言, 由是委之心膂."

71) 『舊五代史』「晉書」卷91「鄭琮傳」, 1209면, "唐同光末, 從明宗伐魏州, 時軍情有變, 明宗退守魏縣, 未知趨向. 安重誨將徵兵于四方, 琮在帳前, 歷數諸道屯軍及主將姓名, 附口傳檄, 相次而至."

72) 王晏球(871, 혹은 873~932) : 唐末五代 洛陽 사람으로 字는 瑩之이다. 朱溫이 汴州에 주둔할 때 불러 帳下親兵으로 삼았다. 軍功을 세워 벼슬이 都指揮使에 이르렀다. 同光 元年(923) 後唐에 항복하여 李紹虔이란 이름을 하사받았다. 明宗 때 宋州節度使, 齊州防禦使가 되어 瓦橋關에 주둔하여 契丹을 막았다. 天成 3년(928) 定州節度使 王都가 반란을 일으켜 契丹을 끌어들이자 北面招討使가 되어 반란군을 대파하고

관(瓦橋關[73])을 지키고 있었는데,[74] 명종이 그를 부르자 군사를 이끌고 바로 와서 회합했다[趙注 : 「왕안구전」][75] 반란을 계획하기로 결정하지 않고서야 어찌 여러 도의 군사들을 불러들이겠는가? 상주에 이르러서 관의 말을 약탈해서 군비를 더했다.[76] 황하(黃河) 부근에 이르러서는 공물을 바치러 가는 배에 실린 비단을 약탈해서 군사들에게 잔치를 베풀었다. 미리 기병 3백 명을 (석)경당에게 주어 속히 변(주)으로 들어가게 했다[趙注 : 「석진기(石晉紀)」].[77] 또 양자 (이)종가(李從珂)는 횡수(橫水)로부터 군사를 이끌고 왕건립(王建立)과 함께 이틀 길을 하루에 걸어 달려오니 이로 말미암아 군세의 성망이 크게 떨쳤다[趙注 : 「폐제기(廢帝紀)」].[78] 그가 대항하며 반역하려는 흔적은 이미 말할 것도 없다. 그러나 본기에서는 오히려 그가 변주와 낙양에 들어가 여전히 물러나고 겸양하는 뜻을 품었다고 하였으니, 아마도 당시 실록이 선례대로 감추고 꺼린 것을 사서를 편찬한 사람들이 단지 실록 원본을 참조하여 베껴 적기만 하고 다시 개정하지 않았기 때문일 것이다.

구양수의 『신오대사』에서는 다음과 같이 쓰고 있다. 군사반란 뒤에 (명종) (이)사원(李嗣源)이 위(주)(魏州)로 들어가 (조)재례와 합세하였다. 그 군

다음 해 定州를 수복하였다. 이 공으로 天平軍節度使로 임명되었으며, 후에 靑州로 옮겼다.

73) 瓦橋關 : 唐代 만들어졌으며, 지금의 河北省 雄縣 서남쪽에 있다. 後梁 乾化 2년(912) 周德威가 李存暉를 공격한 瓦橋關이 이 곳이다. 五代 後晉初 契丹 땅으로 편입되었다가 後周 世宗 顯德 6년(959) 수복하여 雄州를 세웠다. 益津 · 淤口와 함께 三關으로 불린다.

74) 『新五代史』 卷46 「雜傳」 「王晏球傳」, 509면, "莊宗入汴, 晏球以兵追之, 行至封丘, 聞末帝已崩, 卽解甲降唐, 莊宗賜姓名曰李紹虔, 拜齊州防禦使, 戍瓦橋關."

75) 『新五代史』 卷46 「王晏球傳」, 510면, "明宗兵變, 自鄴而南, 遣人招晏球, 晏球從至洛陽, 拜歸德軍節度使."

76) 『舊五代史』 「唐書」 卷35 「明宗紀」, 489면, "十一日, 發魏縣, 至相州, 獲官馬二千匹(案 : 歐陽史作掠小坊馬三千匹; 『舊五代史考異』), 始得成軍."

77) 『舊五代史』 「晉書」 卷75 「高祖紀」, 980면, "明宗至相州, 遂分驍騎三百付之, 遣帝由黎陽濟河, 自汴西門而入, 因據其城."

78) 『舊五代史』 「唐書」 卷46 「末帝紀上」, 626~627면, "四年, 魏州軍亂, 明宗赴洛, 時帝在橫水, 率部下軍士由曲陽 · 盂縣趨常山, 與王建立會, 倍道兼行, 渡河而南, 由是明宗軍聲大振."

사를 남쪽으로 돌리고, 석경당에게 기병 3백 명을 거느리게 하여 선봉으로 삼았다. (이)사원이 거록(鉅鹿)에 이르러 말 3천 필을 약탈하여 군비를 더했다고 했다.[79] 이는 그 반역의 자취를 분명히 드러낸 것이니 직필(直筆)한 것이라고 할 수 있다. 하지만 그가 앞서는 본래 모반을 하고자 하는 뜻이 없었으므로 「석진기(石晉紀)」 및 「곽언위전(霍彦威傳)」 안에서 그러한 내용을 보였던 것이다. 이는 또한 그의 당초 생각을 숨기지 않음으로써, 그(명종)가 갑자기 압력을 받아 그렇게 된 것은 곽위(郭威)[80]가 전주(澶州)로부터 쳐들어간 것과 같지 않음을 드러낸 것이다.

「(후)한(後漢) 은제기(隱帝紀)」를 보면, 은제[81]는 이홍의(李洪義)[82]에게 몰래 조서를 내려 왕은(王殷)을 주살하게 하고, 또한 곽숭(郭崇)에게 조서를 내려 곽위와 왕준(王峻)[83]을 주살하라고 했다.[84] 그러나 (이)홍의는 감

---

79) 『新五代史』 卷6 「唐本紀」 「明宗紀」, 55면, "(天成 元年)三月壬子, 嗣源至魏, 屯御河南, 在禮登樓謝罪. 甲寅, 軍變, 嗣源入于魏, 與在禮合, 夕出, 止魏縣. 丁巳, 以其兵南, 遣石敬將三百騎爲先鋒. 嗣源行過鉅鹿, 掠小坊馬二千匹以益軍. 壬申, 入汴州."

80) 郭威(904~954, 재위 951~954) : 邢州 堯山縣(지금의 河北省 隆堯縣 서쪽) 사람으로 字는 文仲이며, 後周의 건국자이다. 天福 12년(947) 佐命의 공으로 後漢 高祖가 樞密副使로 삼았으며, 隱帝 즉위 후 樞密使가 되어 河中·永興·鳳翔 三鎭의 반란을 평정하였다. 乾祐 3년(950) 鄴都留守가 되었다. 후에 隱帝의 시기로 가족들이 모두 피살되자 군대를 이끌고 入朝하여 隱帝를 죽이고 劉贇을 옹립하였다. 契丹을 정벌하러 나가다가 군사들의 옹립으로 회군하여 다음 해 즉위하여 廣順으로 改元하고 國號를 周라 했는데, 사서에서는 後周라 한다. 汴梁에 도읍했으며, 3년 동안 폐정을 개혁하였다. 각종 부가세를 없애고 혹형을 폐지하였다. 嵩陵에 묻혔으며, 시호는 弑皇帝이다.

81) 隱帝(931~950, 재위 948~950) : 이름은 劉承祐이며, 高祖 劉知遠의 둘째 아들이다. 처음에 大內都點檢에 제수되고 周王에 봉해졌다. 즉위 후 나이가 어리고 무능하여 樞密使 楊邠과 樞密副使 郭威의 권세가 강하였다. 이때 蘇逢吉이 中書에 있었는데, 楊邠 등과 불화하여 갈등이 끊이지 않았다. 河中節度使 李守貞과 長安節度使 趙思綰, 鳳翔節度使 王景崇이 서로 반란을 일으켰으며, 자연 재해가 빈번하여 後漢은 혼란에 빠졌다. 乾祐 3년(950) 郭威가 군대를 일으켜 남하하여 開封에 이르렀을 때 亂兵에게 살해되었다.

82) 李洪義 : 본명은 '洪威'인데 周 太祖 郭威로 인해 避諱하여 고쳤다고 한다(『舊五代史』 卷103 「隱帝紀下」, 1370면; 『舊五代史考異』 재인용). 당시 澶州節度使의 직을 맡고 있었다.

83) 王峻(902~953?) : 五代 相州 安陽縣 사람으로 字는 秀峰이다. 後漢 高祖 때 客省使, 隱帝 때 宣徽使를 지냈다. 郭威가 鄴에서 기병하자 監軍이 되어 작전을 모의하여

히 실행하지 못하고 오히려 조서를 (곽)위에게 보였다.[85] (곽)위는 곧 왕준과 곽숭 및 여러 장교들을 불러오도록 하고는 "그대들은 마땅히 조서를 받들어 행해야 할 것이니, 내 머리를 잘라 천자께 보고하라" 고 말했다. (곽)숭 등이 "이는 필경 이업(李業) 등이 무고한 때문일 것이니, 일을 아뢰어 논박할 수 있는데, 어찌 스스로 포기해 버리십니까"라고 말했다. 이에 (곽)위에게 입조(入朝)하도록 다투어 권하니, 곧 무리를 거느리고 남쪽으로 갔다.[86] 「(후)주(後周) 태조기」에서도 역시 태조[趙注 : 곽위]가 가는 길에서 또 장교에게 "내가 여기에 이른 것은 결단코 부득이했기 때문이다. 그러나 신하로서 임금에게 항거했으니 어찌 옳고 그름을 논하겠는가. 그대들은 앞서 내린 조서를 받들어 행하는 것만 같지 못할 것이고, 나는 한번 죽음으로써 천자께 사죄하면 실로 한스러울 바가 없겠다"라고 말했다고 했다.[87] 이는 곽위의 본뜻이 마치 여전히 신하의 절개를 지킬 수 있었던 것 같다는 것이다.

(그런데) 「위인포전(魏仁浦傳)」을 살펴보면, 곽위는 (이)홍의가 보여준

郭威의 稱帝와 周 건국을 도왔다. 이 공으로 戶部侍郎 平章事가 되었다. 廣順 元年(951) 北漢과 契丹 연합군이 晉州를 포위하자 군대를 이끌고 포위망을 풀었다. 佐命功臣임을 과시하며 교만하였다. 廣順 3년(953) 樞密使 兼 宰相이 되었고 平盧節度使를 겸하고자 하여 太祖가 구금했다가 商州司馬로 좌천시켰다.

84) 王殷은 侍衛步軍都指揮使였다. 郭崇의 本名은 崇威였는데 피휘하여 崇이라고만 했다. 당시 郭威는 樞密使였고, 王峻은 宣徽使였다.

85) 『舊五代史』「周書」 卷124 「王殷傳」, 1626면, "及李業等作亂, 漢隱帝密詔澶帥李洪義遣圖殷, 洪義懼不克, 反以變告殷, 殷與洪義同遣人至鄴, 請太祖赴內難. 殷從平京師, 授侍衛親軍都指揮使."

86) 『舊五代史』「周書」 卷110 「太祖本紀」, 1453면, "前一夕, 李業等遣腹心齎密詔至澶州, 令李洪義殺王殷, 又令護聖左廂都指揮使郭崇等害帝于鄴城. 十三日, 洪義受得密詔, 恐事不濟, 乃以密詔示王殷, 殷與洪義並遣陳光穗馳報於帝. 十四日, 帝方與宣徽使王峻坐議邊事, 忽得洪義文字, 遽歸牙署, 峻亦未知其事. 帝初知楊·史諸公被誅, 神情惘然 …… 然之, 遂請帝南行."

87) 『舊五代史』「周書」 卷110 「太祖本紀」, 1454면, "十七日, 帝至滑州, 節度使宋延渥開門迎納. 帝將發滑臺, 召將士謂之曰 : '主上爲讒邪所惑, 誅殺勳臣, 吾之此來, 事不獲已, 然以臣拒君, 寧論曲直! 汝等家在京師, 不如奉行前詔, 我以一死謝天子, 實無所恨'."

비밀조서를 얻자 곧 (위)인포를 침실로 불러들이니, (위)인포는 (곽)위에게 유수(留守)의 도장을 거꾸로 써가지고 (곽)위에게 여러 장교를 주살하라는 조서를 다시 만들도록 해서 장교들이 격노하도록 만들라고 가르쳐주었다. (이에) 장교들이 모두 분연히 목숨을 바쳐 쓰이기를 청하자, (곽위는) 드디어 군사를 일으켜 황하를 건넜다고 한다.[88] 이는 (곽)위가 마침 조서를 고쳐서 사람들을 속였던 것이니, 어찌 천자가 자기를 주살하라는 조서를 여러 장교들에게 내보이면서 조서를 받들어 자기를 죽이라고 했겠는가? 본기에서 말한 바는 거짓으로 꾸민 것이 분명하다. 구양수의 『신오대사』 제기(帝紀)에서는 곧 곽위가 반란을 일으켰다고 바로 썼다.[89]

「(후)주 태조기」를 보면, (후)한 은제가 모용언초(慕容彦超)를 보내 곽위를 유자파(劉子坡)[90]에서 막도록 했는데, 관군이 패하고 말았다. (곽)위는 송연악(宋延渥)에게 "너는 나라의 친척이니 속히 가서 주상을 지켜야 할 것이다"라고 말했다.[91] 다음날 황제의 깃발이 높은 언덕 위에 있는 것을 멀리서 보고는 은제가 그 밑에 있다고 말하며 곧 갑옷을 벗고 나아가려고 했다. 좌우에서 그만두도록 권하자, (곽)위가 "내 주군이 저기 계신데, 또 무엇을 걱정하겠는가"라고 말했다. 가보니 은제는 이미 가 버렸다고 되어 있다.[92] 살펴보건대, 유자파 전투에서 은제가 직접 진중에 있었고, (곽)위

---

88) 『宋史』 卷249 「魏仁浦傳」, 8803면, "周祖懼, 召仁浦入計, 且示以詔曰 : '朝廷將殺我, 我死不懼, 獨不念麾下將士乎?' 仁浦曰 : '侍中握强兵臨重鎭, 有功朝廷, 君上信讒, 圖害忠良, 雖欲剖心自明, 奚可得也, 事將奈何. 今詔始下, 外無知者, 莫若易詔以盡誅將士爲名, 激其怒心, 非徒自免, 亦可爲楊, 史雪.' 周祖納其言, 倒用留守印, 易詔書以示諸將. 懼且怒, 遂長驅渡河."

89) 『新五代史』 卷10 「漢本紀」 「隱帝紀」, 106면, "冬十一月丙子, 殺楊邠及侍衛親軍都指揮使史弘肇, 三司使王章, 皆滅其族. 郭威反."

90) 『東都史略』 「宋延渥傳」에는 '留子陂'로 되어 있다고 한다(『舊五代史』 卷103 「隱帝紀」, 1372면).

91) 『舊五代史』 卷110 「太祖紀」, 1454~1455면, "初, 官軍之敗, 帝謂宋延渥曰 : '爾國親, 國親(通鑑作'近親'. 胡三省注曰 : '宋延渥, 王舅, 故云近親.' 薛史前後多稱外戚爲國親, 今仍其舊; 『影庫本粘籤』) 可速往衛主上, 兼附奏, 請陛下得便速奔臣來, 免爲左右所圖'."

92) 『舊五代史』 「周書」 卷110 「太祖本紀」, 1455면, "是旦, 帝望見天子旌旗於高坡之上,

가 과연 스스로 호소하고자 했다면, 어찌 이때에 갑옷을 벗고 달려가 알현하지 않고는, 곧 바야흐로 하복진(何福進),[93] 왕언초(王彦超), 이균(李筠) 등을 보내 기병을 크게 보탠 후 그에 편승했는가.[94] 이미 관군을 패퇴시킨 뒤, 어찌 다음날 또 몸을 묶어 군주를 뵙고자 할 리가 있겠는가? 게다가 다음날 새벽에 은제가 이미 곽윤명(郭允明)에게 시해되었는데,[95] 또 어찌 깃발이 높은 언덕 위에 있을 수 있었겠는가. 그것이 꾸민 이야기라는 것은 역시 따져 볼 것도 없는 것이다.

은제가 죽은 뒤 곽위는 사람을 보내어 상음공(湘陰公) 유윤(劉贇[96])을 맞아 와 즉위하게 했다. 그러고 나서 (곽)위는 전주(澶州)에 이르러 군사 반란을 일으켜 서울로 들어갔다. 왕준은 (유)윤이 이미 송주(宋州[97])에 이르렀다는 말을 듣고는 좌우에 변란이 생길 것을 염려하여 곽숭을 보내어 기병 7백 명을 거느리고 가서 그를 호위하도록 했다.[98] 『십국춘추(十國春

謂隱帝在其下, 旣免胄釋馬而前, 左右慮有不測, 請帝止. 帝泣曰 : '吾君在此, 又何憂焉.' 及至前, 隱帝已去矣, 帝歔欷久之. 俄聞隱帝遇弑, 號慟不已."

93) 何福進(888~954) : 五代 後周 사람이다. 字는 善長이고 太原 사람이다. 어려서부터 종군하여 용맹을 떨쳤다. 同光末, 郭從謙이 병사로 後唐 莊宗을 둘러쌌을 때, 宿衛軍校였던 何福進은 홀로 사력을 다하여 싸웠는데, 明宗이 이를 알고 등용하였고, 이어 慈州刺史가 되었다. 契丹이 中原으로 들어왔을 때, 李筠, 白再榮 등과 함께 契丹에 대항하며 鎭陽에 근거하였다가, 後漢의 北面行營馬步都虞候, 曹州防禦使, 檢校太保가 되었다. 後周 太祖 郭威가 北伐을 도모할 때 따랐으며, 보좌한 공으로 忠武軍節度使가 되었다가 곧 鎭州를 담당하여 북변을 안정시켰다. 顯德 元年(954) 正月 66세로 사망하였다.

94) 『舊五代史』「周書」卷110「太祖本紀」, 1454면, "二十日, 隱帝整陣於劉子陂. 二十一日, 兩陣俱列, 慕容彦超率軍奮擊, 帝遣何福進・王彦超・李筠等大合騎以乘之."

95) 『舊五代史』「漢書」卷107「郭允明傳」, 1414면, "郭允明者, 小名竇十, 河東人也. …… 及北郊之敗, 允明迫帝就民舍, 手行弑逆, 尋亦自殺"; 『舊五代史』卷110「周書」「太祖本紀」, 1454면, "二十二日旦, 郭允明弑漢隱帝於北郊."

96) 劉贇(?~951) : 五代 後漢의 종실로 北漢 世祖 劉崇의 아들이다. 後漢 乾祐 元年(948) 武寧軍節度使가 되었다. 乾祐 3년(950) 郭威가 기병하여 隱帝를 살해한 후 馮道를 보내 그를 옹립하여 皇帝로 삼으려 하였다. 宋州에 이르러 郭威가 이미 자립한 뒤, 그를 湘陰公으로 봉하였다. 다음 해 피살되었다.

97) 宋州 : 唐의 州名이다. 武德 4년(621) 隋의 梁郡을 改稱하였으며 治所는 宋城(지금의 河南省 商丘市 남쪽)이다. 天寶 元年(742) 睢陽郡으로 바꾸고 宋城・襄邑 등 10縣을 관할하였다. 乾元 元年(758) 다시 이전의 명칭으로 돌아갔다.

秋)』를 살펴보면, (곽)숭이 송주에 이르자 (유)윤이 누각 위에서 불러 보았는데, 판관(判官) 동예(董裔)가 (유)윤을 설득하며 "(곽)숭의 눈매와 행동거지를 살펴보면 반드시 다른 음모가 있으니 그를 죽이는 것만 못합니다"라고 말했다. (유)윤이 머뭇거리며 결정하지 못했는데, (곽)숭은 결국 (유)윤을 외관(外館)에 유폐시켰다고 한다.[99] 이는 (왕)준이 (곽)숭을 보낸 것이 본래 길에서 (유)윤을 해치려 함이었다는 것인데, 그러나 본기에서는 도리어 그를 호위하려 했다고 하니 더더욱 모순에 속한다. 『신오대사』는 바로 써서 왕준이 곽숭을 파견하여 기병 7백 명을 거느리고 송주에서 (유)윤을 맞이하게 하였으며, 그를 죽였다고 했다.[100]

---

98) 『舊五代史』「漢書」卷10「隱帝本紀下」, 1456면, "先是, 樞密使王峻以湘陰公已在宋州, 慮聞澶州之事, 左右變生, 遣侍衛馬軍指揮使郭崇率七百騎往衛之."

99) 『舊五代史』「漢書」卷105「湘陰公贇傳」, 1388면, "案 : 湘陰公傳, 原本殘闕, 考十國春秋湘陰公傳云 : 湘陰公贇, 世祖子也, 高祖愛之, 以爲己子. …… 贇行至宋州, 威已自澶州爲兵士擁還京師. 王峻慮贇左右生變, 遣侍衛馬軍指揮使郭崇威以兵七百騎衛贇. 崇威至宋州, 贇登樓問崇威所以來之意, 崇威曰 : '澶州軍變, 懼未察之, 遣崇威護衛, 非惡意也.' 贇召崇威, 崇威不敢進. 馮道出與崇威語, 崇威乃登樓見贇. 時護聖指揮使張令超帥步兵爲贇宿衛, 判官董裔說贇曰 : '觀崇威瞻視擧措, 必有異謀. 道路皆言郭威已爲天子, 而陛下深入不止, 禍其至哉. 請急召令超, 諭以禍福, 使夜以兵劫崇威所屬士卒, 明日掠睢陽金帛, 募士卒, 北走太原. 彼新定京邑, 未暇追我, 此策之上也.' 贇猶豫未決. 是夕, 崇威密誘令超歸郭氏, 盡奪贇部下兵. 郭威以書召道先歸, 留其副趙上交, 王度奉贇入朝太后, 道乃辭贇先還. 贇謂道曰 : '寡人此來, 所恃者以公三十年舊相, 是以不疑.' 道默然. 贇客將賈貞等數目道, 欲圖之, 贇曰 : '勿草草, 事豈出于公耶!' 道已去, 崇威乃幽贇于外館, 殺賈貞、董裔及牙內都虞候劉福、孔目官夏昭度等."

100) 『新五代史』卷18「高祖二弟傳」, 193~194면, "(劉)贇行至宋州, 太祖自澶州爲兵士擁還京師, 王峻慮贇左右生變, 遣侍郎馬軍指揮使郭崇以兵七百騎衛贇. 崇至宋州, 贇登樓問崇所以來之意, 崇曰 : '澶州軍變, 懼未察之, 遣崇護衛, 非惡意也.' 贇召崇, 崇不敢進, 馮道出與崇語, 崇乃登樓見贇, 已而奪贇部下兵. …… 郭崇幽贇于外館, 殺賈正及判官董裔、牙內都虞候劉福、孔目官夏昭度等. …… 贇以幽死."

286. 『구오대사』에서 제대로 검토하지 못한 대목薛史失檢處

(후)당(後唐) 장종(莊宗)이 시해되자 동생 이존패(李存霸)는 하중(河中)에서 태원(太原)으로 도망쳤고, 이존악(李存渥) 역시 낙양(洛陽)에서 유후(劉后)와 함께 태원으로 도망쳤다.[101] 설거정(薛居正)의 『구오대사(舊五代史)』의 「부언초전(符彦超傳)」에서는 (이)존패가 태원에 이르러 여(呂)씨와 정(鄭)씨 두 내관과 함께 유수(留守) 장헌(張憲) 및 그 부장 부언초(符彦超)를 죽이려고 모의했다고 했다. (부)언초가 이를 알게 되어 부하들이 크게 떠들썩하자, (장)헌은 도망가고 군사들이 (이)존패와 여씨, 정씨를 죽였다고 했다.[102] 그러나 「장헌전(張憲傳)」에서는 (이)존악이 태원으로 도망쳐 오자 좌우에서 그가 타고 온 말에 이미 장식물이 끊어진 것을 보고는 분명 전투에 패해 도망친 것이라 여겨, 여씨와 정씨를 죽이고 (이)존악을 잡아 사태의 변화를 살피려고 했다. (장)헌이 그렇게 할 수 없다고 하였으나, (부)언초가 이미 여씨, 정씨를 죽이니 군사들이 크게 반란을 일으켰다고 했다.[103] 이

---

101) 『舊五代史』「唐書」 卷51「申王存渥傳」, 690면, "申王存渥, 莊宗第四弟(案 歐陽史, 存渥與存霸・存紀皆莊宗同母弟), 同光三年封. 莊宗敗, 與劉皇后同奔太原, 爲部下所殺(案『通鑑』云 : 存渥至晉陽, 李彦超不納, 走至風谷, 爲其下所殺)."

102) 『舊五代史』「唐書」 卷56「符彦超傳」, 759~760면, "彦超, 存審之長子也. 少事武皇, 累歷牙職. 存審卒, 莊宗以彦超爲汾州刺史. 同光末, 魏州軍亂, 詔彦超赴北京巡檢. 先是, 朝廷令內官呂、鄭二人在太原, 一監兵, 一監倉庫. 及明宗入洛, 皇弟存霸單騎奔河東, 與呂、鄭謀殺彦超與留守張憲.(案 : 歐陽史作張憲欲納存霸, 薛史作存霸謀殺張憲、彦超, 兩史紀載微異. (舊五代史考異) 通鑑考異云 : 薛史張憲傳作張憲謀奉存霸爲主, 符彦超傳又作存霸謀殺彦超, 前後互異, 今附識于此. (影庫本粘籤)) 彦超覺之, 密與憲謀, 未決, 部下大譟, 州兵畢集, 張憲出奔. 是夕, 軍士殺呂、鄭、存霸於衙城. 詰旦, 聞洛城禍變, 彦超告諭三軍. (案宋史張昭傳云 : 昭爲張憲推官, 莊宗及難, 聞鄴中兵士推戴明宗, 憲部將符彦超合戍將應之. 憲死, 有害昭者, 執之以送彦超, 彦超曰'推官正人, 無得害之.' 又逼昭爲榜, 安撫軍民.(舊五代史考異))"

103) 『舊五代史』「唐書」 卷69「張憲傳」, 913~914면, "四月五日, 李存渥自洛陽至, 存渥(原本作'存治', 今據通鑑改正; 『影庫本粘籤』; 案 : 歐陽史作永王存霸. 考唐家人傳, 存渥與劉皇后同奔至風谷, 爲部下所殺, 是存渥未至太原, 其至太原者, 存霸也. 是傳作存渥, 疑誤. 『舊五代史考異』) 口傳莊宗命, 並無書詔, 惟云天子授以隻箭, 傳之爲信. 衆心惑之, 時事莫測. 左右獻書曰 : '存渥所乘馬, 已戢其飾, 復召人謀事, 必行陰禍, 因

것은 하나의 사건인데도 「(부)언초전」에서는 (이)존패라 하고, 「(장)헌전」에서는 (이)존악이라 했으니, 특히 서로 어긋나는 것에 속한다.

살펴보건대, (이)존악은 도망쳐 풍곡(風谷)에 이르렀을 때 부하에게 살해되었고, 다만 (이)존패만이 머리를 깎고 승려로 가장해서 (부)언초에게 보호해 줄 것을 청했으나 군사들이 그를 죽였던 것이다.[104)] 이는 여씨, 정씨와 함께 피살된 자가 곧 (이)존패이지, (이)존악은 아니라는 것이다. 구양수(歐陽修)의 『신오대사(新五代史)』에서는 곧 「(장)헌(전)」 「(부)언초(전)」 두 열전에서 모두 (이)존패로 썼다.[105)]

또 남당(南唐)의 유인섬(劉仁贍)이 수주(壽州)를 사수한 일에 대해 설거정의 『구오대사』에서는 그 내용을 「주서(周書)」에 열거해 두었는데,[106)] (그

欲據城. 寧我負人, 宜早爲之所, 但戮呂・鄭二宦(呂・鄭二宦, 原文似有脫誤. 據『通鑑』注云 : 莊宗先遣宦者呂・鄭二人使於晉陽, 及存渥逃至, 呂・鄭欲與之謀變, 後爲符彦超所殺. 較薛史爲明晳, 今附識于此; 『影庫本粘籤』), 且縶存渥, 徐觀其變, 事萬全矣.' 憲良久曰 : '吾本書生, 無軍功而致身及此, 一旦自布衣而紆金紫, 向來仕宦非出他門, 此爲非吾心也. 事苟不濟, 以身徇義.'(案東都事略張昭傳 : 昭勸憲奉表明宗以勸進, 憲曰 : '吾書生也, 天子委以保釐之任, 吾豈苟生者乎!' 昭曰 : '此古之大節, 公能行之, 忠臣也.' 憲旣死, 論者以昭能成憲之節. 『舊五代史考異』) 翌日, 符彦超誅呂・鄭, 軍城大亂, 燔剽達曙. 憲初聞有變, 出奔沂州. 旣而有司糾其委城之罪, 四月二十四日, 賜死于晉陽之千佛院."

104) 『新五代史』 卷28 「唐臣傳」 「張憲傳」, 313면, "莊宗遇弑, 明宗入京師, 太原猶未知, 而永王存霸奔于太原. 左右告憲曰 : '今魏兵南嚮, 主上存亡未可知, 存霸之來無詔書, 而所乘馬斷其鞦, 豈非戰敗者乎! 宜拘之以俟命.' 憲曰 : '吾本書生, 無尺寸之功, 而人主遇我甚厚, 豈有懷二心以幸變, 第可與之俱死爾!' 憲從事張昭遠爲憲奉表明宗以勸進, 憲涕泣拒之. 已而存霸削髮, 見北京巡檢符彦超, 願爲僧以求生, 彦超麾下兵大譟, 殺存霸. 憲出奔沂州, 亦見殺."

105) 『新五代史』 卷25 「唐臣傳」 「符彦超傳」, 265면, "彦超爲汾州刺史. 郭從謙弑莊宗, 明宗入洛陽, 是時, 彦超爲北京巡檢, 永王存霸奔于太原, 彦超見留守張憲謀之. 憲, 儒者, 事莊宗最久, 不忍背恩, 欲納之, 彦超不從, 存霸遂見殺."

106) 『舊五代史』 「周書」 卷129 「劉仁贍傳」, 1707면, "洎李景僭襲僞位, 俾掌親軍, 遷鄂州節度使. 居數年, 復以兵柄任之, 改壽州節度使. 及王師渡淮, 而仁贍固守甚堅. 洎世宗駐蹕於其壘北, 數道齊攻, 塡塹陷壁, 晝夜不息, 如是者累月. 世宗臨城以諭之, 而仁贍但遜詞以謝. 及車駕還京, 命李重進總兵守之, 復乘間陷我南砦. 自是圍之愈急, 城中饑死者甚衆. 三年冬, 淮寇復來救援, 列砦於紫金山, 來道相屬, 壘然數十里, 垂及壽壁, 而重進兵幾不能支, 世宗患之, 遂復議親征. 車駕至壽春, 命今上率師破紫金山之衆, 擒其應援使陳承昭以獻. 仁贍聞援兵旣敗, 計無所出, 但扼腕浩歎而已. 會

것은) 아마도 그(유인섬)가 항복하는 표를 (후)주(後周)에 바쳐 세종(世宗)이 그에게 벼슬과 봉록을 더해 주고, 그가 죽은 뒤에는 또 가엾게 여겨 추증한 것이 매우 대단했으므로 그를 (후)주 신하에 두었을 것이다. 그러나 (유)인섬은 본디 (수주성을) 지키면서 두 마음이 없었으니, 그 아들 유숭간(劉崇諫)이 그에게 투항할 것을 권하자 바로 목을 베어서 (남당을 따름을) 드러내 보였던 것이다. (유인섬이) 병이 심해져 일을 제대로 파악하지 못하게 되자 부사(副使) 손우(孫羽)가 (유)인섬의 편지를 위조해 투항했고 또 (유인섬을) 가마에 태워 들고서 (후)주 군영에 이르렀다. 세종은 그(유인섬)가 섬기는 것에 대해 충성을 다한 것을 가상히 여겨 작위를 더하고 관직을 높였는데, 조서가 내렸을 때에는 (유)인섬이 이미 죽었으니,[107] 이는 (유)인섬이 실제로는 항복을 하지 않았다는 것이다.[108]

『구오대사』「주기(周紀)」에서는 이미 유인섬이 표를 올려 항복을 청하고 그 아들 유숭양(劉崇讓)을 시켜 죄를 청하게 했다고 적었고,[109] 「(유)인섬전」에서도 역시 (유)인섬이 병이 깊어지자 마음을 바꾸어 항복을 맹세하는 글을 보냈다고 했다. 끝에서는 또 먼저 그 아들 (유)숭간의 목을 베고 나중에 나와서 항복한 것은 곧 후손을 보존하려는 욕망이 아마 그 까닭일 것이라고 했다.[110] 이는 진실로 (유)인섬이 처음에는 절조를 지켜 굽

世宗以紫金山之捷, 飛詔以諭之, 時仁贍臥疾已亟, 因翻然納款(案歐陽史云 : 仁贍固守三月, 病甚, 已不知人, 其副使孫羽詐爲仁贍書以城降. 是仁贍未嘗親納款于周也. 薛史作爲然納款, 蓋仍周實錄原文, 未及釐正;『舊五代史考異』), 而城內諸軍萬計, 皆屏息以聽其命. 及見於行在, 世宗撫之甚厚, 賜與加等, 復令入城養病, 尋授天平軍節度使·兼中書令. 制出之日, 薨於其家, 年五十八."

107)『新五代史』卷32「劉仁贍傳」, 352면, "三月, 仁贍病甚, 已不知人, 其副使孫羽詐爲仁贍書, 以城降. 世宗命舁仁贍至帳前, 嘆嗟久之, 賜以玉帶·御馬, 復使入城養疾, 是日卒. 制曰 : '劉仁贍盡忠所事, 抗節無虧, 前代名臣, 幾人可比! 予之南伐, 得爾爲多.' 乃拜仁贍檢校太尉兼中書令·天平軍節度使, 仁贍不能受命而卒, 年五十八."

108)『新五代史』卷32「死節傳」, 352~353면, "仁贍旣殺其子以自明矣, 豈有垂死而變節者乎? 今周世宗實錄載仁贍降書, 蓋其副使孫羽等所爲也. …… 視世宗待二人之薄厚而考其制書, 乃知仁贍非降者也."

109)『舊五代史』「周書」卷117「世宗紀」, 1557면, "(顯德 4年 3月)丙午, 壽州劉仁贍上表乞降, 帝遣閤門使張保續入城慰撫. 翌日, 仁贍復令子崇讓上表請罪."

히지 않았으나 결국은 변절했다는 것이다. 만약 『신오대사』에서 분명히 밝히지 않았다면, 어찌 천년 동안 무고를 받지 않았을 수 있겠는가!

부언요(符彦饒)가 백봉진(白奉進)의 군사를 참수하자 (백)봉진이 그에 대한 책임을 물으러 왔는데,[111] (부)언요의 휘하 군사들이 소란을 피우며 (백)봉진을 죽였다. 그러고 난 뒤 군장 마만(馬萬) 등이 난을 일으켜 (부)언요를 묶어 서울로 압송하고 그가 범연광(范延光)과 내통해 반란을 도모했다고 무고하자, (후)진(後晉) (고)조(高祖)는 결국 사람을 시켜 길에서 그(부언요)를 죽였다. 『구오대사』에서는 마침내 (부)언요가 (범)연광과 내통해 반란을 일으켜 그 죄로 주살되었다고 했다.[112] 『신오대사』에서는 그 일을 바로 쓰고 반란으로 주살된 것은 그의 죄가 아니라[113]고 기록했다.[114] 『구오대사』가

---

110) 『舊五代史』 卷129 「劉仁贍傳」, 1708면, "會世宗以紫金山之捷, 飛詔以諭之, 時仁贍臥疾已亟, 因翻然納款,(案歐陽史云 : 仁贍固守三月, 病甚, 已不知人, 其副使孫羽詐爲仁贍書以城降. 是仁贍未嘗親納款于周也. 薛史作翻然納款, 蓋仍周實錄原文, 未及釐正.(舊五代史考異))而城內諸軍萬計, 皆屛息以聽其命. 及見於行在, 世宗撫之甚厚, 賜與加等, 復令入城養病, 尋授天平軍節度使、兼中書令. 制出之日, 薨於其家, 年五十八 …… 仁贍輕財重士, 法令嚴肅, 重圍之中, 其子崇諫犯軍禁, 卽令斬之, 故能以一城之衆, 連年拒守. 逮其來降, 而其下未敢竊議者, 保其後嗣, 抑有由焉. 崇讚仕周, 累爲郡守. 幼子崇諒, 後自江南歸於本朝, 亦位至省郎."

111) 실은 백봉진이 부언요의 군사를 참수한 뒤 부언요에게 사과를 하러 온 것이다.

112) 『舊五代史』 「晉書」 卷91 「符彦饒傳」, 1208면, "二年七月, 范延光據鄴都叛, 朝廷遣侍衛馬軍都指揮使白奉進率騎軍三千, 屯於州之開元寺. 一日, 彦饒與奉進因事忿爭於牙署, 事具奉進傳中. 是時, 奉進厲聲曰 : '爾莫是與范延光同反耶?' 拂衣而起, 彦饒不留, 帳下介士大譟, 擒奉進殺之. 奉進從騎散走, 傳呼於外. 時步軍都校馬萬·次校盧順密聞奉進被害, 卽率其部衆攻滑之子城, 執彦饒以出. 遣裨校方太拘送闕下, 行及赤岡南, 高祖遣中使害於路左."

113) 『新五代史』 卷8 「晉本紀」 「高祖紀」, 81~82면 "(天福 2年 秋7月)義成軍亂, 殺戍將侍衛馬步軍都指揮使白奉進. 甲寅, 戍將奉國指揮使馬萬執符彦饒歸于京師, 命殺之于赤岡"; 『新五代史』 卷25 「唐臣傳」 「符彦饒傳」, 266~267면, "范延光反, 白奉進以侍衛兵三千屯滑州. 兵士犯法, 奉進捕得五人, 其三人義成兵也, 因羣斬之, 彦饒怒. 明日, 奉進從數騎過彦饒謝不先告而殺, 彦饒曰 : '軍士各有部分, 義成兵卒豈公所得斬邪? 何無主客之禮也!' 奉進怒曰 : '軍士犯法, 安有彼此! 且僕已自謝過, 而公怒不息, 欲與延光同反邪!' 拂衣而起, 彦饒不復留之, 其麾下大譟, 追奉進殺之, 彦饒不之止也. 已而屯駐軍將馬萬等聞亂, 以兵擒彦饒送之京師, 遂以彦饒應延光反聞. 行至赤岡, 高祖使人殺之, 下詔削奪在身官爵."

114) [王注] 살펴보면, 『舊五代史』 『晉書』 卷95 「白奉進傳」, 1264면에는 "六月, 范延光據

전적으로 각 왕조실록에만 근거하고 사실의 진위를 재차 참작하여 고려하지 않았음을 볼 수 있으니, 이것이 『신오대사』가 지어진 까닭이다.

287. 『구오대사』에도 또한 직필한 대목이 있다 薛史亦有直筆

설거정(薛居正)의 『구오대사(舊五代史)』에는 비록 말을 돌려 비호한 대목이 많지만, 그러나 시비를 가리는 데에 또한 공정한 도리를 버리지 않은 곳도 있다. 열전에 기록된 여러 신료들 가운데 다수는 (설)거정과 함께 이전 왕조에서 벼슬을 했거나, 그렇지 않으면 그 자손이 또한 (설)거정과 함께 송(宋)나라에서 벼슬을 했다. 조연수(趙延壽)[115]의 아들 (조)정찬(趙延贊)

鄴爲亂, 詔遣率騎軍三千北屯滑臺. 時符彦饒爲滑州節度使, 一夕, 有軍士夜掠居人, 奉進捕之, 凡獲五盜, 三在奉進本軍, 二在彦饒麾下, 尋命俱斬之. 彦饒怒其不先告, 深銜之. 明日, 奉進左右勸奉進面謝, 奉進然之, 以從騎數人候彦饒於牙城, 旣入, 且述其過. 彦饒曰 : '軍中法令, 各有部分, 何得將滑州兵士一例處斬, 殊無主客之義乎!' 奉進曰 : '軍士抵法, 寧有彼我, 今僕以咎自陳, 而公怒不息, 莫是與范延光同反耶!' 因拂衣而起, 彦饒不留. 其帳下介士大譟, 擒奉進殺之. 是日, 步軍都校馬萬、次校盧順密聞奉進遇害, 率其步衆攻滑之子城, 執彦饒送於京師, 戮於班荊館北"라고 했다. 또 『舊五代史』 卷76 「晉高祖紀」 및 卷91 「符彦饒傳」에는 모두 이 일을 간략하게 서술하고 있으나, '(부)언요가 (범)연광과 통하여 반란을 일으켜 伏誅되었다[彦饒通延光反, 伏誅]'는 문장은 없다. 또 사건이 처음 일어나게 된 것은 白奉進이 부언요의 병을 참수하고 그로 인해 白奉進이 와서 사과하였다는 것이니, 符彦饒가 白奉進의 병사를 참수하여 '(백)봉진이 책임을 물으러 왔다[奉進來責]'는 것은 잘못이다. 이는 모두 사실과 부합하지 않는다. 『新五代史』 卷25 「符彦饒傳」의 이 사건에 대한 서술이 간략하지만, 요지는 『舊五代史』와 차이가 없다.

115) 趙延壽(?~948) : 五代 常山 사람으로 本姓은 劉이다. 後梁 開平初 趙德鈞이 양자로 삼았다. 後唐 때 宣徽使·樞密使를 지냈다. 후에 潞州에서 契丹에 항복하여 盧龍節度使에 제수되고 燕王에 봉해졌다. 契丹의 임금이 後晉을 멸한 후 趙延壽를 황제로 삼겠다고 허락하여 契丹兵을 이끌고 남하하였다. 天福 12년(947) 契丹이 汴州에 들어오자 後晉의 降兵을 모두 죽이려 하였으나 제지되었다. 後晉이 망한 후 契丹의 임금 耶律德光이 북쪽으로 돌아가자 大丞相 中京留守가 되어 開封에 주둔하였으며, 權知南朝軍國事가 되었다. 후에 遼 永康王 耶律阮에게 구금되어 契丹으로 압송되어 죽었다.

은 송에서 벼슬하여 여주(廬州), 연주(延州) 등의 절도사(節度使)를 지냈는데,[116] 그러나 「(조)연수전」에서는 그(조연수)가 (후)진(後晉)을 배신해 요(遼)나라에 붙고 요나라의 태자가 되겠다고 요구한 일을 숨기지 않았다.[117] 최협(崔協)[118]의 아들 (최)송(崔頌)은 송에서 간의대부(諫議大夫)를 지냈는데, 그러나 「(최)협전」에서는 임환(任圜)이 그 '몰자비(沒字碑)'(최협)를 꺼린 사실을 바로 썼다.[119] 부존심(符存審)의 아들 (부)언경(符彥卿)은 송에서 벼슬하여 위왕(魏王)에 봉해졌는데,[120] 그러나 「(부)존심전」에서는 그(부존심)가 어렸을 때 죄를 지어 장차 죽게 되었을 때 노래를 잘 불렀던 덕분에 어떤 기생이 그를 구해 죽음을 면할 수 있었던 일을 숨기지 않았다.[121] 왕계홍(王繼弘)의 아들 (왕)영창(王永昌)은 송에서 벼슬하여 내제사사(內諸司

---

116) 『舊五代史』「周書」 卷118 「世宗本紀」, 1571면, "(顯德 5年)壬寅, 復幸揚州, 改廬州軍額爲保信軍. 甲辰, 以右龍武統軍趙贊爲廬州節度使."

117) 『舊五代史』「晉書」 卷98 「趙延壽傳」, 1312~1313면, "延壽在汴久之, 知戎王無踐言之意, 乃遣李崧達語於戎王, 求立以爲皇太子, 崧不得已而言之. 戎王曰 : '我於燕王, 無所愛惜, 但我皮肉堪與燕王使用, 亦可割也, 何況他事! 我聞皇太子, 天子之子合作, 燕王豈得爲之也!' 因命與燕王加恩. …… 契丹主自汴廻至邢州, 命升延壽坐在契丹左右相之上. 契丹主死, 延壽下敎於諸道, 稱權知南朝軍國事. 是歲六月一日, 爲永康王兀欲所鎖, 籍其家財, 分給諸部, 尋以延壽入國, 竟卒於契丹."

118) 崔協(?~929) : 唐末五代 淸河(지금의 河北省 淸河縣 서북) 사람으로 字는 思化이다. 唐末 進士가 되었으며, 度支判官, 渭南尉를 역임했다. 後梁 시기 吏部侍郎이 되었고, 後唐 때에는 御史中丞 · 禮部尙書 · 太常卿 · 平章事를 역임하였다. 재능이 없고 글이 짧아 사람들이 '沒字碑'라 칭하였다.

119) 『舊五代史』「唐書」 卷58 「崔協傳」, 780면, "任圜奏曰 : '重誨被人欺賣, 如崔協者, 少識文字, 時人謂之'沒字碑'.' 臣比不知書, 無才而進, 已爲天下笑, 何容中書之內, 更有笑端!"; 『新五代史』 卷28 「唐臣傳」「任圜傳」, 306~307면, "重誨以爲然. 佗日, 明宗問誰可相者, 重誨卽以協對. 圜前爭曰 : '重誨未諳朝廷人物, 爲人所賣. 天下皆知崔協不識文字, 而虛有儀表, 號爲'沒字碑'. 臣以陛下誤加採擢, 無功幸進, 此不知書, 以臣一人取笑足矣, 相位有幾, 豈容更益笑端?'"

120) 『舊五代史』「周書」 卷121 「宣懿符皇后傳」, 1603면, "宣懿皇后符氏, 祖存審, 事後唐武皇 · 莊宗, 位極將相, 追封秦王. 父彥卿, 天雄軍節度使, 封魏王."

121) 『新五代史』 卷25 「唐臣傳」「符存審傳」, 263면, "符存審字德詳, 陳州宛丘人也. 初名存, 少微賤, 嘗犯法當死, 臨刑, 指旁壞垣顧主者曰 : '願就死于彼, 冀得垣土覆尸.' 主者哀而許之, 爲徙垣下. 而主將方飮酒, 顧其愛妓, 思得善歌者佐酒, 妓言 : '有符存常爲妾歌, 甚善.' 主將馳騎召存審, 而存審以徙垣下故, 未加刑, 因往就召, 使歌而悅之, 存審因得不死. 其後事李罕之, 從罕之歸晉, 晉王以爲義兒軍使, 賜姓李氏, 名存審."

使)를 지냈는데,[122] 그러나 「(왕)계홍전」에서는 그(왕계홍)가 일찍이 고당영(高唐英)의 장수였고 (고)당영이 그를 매우 후하게 대우했는데, 나중에 결국 (고)당영을 살해하고 스스로 유후(留後)가 되어 "우리는 소인배이니, 만약 이로운 기회를 이용하지 않으면 어찌 뜻을 얻겠는가"라고 말한 일을 싣고 있다.[123] 윤휘(尹暉)의 아들 (윤)훈(尹勳)은 송에서 벼슬하여 방어사(防禦使)[124]를 지냈는데, 그러나 「(윤)휘전」에서는 그(윤휘)가 창을 거꾸로 하여 (후)당(後唐) 폐제(廢帝)[125]를 추대한 일을 숨기지 않았고, 열전의 찬(贊)에서도 또한 "창을 거꾸로 들어 도끼를 잡았으니 어찌 의로운 선비가 할 바이겠는가"라고 말했다.[126] 조재례(趙在禮)의 손자 (조)정훈(趙廷勳)은 송에서 벼슬하여 악(주)(岳州)와 촉(주)(蜀州) 두 주의 자사(刺史)를 지냈는데, 그러나 「(조)재례전」에서는 그(조재례)가 송주(宋州)에 있을 때 욕심이 많고 포악했으며, (그가) 주둔지를 옮기게 되자 백성들이 서로 축하하며 '눈 안에 박힌 못을 뽑아내게 되었다'고 말했으며, (조)재례가 이를 듣고 노하여 다시 송

---

122) 『舊五代史』「周書」卷125「王繼弘傳」, 1644면, "子永昌, 仕皇朝, 歷內諸司使."

123) 『舊五代史』「周書」卷125「王繼弘傳」, 1643면, "契丹主留高唐英爲相州節度使. 唐英善待繼弘, 每候其第, 則升堂拜繼弘之母, 贈遺甚厚, 倚若親戚, 又給以兵仗, 略無猜忌. 會契丹主死, 漢祖趨洛, 唐英遣使歸款, 漢祖大悅, 將厚待唐英. 使未廻, 繼弘與指揮使樊暉等共殺唐英, 繼弘自稱留後, 令判官張易奉表于漢祖. 人或責以見利忘義, 繼弘曰 : '吾儕小人也, 若不因利乘便, 以求富貴, 畢世以來, 未可得志也'."

124) 防禦使 : 使職名으로 일명 防禦守捉使라고도 한다. 周 武則天 聖曆 元年(698) 처음으로 夏州에 防禦使를 두었다. 安史의 난 때 大郡, 혹은 要害之地에 설치하였다. 해당 구역의 군사 방위를 담당하였으며, 지위는 團練使의 아래였다. 大曆 연간 諸州防禦使를 폐위하는 조서가 내려졌으나 실제로 없어지지 않았다. 唐後期 團練使를 겸하지 않은 刺史들이 防禦使를 겸했으며, 혹은 團練使와 서로 겸하였다. 節度使가 설치되지 않은 道에는 都團練使가 軍事를 거느렸다.

125) 廢帝(885~936, 재위 934~936) : 이름은 李從珂이며, 末帝라고도 한다. 本姓은 王, 小字는 二十三이다. 長興 3년(932) 太尉 扶風節度使가 되었고, 다음 해 潞王으로 봉해졌다. 應順 元年(934) 起兵하여 閔帝 李從厚를 폐하고 즉위하여 淸泰로 改元하였다. 당시 內憂外患에다 재정이 고갈되고 賦斂이 가중되었으며, 자연재해가 발생하여 형세가 위급하였다. 河東節度使 石敬瑭이 契丹과 연합하여 太原에서 稱帝하고 남하하여 洛陽을 점령하자 洛陽 玄武樓에서 불을 지르고 자살하였다.

126) 『舊五代史』「晉書」卷88, 1158~1159면, "史臣曰 : '…… 楊·尹二將, 因倒戈而仗鉞, 豈義士之所爲. 其餘蓋以勳以親, 咸分屛翰, 唯萬進之醜德, 又何暇於譏焉!'"

(주)에 1년 유임할 것을 청해 매 호마다 1천 전(錢)을 징수했는데 이를 '못뽑이세[拔釘錢]'라 했다는 사실을 기록했다.[127] 나중에 거란(契丹)이 변(경)(汴京)에 들어와 (조)재례의 재물을 취하자 (조)재례가 분을 이기지 못해 허리띠를 가지고 말구유로 가서 스스로 목을 메달아 죽었다는 일도 적었다.[128] 안심기(安審琦)의 세 아들은 모두 송에서 벼슬하여 고관이 되었는데, 그러나 (안)심기의 첩이 노비와 간통하여 결국 노비와 함께 (안)심기를 죽이려고 통모했던 일을 열전에서 역시 숨기지 않았다.[129]

이는 그(설거정)가 올바로 쓴 것으로, 같이 벼슬을 했다고 해서 조금도 눈치를 보며 따르지는 않았음을 볼 수 있는 것이다. 그밖에도 예컨대 고한균(高漢筠)의 아들 (고)정문(高貞文)은 송에서 벼슬하여 개봉윤(開封尹)이 되었는데,[130] 「(고)한균전」에서는 그가 자기 몸을 깨끗이 하고 백성을 사랑했음을 두루 서술했으니, (고)한균이 본래 어진 지방관[二千石]이었기 때문이었다.[131] 고행주(高行周)의 아들 (고)회덕(高懷德)은 송에서 벼슬하여 부마

---

127) 【王注】 생각건대 이 기사는 곧 輯本『舊五代史』「趙在禮傳」注에 인용된『五代史補』의 문장으로, 本傳의 문장은 아니다;『新五代史』卷46「雜傳」「趙在禮傳」, 504면, "在禮在宋州, 人尤苦之; 已而罷去, 宋人喜而相謂曰: '眼中拔釘, 豈不樂哉!' 旣而復受詔居職, 乃籍管內, 口率錢一千, 自號'拔釘錢'."

128)『舊五代史』「晉書」卷90「趙在禮傳」, 1178면, "在禮歷十餘鎭, 善治生殖貨, 積財鉅萬, 兩京及所莅藩鎭, 皆邸店羅列. 在宋州日, 値天下飛蝗爲害, 在禮使比戶張幡幟, 鳴鼙鼓, 蝗皆越境而去, 人亦服其智焉. 凡聚斂所得, 唯以奉權豪·崇釋氏而已. 及契丹入汴, 自鎭赴闕, 時契丹首領·奚王拽剌等在洛下, 在禮望塵致敬, 首領等倨受其禮, 加之淩辱, 邀索貨財, 在禮不勝其憤. 行至鄭州, 泊於逆旅, 聞同州劉繼勳爲契丹所鎖, 大驚. 丁未歲正月二十五日夜, 以衣帶就馬櫪自絞而卒, 年六十六";『新五代史』卷46「雜傳」「趙在禮傳」, 504면, "晉亡, 契丹入汴, 在禮自宋馳至洛陽, 遇契丹拽剌等, 拜於馬首, 拽剌等兵共侵辱之, 誅責貨財, 在禮不勝其憤. 行至鄭州, 聞晉大臣多爲契丹所鎖, 中夜惶惑, 解衣帶就馬櫪自經而卒, 年六十二. 漢高祖立, 贈中書令."

129)『舊五代史』「周書」卷123「安審琦傳」, 1616면, "初, 友進與審琦之愛妾私通, 有年數矣. 其妾常慮事泄見誅, 因與友進謀害審琦, 友進甚有難色. 其妾曰: '爾若不從, 我當反告.' 友進乃許之. 至是夕, 審琦沈醉, 寢於帳中, 其妾乃取審琦所枕劍與友進, 友進猶惶駭不敢剚刃, 遽召其黨安萬合, 使殺審琦. 旣而慮事泄, 乃引其帳下數妓, 盡殺以滅其跡. 不數日, 友進等竟敗, 悉爲子守忠臠而戮之. 世宗聞之震悼, 輟視朝三日, 詔贈尙書令, 追封齊王."

130)『舊五代史』「晉書」卷94「高漢筠傳」, 1254면, "長子貞文, 仕皇朝, 爲開封少尹, 卒."

도위(駙馬都尉)가 되었는데,[132] 「(고)행주전」에서는 그가 관직을 역임하며 행한 치적을 서술했으니,[133] (고)행주가 본래 신중하게 처신할 수 있는 사람이었기 때문이다. 이는 『구오대사』가 결국 없어질 수 없는 까닭이다.

288. 『구오대사』와 『신오대사』의 체례에서 같지 않은 대목 薛歐二史體例不同

설거정(薛居正)의 『구오대사(舊五代史)』 「(후)량(後梁) (태)조기(太祖紀)」에서는 첫머리에서 태조를 황제[帝]라고 칭했지만,[134] 구양수(歐陽修)의 『신오대사(新五代史)』에서는 먼저 주온(朱溫)이라고 칭하고 이름을 받은 뒤에야 (주)전충(朱全忠)이라 불렀으며 왕으로 봉해진 뒤에야 왕이라고 칭하고 제위를 참칭한 뒤에야 황제라고 칭했다. 아마도 설(거정)은 『송서(宋書)』 『(남)제서(南齊書)』 『양서(梁書)』 『진서(陳書)』의 예를 모방하고, 구(양수)는 『사기(史記)』의 예를 모방했을 것이다. 『구오대사』에서는 각 정권에서 제위(大號)를 참칭한 자에 대해 「참위전(僭僞傳)」을 만들고,[135] 제위를 참칭하

---

131) 『舊五代史』 「晉書」 卷94 「高漢筠傳」, 1254면, "漢筠性寬厚, 儀容偉如也, 雖歷戎職, 未嘗有非法之言出於口吻, 多慕士大夫所爲, 復以爲白自負. 在襄陽, 有孽吏常課外獻白金二十鎰, 漢筠曰: '非多納銼, 則刻削閭閻, 吾有正俸, 此何用焉!' 因戒其主者不復然, 其白金皆以狀上進, 有詔嘉之. 及莅濟陰, 部民安之, 四邑飯僧凡有萬八千人. 在亳州三年, 歲以己俸百千代納逋租, 斯亦近代之良二千石也."

132) 『舊五代史』 「周書」 卷123 「高行周傳」, 1614면, "子懷德, 皇朝駙馬都尉・宋州節度使."

133) 『舊五代史』 「周書」 卷123 「高行周傳」, 1611～1614면에는 그가 後唐 이후 각 왕조에 출사한 것을 기록하였는데, 後晉 때는 同平章事, 侍中 등을 역임한 바 있고, 後漢 때는 太傅 兼 中書令, 天平節度使 등을 지냈으며, 後周 때는 尙書令이 되었다. 『舊五代史』 「周書」 卷123 1623면에는, "史臣曰: '近代領戎藩, 列王爵, 祿厚而君子不議, 望重而人主不疑, 能自晦於飮酌之間, 保功名於始終之際, 如行周之比者, 幾何人哉!'"라고 기록하였다.

134) 『舊五代史』 「梁書」 卷1 「太祖紀」, 1면, "帝卽誠之第三子."

지는 않았지만 스스로 정권을 자손에게 물려준 자에 대해 「세습전(世襲傳)」을 만들었지만,[136] 『신오대사』에서는 개괄적으로 열거하여 「세가(世家)」를 지었으니[137] 또한 『사기』를 모방한 것이었다. 『구오대사』에서는 관직을 제수한 모든 경우 재상에서 자사(刺史)에 이르기까지 모두 본기에 씀으로써 거의 썩어 문드러진 조보(朝報)[138]와 같았지만, 『신오대사』에서는 단지 재상과 추밀사(樞密使)[139]를 제수한 것만 쓰고 나머지는 쓰지 않아 번잡하고 쓸데없는 것을 줄였다. 오대(五代) 때에는 왕조 바뀜이 빈번했으니, 오직 (후)량과 (후)당(後唐)만이 창업한 지 각각 30여 년이 되었으므로 신하들 가운데 처음부터 끝까지 한 왕조에서 벼슬한 예가 있었을 뿐, 그밖에는 여러 왕조에서 두루 벼슬을 하지 않은 예가 없었다. 『구오대사』에서는 어떤 왕조에서 죽은 사람은 곧 그 왕조 열전 안에 넣었으니, 예컨대 장전의(張全義),[140] 주우겸(朱友謙),[141] 원상선(袁象先)[142] 등의 사적은 (후)량

---

135) 『舊五代史』의 「僭位傳」은 卷134에서 卷136까지로 열전에 오른 인물은 다음과 같다. 卷134(1779~1798면) : 楊行密－楊渥－楊渭－楊溥, 李昇－李景, 王審知－王延鈞－王昶－王延羲, 卷135(1799~1814면) : 劉守光, 劉涉－劉玢－劉晟－劉鋹, 劉崇, 卷136(1815~1828면) : 王建－王衍, 孟之祥－孟昶 등이다.

136) 『舊五代史』의 「世襲傳」은 卷132에서 卷133까지로 열전에 오른 인물은 다음과 같다. 卷132(1737~1750면) : 李茂貞－李從曮－李從昶－李茂勳, 高萬興－高允韜, 韓遜－韓洙, 李仁福－李彝超－李彝興, 卷133(1751~1778면) : 高季興－高從誨－高保勗, 馬殷－馬希範, 劉言, 錢鏐－錢元瓘－錢佐－錢倧－錢俶 등이다.

137) 『新五代史』의 世家는 卷61 「吳世家」, 卷62 「南唐世家」, 卷63 「前蜀世家」, 卷64 「後蜀世家」, 卷65 「南漢世家」, 卷66 「楚世家」, 卷67 「吳越世家」, 卷68 「閩世家」, 卷69 「南平世家」, 卷70 「東漢世家」 등으로 구성되어 있다.

138) 朝報 : 朝廷의 公報. 詔令 · 奏章 및 官吏 任免 등을 개재하였다.

139) 樞密使 : 唐代에는 황제의 명령을 출납하는 환관들의 기관이었으나 송대에는 군사 업무를 담당하는 樞密院의 장관으로 재상인 同平章事와 함께 '二府'로 칭해졌다.

140) 張全義(852~926) : 唐末五代 濮州 臨濮縣(지금의 山東省 鄄城縣 서남) 사람으로 原名은 言, 字는 國維이며, 農民 출신이다. 乾符末 縣令에게 모욕을 당해 黃巢軍에 참가하였고, 大齊가 건립된 후 吏部尙書 水運使가 되었다. 黃巢가 패한 후 唐 河陽節度使 諸葛爽에게 항복하여 昭宗이 全義란 이름을 하사하였다. 諸葛爽 사후 李罕之와 연합하여 諸葛爽의 아들을 내쫓고 河南尹이 되어 洛陽은 근거지로 삼았다. 후에 朱溫에 붙어 李罕之를 내쫓아 洛陽부근 지역의 통치를 공고히 하였다. 朱溫이 後梁을 세운 후 魏王에 봉해졌으며, 宗奭이란 이름을 하사받았다. 그가 洛陽에 처음 왔을 때 居民이 百戶도 안 되고 田地가 황폐하였으나, 권농 정책을 실시하고 농한기에 丁

왕조에 많이 있었지만 「당서(唐書)」에 편입되었고, 양사권(楊思權)은 (후)당 폐제(廢帝)의 제위 찬탈을 도왔지만 「진서(晉書)」에 편입되었으며,[143] 풍도(馮道)[144]는 (후)당, (후)진(後晉), (후)한(後漢), (후)주(後周) 등을 거치면서 모두 재상이 되었으나 「주서(周書)」에 편입되었다.[145] 『신오대사』에서는 한 왕조에서 오로지 벼슬을 한 사람은 그 어떤 왕조에 연결시키고 여러 왕조에서 두루 벼슬을 한 사람은 따로 「잡전(雜傳)」[146]을 만들어 관직을 거친 행적을 서술했으니, 이는 또한 체례를 처음 만든 것으로 가장 적합한 것이었다.

夫를 훈련시켜 치안을 유지하였으며 몇 년 후 編戶 56만에 이르러 後梁을 재정적으로 지탱하였다. 後唐 莊宗이 後梁을 멸한 후 歸附하여 다시 全義라는 이름을 사용하였고 河南尹에 임명되고 齊王에 봉해졌다. 同光 4년(926) 魏博兵이 鄴都에서 兵變을 일으켜 李嗣源을 옹립하자 두려워하여 죽었다.

141) 『舊五代史』「周書」卷63「朱友謙傳」, 844~848면.

142) 『舊五代史』「唐書」卷59「袁象先傳」, 796~798면.

143) 『舊五代史』「晉書」卷88「楊思權傳」, 1152~1154면.

144) 馮道(882~954) : 唐五代 滄州 景城縣(지금의 河北省 滄縣) 사람으로 字는 可道이다. 幽州掾, 河東掌書記를 거쳐 後唐 莊宗 즉위 후 翰林學士가 되고, 明宗 때 端明殿學士가 되었다가 宰相이 되었다. 閔帝 때 潞王이 반란을 일으키자 百官을 이끌고 마중나와 皇帝로 옹립하였다. 後晉이 後唐을 멸한 후 首相이 되어 高祖(石敬瑭)의 명을 받들어 契丹에 徽號를 바쳤다. 高祖가 죽고 齊王(少帝)을 옹립했고, 契丹이 後晉을 멸한 후 太傅에 제수되었다. 後漢 건립 후 太師가 되었고, 後周가 後漢을 멸한 후 太師 兼 中書令에 임명되었다. 顯德 元年(954) 後周 世宗의 北漢北征에 반대하여 宰相에서 물러나 奉陵使가 되었다. 後唐・後晉・後漢・後周・契丹을 섬기며 將相과 三公의 고위직에 올랐으며, 스스로를 長樂老라 자칭했다. 일찍이 後唐 長興 3년(932) 國子監에서 『九經』을 교정할 것을 주청하여 後周 때 완성하였는데, '五代監本'이라 칭한다. 『全唐文』에 12편의 문장이 전한다.

145) 『舊五代史』「周書」卷126「馮道傳」, 1655~1666면.

146) 『新五代史』의 「雜傳」은 卷39~卷57까지 모두 141명의 列傳으로 구성되어 있다.

289. 『신오대사』는 오로지 『구오대사』 구본에만 의거하지는 않았다 歐史不專據薛史舊本

구양수(歐陽修)의 『신오대사(新五代史)』는 비록 설거정(薛居正)의 『구오대사(舊五代史)』 구본에 의거한 바가 많지만, 증거를 채집한 것이 매우 광범위해서 설(거정)의 (구)본만 오로지 믿었던 것은 아니었다. (북)송(北宋) 초기에 『구오대사』가 비록 완성되었으나 각 왕조의 실록이 모두 남아 있었으니, 『(자치)통감고이(資治通鑑攷異)』를 보면 「(후)량(後梁) 태조(太祖)(실록)」「(후)당(後唐) 장종(莊宗)실록」을 여전히 인용하고 있은 즉,[147] 구공(歐公 : 구양수) 당시에도 있었다는 것을 알 수 있다. 『신오대사』「곽숭도전(郭崇韜傳)」 찬(贊)에 "내가 「(후)량 선저(宣底)」[148]를 읽어 보았다"라고 말했으니,[149] 실록 외에 또 선저 등의 고적이 있어 모두 빠뜨리지 않았던 것이다.

유구(劉昫)의 『구당서(舊唐書)』도 편찬이 완성된 지 또한 오래지 않아 그 근거한 저본이 마침 바탕이 되어 『신당서(新唐書)』를 편찬했으니, 무릇 당(唐)나라 말기에서 오대(五代)에 관계되는 일은 또한 그에 의거해 고증하고 정정할 수 있었다. (북)송 초기 여러 신료들이 오대의 일을 기록한 예는 더욱 많다. 『송사(宋史)』를 살펴보면, 범질(范質)은 일찍이 주량(朱梁 : 후량)에서 (후)주(後周)까지의 사적을 기술하여 『통록(通錄)』 65권을 만들었으며, [趙注 : 「범질전」][150] 왕부(王溥) 또한 후량에서 (후)주에 이르는 일을 모아 『오

147) 가령, 『資治通鑑考異』 卷29 「後唐紀上」에는 "莊宗同光元年二月, 以盧程爲相(薛史唐紀作盧澄, 今從實錄莊宗列傳)"이란 기록이 있으며, 또, 다른 부분의 注에는 "莊宗實錄云今上至鄭州聞變, 今從明宗實錄"의 글도 보인다.

148) 『宋史』 卷203 「藝文志」, 5102면, "梁宣底三卷."

149) 『新五代史』 卷24 「唐臣傳」, 257면, "嗚呼, 官失其職久矣! 予讀梁宣底, 見敬翔・李振爲崇政院使, 凡承上之旨, 宣之宰相而奉行之. 宰相有非其見時而事當上決者, 與其被旨而有所復請者, 則具記事而入, 因崇政使聞, 得旨則復宣而出之. 梁之崇政使, 乃唐樞密之職, 蓋出納之任也, 唐常以宦者爲之, 至梁戒其禍, 始更用士人, 其備顧問・參謀議于中則有之, 未始專行事於外也. 至崇韜・重誨爲之, 始復唐樞密之名, 然權?於宰相矣. 後世因之, 遂分爲二, 文事任宰相, 武事任樞密. 樞密之任旣重, 而宰相自此失其職也."

대회요(五代會要)』를 만들었는데, 모두 30권이었고,[趙注 : 「왕부전」][151] 왕자융(王子融)은 오대의 일을 모아 『당여록(唐餘錄)』 60권을 만들었으며,[趙注 : 「왕자융전」][152] 노진(路振)은 오대, 아홉 나라의 군주와 신하들에 관한 사적을 모아 세가(世家), 열전을 지었고,[趙注 : 「노진전」][153] 정향(鄭向)은 오대가 어지러이 패망하여 역사기록에 틈이 있고 새는 곳이 많다고 여겨 『개황기(開皇紀)』 30권을 저술했다[趙注 : 「정향전」].[154] 이밖에도 또한 손광헌(孫光憲)의 『북몽쇄언(北夢瑣言)』,[155] 도악(陶岳)의 『오대사보(五代史補)』, 왕우칭(王禹偁)의 『오대사궐문(五代史闕文)』,[156] 유서(劉恕)의 『십국춘추(十國春秋)』,[157] 공영(龔穎)의 『운력도(運曆圖)』[158]가 『송사』 「예문지(藝文志)」 및 조공무(晁公武)의 『독서지(讀書志)』에 보이는데, 모두 구양수보다 앞선 시대에 있었으니 의거하여 고증하고 정정할 만했다.

각 정권에서 나온 책으로는, 예컨대 전엄(錢儼)의 『오월비사(吳越備史)』와 『비사유사(備史遺事)』,[159] 탕열(湯悅)의 『강남록(江南錄)』,[160] 서현(徐

150) 『宋史』 卷249 「范質傳」, 8796면, "有集三十卷, 又述朱梁至周五代爲通錄六十五卷, 行于世."

151) 『宋史』 卷249 「王溥傳」, 8801면, "溥好學, 手不釋卷, 嘗集蘇冕會要及崔鉉續會要, 補其闕漏, 爲百卷, 曰唐會要. 又采朱梁至周爲三十卷, 曰五代會要. 有集二十卷."

152) 『宋史』 卷310 「王融傳」, 10186면, "又集五代事, 爲唐餘錄六十卷以獻."

153) 『宋史』 卷441 「文苑」 「路振傳」, 13062면, "又嘗采五代末九國君臣行事作世家・列傳, 書未成而卒."

154) 『宋史』 卷301 「鄭向傳」, 9998면, "五代亂亡, 史冊多漏失, 向著開皇紀三十卷, 摭拾遺事, 頗有補焉."

155) 『宋史』 卷483 「孫光憲傳」, 13956면, "光憲博通經史, 尤勤學, 聚書數千卷, 或自抄寫, 孜孜讎校, 老而不廢. 好著譔, 自號葆光子, 所著荊臺集三十卷, 筆湖編玩三卷, 筆傭集三卷, 橘齋集二卷, 北夢瑣言三十卷, 蠶書二卷"; 『宋史』 卷206 「藝文志」, 5229면, "孫光憲 北夢瑣言十二卷"

156) 『宋史』 卷203 「藝文志」, 5095면, "王禹偁 五代史闕文二卷. 陶岳 五代史補五卷"

157) **[王注]** 생각건대 劉恕의 책은 『宋史』 卷203 「藝文志」에 『十國紀年』 42卷이라 했고, 本傳(卷444)에도 『五代十國紀年』이라 했으나, 『十國春秋』라는 이름은 없다. 또 그 아버지 劉渙과 歐陽修가 同年進士이니, 劉恕는 歐陽修의 晩輩일 것이며, 歐陽修가 『五代史記』를 지을 때 아마도 그 책을 참고하는 데까지는 미치지 못한 것 같다.

158) 『宋史』 卷203 「藝文志」, 5097면, "龔穎 年(一作'運')曆圖八卷"

159) 『宋史』 卷480 「錢儼傳」, 13915면, "所著有前集五十卷・後集二十四卷・吳越備史

鉉)의 『오록(吳錄)』,[161] 왕보형(王保衡)의 『진양견문요록(晉陽見聞要錄)』[162]이 역시 모두 유포되었다. 그리고 서무당(徐無黨)의 주석 가운데에서 증거로 인용한 『당척언(唐摭言)』 『당신찬(唐新纂)』[163] 『구국지(九國志)』[164] 『오대춘추(五代春秋)』[165] 『감계록(鑑戒錄)』 『기년록(紀年錄)』[166] 『삼초신편(三楚新編)』[167] 『기년통보(紀年通譜)』[168] 『민중실록(閩中實錄)』[169] 등의 책도 또한 모두 구(양수)가 참고하여 사용한 것이다. 대체로 『구오대사』는 다만 각 왕조의 실록에 근거하였으므로 완성하기는 쉬웠으나, 기록한 내용 가운데에 간혹 실정을 잃은 것을 그대로 따른 곳도 있다. 『신오대사』는 여러 의견을 널리 모아 두루 참고하고 서로 검증하였으므로 참과 거짓이 드러나고 옳고 그름이 진실을 얻을 수 있었다. 그러므로 사실을 쓴 바와 날짜를 기록한 것에 『구오대사』와 들어맞지 않는 부분이 많이 있고, 책의 분량이 비록 설(거정)의 『구오대사』 반에도 미치지 못하지만, 올바르게 바로잡는 데에 들인 공은 배나 되어 문장이 올바르며 사실이 견실하니, 이것이 (『신오대사』를) 좋은 사서라 이르는 까닭이다.

十五卷 · 備史遺事五卷 · 忠懿王勳業志三卷."

160) 『宋史』 卷204 「藝文志」, 5166면, "徐鉉 · 湯悅 江南錄十卷."

161) 『宋史』 卷204 「藝文志」, 5166면, "吳錄二十卷(徐鉉 · 高遠 · 喬舜 · 潘佑等撰)."

162) 『宋史』 卷204 「藝文志」, 5166면, "王保衡 晉陽見聞要錄一卷"

163) 『宋史』 卷206 「藝文志」, 5223면, "石文德 唐新纂三卷."

164) 『宋史』 卷204 「藝文志」, 5166면, "路振 九國志五十一卷."

165) 『宋史』 卷203 「藝文志」, 5095면, "劉邠 五代春秋一部卷亡."

166) 『宋史』 卷263 「張昭傳」, 9086~9087면, "拜昭爲左補闕 · 史館修撰, 委之撰錄. 昭以懿祖 · 獻祖 · 太祖爲不踐帝位, 仍補爲紀年錄二十卷, 又撰莊宗實錄三十卷上之. 優詔褒美, 遷都官員外郞."

167) 『宋史』에는 『三楚新編』에 대한 기록은 보이지 않으며, 유사한 제목의 책으로는 「藝文志」 5115면의 "三楚新錄 一卷" 및 5166면의 "周羽沖 三楚新錄 三卷"이 보인다.

168) 『宋史』 卷284 「宋庠傳」, 9593면, "又輯紀年通譜, 區別正閏, 爲十二卷."

169) 『宋史』 卷204 「藝文志」, 5166면, "蔣文懌閩中實錄十卷."

290. 『신오대사』의 서법은 엄격하다 歐史書法謹嚴

『구당서(舊唐書)』를 보지 않으면 『신당서(新唐書)』가 본말을 종합하여 밝힌 것을 알 수 없다. (마찬가지로) 설거정(薛居正)의 『구오대사(舊五代史)』를 보지 않으면 구양수(歐陽修)의 『신오대사(新五代史)』가 깔끔하고 엄정하다는 것을 알 수 없다. 『신오대사』는 단지 문장이 간결하고 깔끔하다는 면에서 곧 바로 『사기(史記)』의 뒤를 따랐지만, 『춘추(春秋)』의 서법으로 본기와 열전 가운데에서 포폄을 붙여 드러낸 것은 비록 『사기』라 하더라도 또한 미치지 못한다.

(예컨대) 군사를 동원하는 이름을 네 가지로 분류하였는데, 서로 공격하는 것은 '공(攻)'이라 했으니, 예컨대 「양기(梁紀)」에서 손유(孫儒)가 양행밀(楊行密)을 양주(揚州)에서 '공'했다고 한 것이 그것이다.[170] 큰 나라가 작은 나라에 공격을 가하는 것은 '벌(伐)'이라 했으니, 예컨대 「양기」에서 유지준(劉知俊)을 보내 기(岐)를 '벌'하게 했다고 한 것이 그것이다.[171] 죄가 있는 경우는 '토(討)'라 했으니, 예컨대 「당기(唐紀)」에서 이사원(李嗣源, 곧 후당(後唐) 명종(明宗))에게 명하여 조재례(趙在禮)를 '토'하도록 했다고 기록한 것이 그것이다.[172] 천자가 직접 가는 경우는 '정(征)'이라 했으니, 가령 「주기(周紀)」에서 동쪽으로 모용언초(慕容彦超)를 '정'했다고 한 것이 그것이다.[173] 공격해 전투를 해서 땅을 얻은 것의 이름은 두 가지가 있었는데, 쉽게 얻는 것은 '취(取)'라 했으니, 예컨대 장전의(張全義)가 하양(河陽)

---

170) 『新五代史』 卷1 「梁本紀」「太祖紀上」, 5면, "初, 秦宗權遣其弟宗衡掠地淮南, 是歲, 宗衡爲其將孫儒所殺, 儒攻楊行密于揚州. 淮南大亂, 行密走宣州, 儒入揚州. 大順元年春, 遣龐師古攻孫儒于淮南, 大敗而還. 四月, 宿州將張筠以宿州復歸于時溥, 王自將攻之, 不克."

171) 『新五代史』 卷2 「梁本紀」「太祖紀下」, 16면, "六月壬寅, 忠武軍節度使劉知俊爲西路行營招討使, 以伐岐."

172) 『新五代史』 卷5 「唐本紀」「莊宗紀下」, 50면, "(同光 4年)甲辰, 成德軍節度使李嗣源討趙在禮."

173) 『新五代史』 卷11 「周本紀」「太祖紀」, 114면, "(廣順 2年)夏五月庚申, 東征, 李穀留守東都, 鄭仁誨爲大內都點檢."

을 '취'했다고 한 것이 그것이다.[174] 어렵게 얻는 것은 '극(克)'이라 했으니, 가령 방사고(龐師古)가 서주(徐州)를 '극'했다고 한 것이 그것이다.[175] 몸만으로 귀순하는 것은 '항(降)'이라 했으니, 예컨대 풍패(馮霸)가 노장(潞將) 이극공(李克恭)을 죽이고 와서 '항'했다고 한 것이 그것이다.[176] 땅을 가지고 귀순하는 것은 '부(附)'라고 했으니, 예컨대 유지준이 반란을 일으켜 기(岐)에 '부'했다고 한 것이 그것이다.[177] 황후를 세울 때 정당한 절차를 거친 경우에는 어떤 비(妃), 어떤 부인(夫人)을 황후로 삼았다고 했으니, 예컨대 「(후)당(後唐) 명종기(明宗紀)」에서 숙비(淑妃) 조(曹)씨를 세워 황후로 삼았다고 한 것이 그것이다.[178] 세울 때 정당한 절차를 거치지 않은 경우에는 아무개 씨를 황후로 삼았다고 했으니, 예컨대 「(후)당 장종기(莊宗紀)」에서 유(劉)씨를 세워 황후로 삼았다고 한 것이 그것이다.[179] 무릇 이러한 것들은 모두 하나의 예를 먼저 세워 두고 각각 여러 일들을 거기에 따르게 한 것이니, 포폄이 절로 드러난다.

기타 서법에서도 또한 각각 마음을 쓴 대목이 있다. 예컨대 「양기」에서 제음왕(濟陰王)을 시해했다[弑]고 썼는데, 왕은 곧 당(唐)나라 소선제(昭宣帝)[180]였지만, 소선제라고 하지 않고 제음왕이라 이른 것은 제위를 넘

---

174) 『新五代史』 卷1 「梁本紀」 「太祖紀上」, 4면, "張全義取河陽, 逐李罕之. 罕之奔于河東. 李克用遣兵圍河陽, 全義來求救, 遣丁會・牛存節救之, 擊敗河東兵于沇河."

175) 『新五代史』 卷1 「梁本紀」 「太祖紀上」, 5~6면, "二年四月, 龐師古克徐州, 殺時溥. 王如徐州, 以師古爲留後, 遂攻兗、鄆."

176) 『新五代史』 卷1 「梁本紀」 「太祖紀上」, 5면, "河東叛將馮霸殺潞州守將李克恭來降, 遣葛從周入潞州. 李克用遣康君立攻之, 從周走河陽."

177) 『新五代史』 卷2 「梁本紀」 「太祖紀下」, 17면, "六月庚戌, 劉知俊執佑國軍節度使劉捍, 叛附于岐."

178) 『新五代史』 卷6 「唐本紀」 「明宗紀」, 61면, "三月庚寅, 立淑妃曹氏爲皇后."

179) 『新五代史』 卷5 「唐本紀」 「莊宗紀下」, 47면, "(同光 2年)戊寅, 幸李嗣源第. 癸未, 立劉氏爲皇后."

180) 昭宣帝(892~908, 재위 904~907) : 이름은 李柷, 初名은 祚이며, 昭宗의 아홉째 아들이다. 乾寧 4년(897) 輝王에 봉해졌다. 朱溫이 昭宗을 살해한 후 조서를 위조해 太子로 삼았으며, 즉위하였지만, 朱溫의 괴뢰와 같았다. 天祐 4년(907) 朱溫에게 禪位한 후 曹州로 옮겼고 濟陰王에 봉해졌다. 다음 해 朱溫에게 살해당했다. 謚號는 哀帝이다. 五代 後唐의 明宗이 昭宣帝로 추증하였다. 濟陰 定陶에 묻혔다.

긴 뒤 (후)량(後梁)에서 왕으로 봉한 바를 써서 그 실질을 드러낸 것이며, 또한 시해라고 쓴 것은 그로써 (후)량의 죄악을 드러낸 것이다.[181] 양주군(襄州軍)이 반란을 일으켜 자사(刺史) 왕반(王班)을 살해했는데, '왕반이 죽었다[王班死之]'고 하지 않고 살해당한 것으로 문장을 쓴 것은[182] 지혜가 제 몸을 지키기에도 부족해서 살해되었으니 '절조를 지키다 죽었다[死節]'는 표현을 그에게 줄 수가 없었기 때문이다. 왕사범(王師範)을 죽인 것에 대해 '복주(伏誅)'라 하지 않고 '살(殺)'이라고 한 것은, 죄가 있어 마땅히 죽여야 하는 것은 '복주'라 하지만 마땅히 죽여야 하는 것이 아니라면 '둘이 서로 죽인 것'으로 썼던 것이다. 정왕(郢王) (주)우규(朱友珪)가 반역[反]을 일으켰는데,[183] 반역[反]과 배반[叛]은 같지 않으니, 배반이란 이쪽을 배신하고 저쪽에 붙는 것이요, 반역은 아래가 위를 도모하는 것이니, 악행과 도리에 어긋나는 것이 (배반보다) 더욱 크다. 반역의 경우 날짜를 쓰지 않는 것은 반역이 하루 아침저녁에 생기는 일이 아니므로 정확한 날짜를 구하기가 어렵기 때문이었다. (후)량 태조(太祖), (후)당 장종(莊宗)은 모두 시해되었으므로 '장(葬)'이라고 쓰지 않았다. (후)당 명종(明宗)은 천명을 다하고 죽었으니 마땅히 '장'이라고 써야 할 것이나, 반역을 일으킨 아들 (이)종가(李從珂)가 장사지낸 바이므로 쓰지 않았다.[184] 「양기」를 보면, 천웅군(天雄軍)[185]이 반란을 일으켜 절도사(節度使) 하덕

---

181) 『新五代史』 卷2 「梁本紀」 「太祖紀下」, 13면, "(開平 元年)改元, 國號梁. 封唐主爲濟陰王"; 『新五代史』 卷2 「太祖紀」, 15면, "(二年春正月)己亥, 卜郊于西都. 弑濟陰王."

182) 『新五代史』 卷2 「梁本紀」 「太祖紀下」, 17~18면, "乙亥, 至自陝州. 甲申, 襄州軍亂, 殺其留後王班." 王班은 山南節度使였다.

183) 『新五代史』 卷2 「梁本紀」 「太祖紀下」, 21면, "六月, 疾革, 郢王友珪反."

184) 『新五代史』 卷2 「梁本紀」 「太祖紀下」, 21면, "戊寅, 皇帝崩. 年六十一. 不書崩處, 以異於得其終者. 乾化二年十一月, 友珪葬之河南伊闕縣, 號宣陵. 以不得其死, 故不書葬." 그리고 『新五代史』 卷5 「莊宗紀」, 51면, "年四十三. 帝尸爲伶人焚之, 明宗入洛, 得其骨燼. 天成元年七月, 葬之河南新安縣, 號雍陵, 至晉避廟諱, 更曰伊陵, 其不書'葬', 與梁太祖同." 마지막으로 『新五代史』 卷6 「明宗紀」, 65면, "年六十七. 清泰元年, 葬河南洛陽縣, 號徽陵. 雖得其死, 而爲賊所葬, 故亦不書葬"을 참조.

185) 天雄軍 : 魏博鎭을 지칭한다. 魏博鎭은 河朔三鎭의 하나이며, 廣德 元年(763) 安史

륜(賀德倫)[186]이 배반[叛]해서 진(晉)에 붙었다고 했는데,[187] 반란을 일으킨 수괴가 장언(張彦)인데도 (하)덕륜을 쓴 것은 책임이 지위가 높은 자에 있기 때문이었다. 그리고 (하)덕륜은 필경 악한의 우두머리라고 할 수는 없지만, 절조를 지켜 죽지 않은 것은 책임을 물을 수 있으므로 배반해서 진에 붙었다고 쓴 것이다. (후)당이 (후)량을 멸망시키자 경상(敬翔)이 자살했는데,[188] (경)상은 (후)량이 망해서 자살했으므로 충성스럽다고 할 수 있지만, (나라가 망하는 데에서) '사(死)'했다고 쓰지 않고 다만 자살했다고 썼으니, (후)량 태조의 악행이 모두 (경)상이 한 것이었으므로 '절조를 지켜 죽었다[死節]'고 평가하지 않은 것이다.

관직을 제수하는 경우 재상이나 추밀사(樞密使)가 아니면 쓰지 않았으나[趙注 : 그에 대한 설명은 앞에 보인다],[189] 「당기」에서는 교방사(教坊使)[190] 진준(陳俊)을 경주자사(景州刺史)로, 내원재접사(內園栽接使)[191] 저덕원(儲德源)을 헌주자사(憲州刺史)로 임명한 일을 썼으니,[192] 관직을 내리는 것이 매우 남용되었음을 드러낸 것이다. 「명종기」에서는 먼저 황제(명종)가 관 앞에서

의 餘部를 받아들여 설치하였다. 처음에는 防禦使였으나 후에 節度使로 승진하였고, 治所는 魏州(지금의 河北省 大名縣 동북)이다. 관할구역은 시대에 따라 다른데, 魏州·博州·貝州·衛州·澶州·相州 6州를 관할하였다. 역대로 田承嗣·何進滔·羅弘信 등이 세습하여 할거하였으며, 대개 唐에 반항하였다. 元和 연간 조정의 명을 들었다. 天祐 元年(904) 天雄軍으로 고쳤다.

186) 『新五代史』 卷44 「賀德倫傳」, 482면.

187) 『新五代史』 卷3 「末帝紀」, 25면, "三月丁卯, 趙光逢罷. 平盧軍節度使賀德倫爲天雄軍節度使, …… 己丑, 天雄軍亂, 賀德倫叛附于晉."

188) 『新五代史』 卷5 「莊宗紀下」, 45면, "己卯, 滅梁. 敬翔自殺."

189) 앞의 「288 『구오대사』와 『신오대사』의 체례에서 같지 않은 대목[薛歐二史體例不同]」편에 이와 같은 언급이 등장하였다.

190) 教坊使 : 教坊은 관서이름으로 宋 太常소속 기구이다. 音樂의 교습을 관장하고 宴享, 游幸의 비용을 준비한다. 관리로는 使 1人, 副使 2人, 都色長, 色長 등이 있다.

191) 內園栽接使 : 內園使는 西班諸司使에 속한다. 唐代 처음 설치되었고, 五代 後梁은 이를 內園栽接使로 개칭하였으며·宋은 內園使로 불렀다. 통상 職掌이 없고 무신이 거쳐가는 官階였다. 政和 2년(1112) 武略大夫로 개칭했다.

192) 『新五代史』 卷5 「莊宗下」, 47면, "夏五月壬寅, 教坊使陳俊爲景州刺史, 內園栽接使儲德源爲憲州刺史."

즉위했다고 쓰고, 이어서 위왕(魏王) (이)계급(李繼岌)이 죽었다고 씀으로써[193] (그가) 즉위할 때 임금(장종)의 아들이 여전히 살아 있었음을 보였으니, 그(명종)가 반란[反]을 일으킨 것은 따져볼 것도 없이 절로 명백해졌다. 또 곽종겸(郭從謙)이 경주자사가 된 뒤 그를 죽였다고 썼는데,[194] (곽)종겸이 장종을 시해했는데도 그를 토벌하지 않고 도리어 관직을 주었으니, 명종이 그 임금(장종)을 무시했음을 보인 것이다. 그(곽종겸)의 죄는 본래 주살되어야 마땅한데도 '복주(伏誅)'라고 쓰지 않고 죽였다[殺]고 쓴 것은, 명종 또한 같이 죄가 있어 주살을 할 수 없었으므로 서로 죽였다고 쓴 것이다. 진왕(秦王) (이)종영(李從榮)은 군사를 이끌고 흥성궁(興聖宮)에 들어가려다 이기지 못하고[不克] 복주되었는데,[195] (이)종영은 본래 명종의 아들인데, 명종이 병들자 자기가 제위에 오르지 못할까 염려하여 군사를 동원해 자신을 돕도록 한 것이므로 반역[反]이라고 쓰지 않은 것이며, 그러나 멋대로 군사를 이끌고 궁궐에 들어온 것은 그 죄가 마땅히 주살되어야 하므로 그 죽음을 '복주'라고 썼다.

「한기(漢紀)」에서는 (후)한(後漢) 은제(隱帝)가 붕어하자 곧 (후)한이 망했다고 썼는데,[196] 은제가 피살된 뒤에도 아직 이태후(李太后)가 임조(臨朝)하고 상음공(湘陰公) (유)윤(劉贇)을 맞아들여 제위를 계승하게 한 일이 있었으므로[197] (후)한은 아직 망하지 않았지만, 그런데도 (후)한이 망했다고 쓴 것은 태후 임조 등의 일이 모두 (후)주(後周)에서 가탁한 것이고 (후)한

---

193) 『新五代史』 卷6 「明宗紀」, 56면, "(四月) 丙午, 始奠于西宮, 皇帝卽位于柩前, 易斬縗以袞冕壬子, 魏王繼岌薨."

194) 『新五代史』 卷6 「明宗紀」, 57면, "丙申, 赦京師囚. 郭從謙爲景州刺史, 旣而殺之."

195) 『新五代史』 卷6 「明宗紀」, 65면, "十一月壬辰, 秦王從榮以兵入興聖宮, 不克伏誅."

196) 『新五代史』 卷10 「隱帝紀」, 106면, "(冬十一月)丙子 殺楊邠及侍衛親軍都指揮使史弘肇, 三司使王章, 皆滅其族. 郭威反. 庚辰, 義成軍節度使宋延渥叛附于威. 壬午, 威犯封丘, 泰寧軍節度使慕容彦超軍于七里店. 癸未 勞軍于北郊. 甲申, 勞軍于劉子陂. 慕容彦超及郭威戰, 敗績, 開封尹侯益叛降于威. 郭允明反. 乙酉, 皇帝崩, 蘇逢吉自殺. 漢亡."

197) 『舊五代史』 「漢書」 卷105 「湘陰公贇傳」, 1387면, "湘陰公贇, 爲徐州節度使. …… 乾祐三年冬十一月, 周太祖駐軍於京師, 議立嗣君, 奉太后誥, 立贇爲嗣."

에 여전히 정통이 있는 것은 아니었음을 보인 것이다. 「(후)주 태조기(太祖紀)」에서는 (북)한(北漢) 사람들이 토벌[討]하러 왔다고 썼는데,[198] (후)주 (태)조는 (후)한을 찬탈해서 제위에 올랐으므로 (후)주에 대한 유숭(劉崇)[199]의 입장으로는 의리상 당연히 토벌해야 할 것이기에 토벌이라고 썼던 것이다. 「세종기(世宗紀)」에서는 세종(世宗)[200]이 노주(潞州)에 가서 (북)한을 공격했다[攻]고 썼는데,[201] 토벌[伐]이라 하지 않고 공격[攻]이라 한 것은 잘못이 (후)주에 있었기 때문이다. 이는 『신오대사』 본기의 서법이 한 글자도 적당히 쓰지 않았음을 볼 수 있는 것이다.

그 열전에서도 또한 치우치지 않고 알맞게 쓴 것이 지당한 예가 있다. 절조를 지켜 죽은 것이 분명한 경우, 예컨대 왕언장(王彦章), 배약(裴約), 유인섬(劉仁贍)은 이미 「사절전(死節傳)」[202]에 두었지만, 여전히 송령순(宋令詢), 이하(李遐), 장언경(張彦卿), 정소업(鄭昭業) 등이 있었는데 모두 잠깐

198) 『新五代史』 卷11 「太祖紀」, 113면, "冬十月丙午, 漢人來討, 攻自晉州."

199) 劉崇(895~954, 재위 951~954) : 沙陀部 사람이며, 後漢 高祖 劉知遠의 堂弟이다. 五代 北漢의 창시자이다. 後晉 때 劉知遠이 河東節度使가 되자 都指揮使로 임명되었다. 劉知遠이 칭제한 후 太原尹으로 임명되었다가 北京留守로 임명되었다. 隱帝 때 樞密使 郭威와 사이가 틀어지자 賦稅를 징수하고 병적을 만들어 자립을 도모하였다. 廣順 元年(951) 郭威가 後漢을 멸하자 太原에서 稱帝하고 國號를 漢이라 칭했는데, 이를 北漢이라 한다. 이름을 旻으로 바꾸었고, 乾祐의 연호를 사용했으며 12州의 땅을 영우하였다. 契丹과 결탁하고 契丹主 兀欲을 숙부로 섬겨 後周와 대결하려 하였다. 顯德 元年(954) 後周 太祖 郭威가 죽자 契丹에 구원병을 요청하여 남하하였으나 後周 世宗과 高平에서 싸워 대패하여 太原으로 돌아가 죽었다.

200) 世宗(921~959, 재위 954~959) : 이름은 柴榮이다. 邢州 龍岡縣 사람이며, 後周 太祖 郭威의 양자이다. 顯德 元年(954) 郭威를 이어 帝位에 올라 군사·정치·경제를 정돈하였다. 『均田圖』를 반포하여 河南 등 60州의 田賦를 균등하게 정하여 租稅를 감면하였다. 後蜀을 공격하여 秦州·鳳州·成州·階州를 점령하였고, 세 차례 南唐을 공격하여 江淮 14州를 취하였다. 후에 契丹을 북벌하여 瓦橋關·益津關·淤口關을 점령하고 승세를 이어 幽州를 취하려 하였으나 병으로 돌아와 죽었다. 慶陵에 묻혔으며, 謚號는 睿武孝文皇帝이다.

201) 『新五代史』 卷12 「世宗紀」, 118면, "(二月)丁卯, 馮道爲大行皇帝山陵使, 太常卿田敏爲禮儀使. 兵部尙書張昭爲鹵簿使, 御史中丞張煦爲儀仗使, 開封少尹權判府事王敏爲橋道頓遞使, 漢人來討, 攻自潞州."

202) 『新五代史』 卷32 「死節傳」, 347면, "語曰 : '世亂識忠臣.' 誠哉! 五代之際, 不可以爲無人, 吾得全節之士三人焉, 作死節傳."

절개를 잃었으나 죽음으로 순국하였는데도 「(사절)전」에는 그들이 없었으니, 그들의 사적이 불완전해서 열전을 만들 수 없었기 때문이었다. 그러나 본기에서는 특별히 그들이 (절조를 지켜) 죽었다[死之]고 써서 충절을 드러내었으니, 본디 열전이 있고 없고에 중요함이 있는 것은 아니다. 장헌(張憲)이 태원(太原)에서 유수(留守)로 있을 때 장종이 피살된 뒤 장종의 아우 (이)존패(李存霸)가 도망쳐 왔는데, 어떤 사람은 (장)헌에게 (이)존패를 억류하고 조정의 명령을 기다리자고 권했고, 장소(張昭)도 역시 그에게 명종에게 표를 올리자고 권했으나, (장)헌은 모두 울면서 거절했다. 얼마 있다가 (이)존패는 부언초(符彦超)의 군사에게 살해되었고 (장)헌은 기주(沂州)로 달아났다.[203] 『구오대사』에서는 (장)헌이 성을 버린 일에 연좌되어 사사되었다고 썼으나,[204] 『신오대사』에서는 그렇지 않음을 특별히 밝혔는데, 그래도 그(장헌)가 태원에서 죽지 않았기 때문에 역시 「사사전(死事傳)」에 넣지 않았으며, 단지 (장)헌이 기주로 달아났다가 살해되었다고 썼을 뿐이다. (또한) 약언조(藥彦稠)와 왕사동(王思同)은 모두 군사를 이끌고 노왕(潞王) (이)종가를 토벌하다가 (이)종가에게 잡혀 죽었는데, (왕)사동은 「사사전」에 들어갔으나, (약)언조는 들어가지 않았으니, (왕)사동은 말과 의지가 꺾이지 않아 기꺼이 순국한 경우이나,[205] (약)언조는 단지 사로잡혀 살해된 경우이므로 결국 (약언조에게) 절조를 지키다 죽

203) 『新五代史』 卷28 「張憲傳」, 313면, "趙在禮作亂, 憲家在魏州, 在禮善待其家, 遣人以書招憲, 憲斬其使, 不發其書而上之. 莊宗遇害, 明宗入京師, 太原猶未知, 而永王存霸奔于太原. 左右告憲曰 : '今魏兵南嚮, 主上存亡未可知存霸之來無詔書, 而所乘馬斷其鞦, 豈非戰敗者乎! 宜拘之以俟命.' 憲曰 : '吾本書生, 無尺寸之功, 而人主遇我甚, 厚豈有懷二心以幸變, 第可與之俱死爾!' 憲從事張昭遠爲憲奉表明宗以勸進, 憲涕泣拒之. 已而存霸削髮, 見北京巡檢符彦超, 願爲僧以求生, 彦超麾下兵大譟, 殺存霸. 憲出奔沂州, 亦見殺."

204) 『舊五代史』 卷36 「明宗紀」, 496면, "是月, 北京副留守知留守事張憲賜死, 以其失守故也."

205) 『新五代史』 卷33 「王思同傳」, 360면, "…… 從珂引兵東, 至昭應, 前鋒追執思同. 從珂責曰 : '罪可逃乎?' 思同曰 : '非不知從王而得生, 恐終死不能見先帝於地下.' 從珂媿其言, 乃殺之. 漢高祖卽位, 贈侍中."

었다는 표현을 줄 수 없었기 때문이었다.[206] 여기에서 『신오대사』의 처분이 지당함을 볼 수 있다.

291. 『신오대사』 열전의 찬은 적당히 쓰지 않았다 歐史傳贊不苟作

구양수(歐陽修)의 『신오대사(新五代史)』 본기와 열전에는 각각 찬(贊)이 있는데, 모두 깊은 뜻을 가지고 있다. 「장승업전(張承業傳)」에서는 환관의 폐해를 극력 논했고,[207] 곽숭도(郭崇韜)[208]의 죽음이 환관의 참언에서 말미암은 것임을 미루어 밝혔으니,[209] 만약 (곽)숭도가 죽지 않았다면 그가

---

206) 『新五代史』 卷27 「藥彦稠傳」, 299면, "潞王從珂反, 彦稠爲招討副使. 王思同兵潰, 彦稠與思同俱東走, 爲潞王兵 所得, 囚之華州獄, 已而殺之. 晉高祖立, 贈侍中"; 『新五代史』 卷27 「藥彦稠傳」, 299면, 注1, "彦稠與思同俱以敗走, 時愍帝猶在, 唐未亡, 二人走歸國, 於節未虧, 異於元行欽之走也. 然思同辭義不屈, 其死可嘉. 彦稠直被執見殺爾, 餘無可稱, 故不列於死事."

207) 『新五代史』 卷38 「張承業傳」, 407~408면, "初, 昭宗之出也, 梁王悉誅唐宦者第五可範等七百餘人, 其在外者, 悉詔天下捕殺之, 而宦者多爲諸鎭所藏匿而不殺. 是時, 方鎭僭擬, 悉以宦官給事, 而吳越最多. 及莊宗立, 詔天下訪求故唐時宦者悉送京師, 得數百人, 宦者遂復用事, 以至於亡. 此何異求已覆之車, 躬駕而履其轍也? 可爲悲夫!"

208) 郭崇韜(?~926) : 五代 代州 雁門縣 사람으로 字는 安時이다. 처음에 李克脩를 섬기다가 후에 李克用 부자를 섬겨 中門使로 발탁되었다. 後唐 건국 후 兵部尙書 樞密使가 되었다. 後梁을 멸한 후 機要에 참여하여 功이 第一이었다. 이에 莊宗은 鐵券을 하사하고 侍中 盛德軍節度使 樞密使로 임명하였다. 同光 3년(925) 魏王 李繼岌의 前蜀 정벌에 종군하였으며, 招討使가 되었다. 前蜀을 평정한 후 李繼岌이 그를 의심하였고, 宦官이 무고하여 莊宗이 진노하게 되니, 宦官 馬彦珪가 劉皇后의 명을 칭해 成都에서 郭崇韜 부자를 처형하였다.

209) 『新五代史』 卷24 「唐臣」 「郭崇韜傳」, 248~249면, "同光三年夏, 霖雨不止, 大水害民田, 民多流死. 莊宗患宮中暑濕不可居, 思得高樓避暑. 宦官進曰 : '臣見長安全盛時, 大明、興慶宮樓閣百數. 今大內不及故時卿相家.' 莊宗曰 : '吾富有天下, 豈不能作一樓?' 乃遣宮苑使王允平營之. 宦官曰 : '郭崇韜眉頭不伸, 常爲租庸惜財用, 陛下雖欲有作, 其可得乎?' 莊宗乃使人問崇韜曰 : '昔吾與梁對壘於河上, 雖祁寒盛暑, 被甲跨馬, 不以爲勞. 今居深宮, 蔭廣廈, 不勝其熱, 何也?' 崇韜對曰 : '陛下昔以天下爲

거느렸던 촉(蜀)을 정벌한 군사들이 모두 휘하에 있었을 것이니, 명종(明宗)이 장종(莊宗)의 천하를 차지해 그를 대신할 수 있었겠는가. 재난의 근본을 따져서 그 죄를 환관[貂璫][210]에게 돌린 것은 매우 절실하게 분명히 밝힌 것이라 할 수 있다. 당육신(唐六臣) 장문울(張文蔚)[211] 등은 전국보(傳國寶)[212]를 찍어 (후)량(後梁)에 제위를 넘겼는데,[213] 이 일이 붕당과 무슨 관련이 있어서 열전 찬에서 갑자기 "이때 군자들은 다 떠나고 소인배들이 조정에 가득했으므로, 나라를 망치고 왕조를 바꾸는 것을 보면서도 편안하게 여기며 괴이함을 알지 못했다. 그런데 군자들을 다 떠나게 한 까닭은 모두 붕당에 관한 논의가 그들을 겨냥했기 때문이다"[214] 라고 말했던가. 아마도 송(宋) 인종(仁宗) 때 조정 대신들(朝右) 사이에서 붕당에 관한 논의가 크게 일어나 올바른 사람들이 모두 그 자리에 편히 있지 못했으므로, 그 일을 빌려 단서를 일으켜서 시사를 경계하고 바로잡은 것이니, 그 큰 소리로 내며 꾸짖고 호통치는 것을 (우리가) 깨닫지 못한 것이다.

心, 今以一身爲意, 艱難逸豫, 爲慮不同, 其勢自然也. 願陛下無忘創業之難, 常如河上, 則可使繁暑坐變淸凉.' 莊宗默然. 終遣允平起樓, 崇韜果切諫. 宦官曰 : '崇韜之第, 無異皇居, 安知陛下之熱!' 由是讒間愈入."

210) 貂璫 : 漢의 中常侍의 冠은 璫과 오른쪽에 貂로 장식을 했다. 후에 中常侍는 宦者를 등용하였으므로 宦者를 貂璫이라고 일렀다.

211) 그의 열전이 『舊五代史』 卷18 「張文蔚傳」, 241면; 『新五代史』 卷35 「唐六臣傳」 「張文蔚」, 376면에 있다.

212) 傳國寶 : 傳國璽라고도 한다. 임금의 자리를 물려줄 때 넘기는 印. 唐代에 傳國寶로 개칭하였다.

213) 『舊五代史』 「梁書」 卷3 「太祖紀」, 46면, "(開平元年)四月, 唐帝御札勅宰臣張文蔚等備法駕奉迎梁朝.(通鑑考異引薛史) 宋州刺史王皐進赤烏一雙. 又, 宰臣張文蔚正押傳國寶、玉冊、金寶及文武羣官、諸司儀仗法物及金吾左右二軍離鄭州"; 『新五代史』 卷35 「唐六臣傳」 「序言」, 375~376면, "明年三月, 唐哀帝遜位于梁, 遣中書侍郎、同中書門下平章事張文蔚爲冊禮使, 禮部尙書蘇循爲副; 中書侍郎、同中書門下平章事楊涉爲押傳國寶使, 翰林學士、中書舍人張策爲副; 御史大夫薛貽矩爲押金寶使, 尙書左丞趙光逢爲副. 四月甲子, 文蔚等自上源驛奉冊寶, 乘輅車, 導以金吾仗衛、太常鹵簿, 朝梁于金祥殿. 王衮冕南面, 臣文蔚、臣循奉冊升殿, 進讀已, 臣涉、臣策奉傳國璽, 臣貽矩、臣光逢奉金寶, 以次升, 進讀已, 降, 率文武百官北面舞蹈再拜賀."

214) 『新五代史』 卷35 「唐六臣傳」, 382면, "夫欲空人之國而去其君子者, 必進朋黨之說; 欲孤人主之勢而蔽其耳目者, 必進朋黨之說; 欲奪國而與人者, 必進朋黨之說."

「(후)진(後晉) 출제기(出帝紀)」 찬의 경우 조카를 아들로 삼고 그 본래의 생부를 없앤 것은 잘못이라고 절절히 밝히면서 "출제(出帝)[215]는 본래 고조(高祖)의 형인 (석)경유(石敬儒)의 아들인데, 당시 고조 아들이면 즉위할 수 있고 (석)경유의 아들이면 즉위할 수 없다고 여겼으므로, 이에 그 태어난 것을 깊이 감추고 (천륜을) 끊어 천하를 속였으니 진짜 고조의 아들로 생각되었다. 『예(禮)』에 이르길 '다른 사람의 뒤를 이은 이는 그 부모를 위해 상복을 입는다' 고 했으니, 자고로 비록 나가서 다른 사람의 뒤를 잇는다고 해도 본래의 출생을 끊고 부모라 칭하지 않은 경우는 없었다. '내가 '황백(皇伯) (석)경유를 추존하여 송왕(宋王)으로 봉했다'고 쓴 것은 출제가 천성(天性)을 끊고 그 아비를 신하로 삼아 작위를 내렸다는 것을 보인 것이다'"[216]라고 기록했다. 「진가인전(晉家人傳)」의 찬에서 또한 반복해서 그것을 분명히 밝혔다.[217] 그런 즉, 당시 복왕(濮王)에 대한 의논이 분분하고 시끄러웠는데, 조정 신하들이 모두 영종(英宗)이 인종을 아버지로 하고,

---

215) 出帝(914~964, 재위 942~946) : 이름은 石重貴이며, 後晉 高祖 石敬瑭의 조카이다. 天復 元年(936) 石敬瑭을 따라 洛陽에 들어갔고 北京留守에 임명되었으며, 후에 齊王에 봉해졌다. 天福 7년(942) 帝位에 올랐다. 재위 기간 중 河南·河北·關西 諸州에서 蝗蟲의 피해가 심하였다. 景延廣의 의견에 따라 契丹에게 손자라 칭하고 稱臣하지 않았으며, 두 차례 契丹軍을 격퇴하였다. 開運 3년(946) 契丹兵이 세 번째 後晉을 공격하여 開封을 점령한 후 사로잡혀 建州(지금의 遼寧省 朝陽 서남)에서 죽었다. 少帝라고도 한다.

216) 『新五代史』 卷9 「出帝紀」, 98면, "余書曰 : '追封皇伯敬儒爲宋王者, 以見其立不以正, 而滅絶天性, 臣其父而爵之, 以欺天下也'."

217) 『新五代史』 卷17 「晉家人傳」, 187~188면, "嗚呼! 古之不幸無子, 而以其同宗之子爲後者, 聖人許之, 著之禮經而不諱也. 而後世閭閻鄙俚之人則諱之, 諱則不勝其欺與僞也. 故其苟偸竊取嬰孩襁褓, 諱其父母, 而自欺以爲我生之子, 曰 : '不如此, 則不能得其一志盡愛於我, 而其心必二也.' 而爲其子者, 亦自諱其所生, 而絶其天性之親, 反視以爲叔伯父, 以此欺其九族, 而亂其人鬼親疎之屬. 凡物生而有知, 未有不愛其父母者. 使是子也, 能忍而眞絶其天性歟, 曾禽獸之不若也. 使其不忍而外陽絶之, 是大僞也. …… 服, 外物也, 可以降, 而父母之名不可改, 故著於經曰 : '爲人後者, 爲其父母報.' 自三代以來, 有天下國家者莫不用之, 而晉氏不用也. 出帝之於敬儒, 絶其父道, 臣而爵之, 非特以其義不當立, 不得已而絶之, 蓋亦習見閭閻鄙俚之所爲也. 五代, 干戈賊亂之世也, 禮樂崩壞, 三綱五常之道絶, 而先王之制度文章掃地而盡於是矣! 如寒食野祭而焚紙錢, 天子而爲閭閻鄙俚之事者多矣! 而晉氏起於夷狄, 以簒逆而得天下, 高祖以耶律德光爲父, 而出帝於德光則以爲祖而稱孫, 於其所生父則臣而名之, 是豈可以人理責哉!"

친아버지인 복왕을 백부로 하여야 한다고 주장했으나,[218] 구공(구양수)과 한기(韓琦) 등은 유독 그것을 비판했으므로, 이 때문에 그(출제)의 경우가 올바른 예가 아님을 통렬하게 배척한 것이다. 『신오대사』는 한 글자도 경솔히 쓴 것이 없음을 볼 수 있다.

292. 『신오대사』에서 제대로 검토하지 못한 대목 歐史失檢處

구양수(歐陽修)의 『신오대사(新五代史)』에도 또한 제대로 검토하지 못한 대목이 있다.

당(唐)나라 소종(昭宗)이 시해된 것에 대해 「이언위전(李彦威傳)」에서는 (후)량(後梁) (태)조(太祖)가 경상(敬翔)을 낙양(洛陽)으로 보내 (이)언위 등과 함께 시해를 모의하게 했다고 적었고,[219] 「이진전(李振傳)」에서는 또한 (후)량 (태)조가 이진[220]을 낙양으로 보내 (이)언위 등과 함께 시해를 모의하게 했다고 기록했으니,[221] 이는 반드시 한 군데는 틀린 곳이 있다.

「(후)량(後梁) 본기」에서는 주우겸(朱友謙)이 배반하여 동주절도사(同州節度使) 정전휘(程全暉)를 살해했다고 썼으나,[222] 「(정)전휘전」에서는 (정)전

---

218) 北宋의 英宗은 濮王(諡號 安懿) 允讓의 第十三子로서 4살 때부터 仁宗이 그를 데려다 양자로 삼았고 후에 즉위했다.

219) 『新五代史』 卷43 「李彦威傳」, 469면, “王建亦傳檄天下, 擧兵誅梁. 太祖大懼, 恐昭宗奔佗鎭, 以兵七萬如河中, 陰遣敬翔至洛, 告彦威與氏叔琮等, 使行弑逆.”

220) 李振(?~923) : 唐 河西 사람으로 字는 興緖이다. 唐末 金吾衛將軍이 되었으며, 朱溫에 依附하여 鄆州節度副使가 되었다. 唐 昭宗이 宦官 劉季述 등에게 폐위되자 朱溫에게 昭宗을 복위시켜 공을 세울 것을 청하여 朱溫에게 신임을 얻었다. 天福 4년(904) 朱溫의 명을 받들어 朱友恭 등에게 昭宗을 시해하게 하였다. 進士에 합격하지 못해 士人들을 싫어하여 天祐 2년(905) 裴樞 등 大臣 30여 명을 白馬驛에서 살해하였다. 後梁 건국 후 戶部尙書 崇政院使에 이르렀다. 後唐이 後梁을 멸할 때 피살되었다.

221) 『新五代史』 卷43 「李振傳」, 470면, “太祖之弑昭宗也, 遣振至京師與朱友恭・氏叔琮謀之.”

휘가 서울(京師)로 도망갔다고 썼으니,[223] 이는 본기와 열전이 서로 부합하지 않는 것이다. 설거정(薛居正)의 『구오대사(舊五代史)』에서는 본기, 열전에서 모두 서울로 도망갔다고 적었으니,[224] 틀리지 않은 것에 해당한다.

「나소위전(羅紹威傳)」을 보면, 위박(魏博)에는 전승사(田承嗣) 때 처음 아군(牙軍)이 생긴 이래로 세월이 오래됨에 따라 더욱 교만해졌는데 나소위[225] 때에 이르니 이미 200년이 되었다고 했다.[226] 생각건대 (전)승사에서 (나)소위까지는 실제 다만 150년이니, 『신오대사』에서 말한 것은 역시 문장을 잘못 쓴 것이다.[227] 「정오전(鄭遨傳)」을 보면, (정)오는 이진과 사이가 좋았는데, 바야흐로 (이)진이 출세하게 됐을 때에는 (정)오가 한번도 돌아보지 않았으나, (이)진이 죄를 얻어 남쪽으로 귀양을 가게 되자 (정)오가

---

222) 『新五代史』 卷3 「末帝紀」, 27면, "河中節度使朱友謙襲同州, 殺其節度使程全暉, 叛附于晉, 泰寧軍節度使劉鄩討之."

223) **[王注]** 살펴보건대 『舊五代史』와 『新五代史』에는 모두 「程全暉傳」이 없다. 『舊五代史』 卷10 「後梁本紀」 「貞明六年」條에 "河中의 朱牛謙이 同州를 습격하여 함락시키자, 절도사 程全暉가 單騎로 京師로 도망갔다"는 구절 아래의 注에서 "구양수의 『新五代史』 열전은 설거정의 『新五代史』와 같다"고 하였다. 이것은 『新五代史』 卷45 「朱友謙傳」을 말하는 것이지, 程全暉의 傳이 있다는 말이 아니다; 『新五代史』 卷45 「朱友謙傳」, 493면, "貞明六年, 友謙遣其子令德襲同州, 逐節度使程全暉, 因求兼鎭."

224) 『舊五代史』 卷10 「末帝紀下」, 144면, "先是, 河中朱友謙襲陷同州, 節度使程全暉單騎奔京師. 案歐陽史本紀 : '河中節度使朱友謙襲同州, 殺其節度程全暉. 據薛史則程全暉奔還京師, 未嘗見殺也. 歐陽史列傳仍同薛史'."

225) 羅紹威(877~910) : 唐 魏州 貴鄕縣(지금의 河北省 大名縣 동북) 사람으로 字는 端己이다. 아버지 羅弘信은 魏博節度使였다. 乾寧 5년(898) 劉仁恭이 魏州를 포위 공격할 때 朱溫이 장수를 보내 구원하자 朱溫에 붙었다. 天祐初 朱溫의 힘을 믿고 魏州 牙兵의 난을 진압하였다. 吏事에 정통하였고, 정치를 위엄 있게 행하였으며, 士人들을 잘 대우하고 學館을 열어 만 권의 책을 두어 鄴都의 문학이 흥성하였다. 후에 魏州에서 죽었다.

226) 『新五代史』 卷39 「羅紹威傳」, 416면, "魏博自田承嗣始有牙軍, 牙軍歲久益驕, 至紹威時已二百年, 父子世相婚姻以自結."

227) **[王注]** 살펴보면 『舊五代史』 卷14 「羅紹威傳」에 "田氏 이후 二百年이 지나면서 長帥의 廢置는 그 손에서 나왔다"라 하였는데, 『新五代史』의 잘못은 실제로 『舊五代史』를 이어서 온 것으로 『新五代史』에 홀로 책임을 지워서는 안 된다. 『舊五代史』 卷14 「羅紹威傳」, 188~189면, "自田氏已後, 垂二百年, (案吳縝歐陽史纂誤云 : 魏博自田承嗣專據, 至羅紹威時, 共一百五十餘年, 歐陽史作二百年, 誤. 蓋歐陽史仍薛史之誤也.(舊五代史考異)), 主帥廢置, 出於其手, 如史憲誠、何全皥、韓君雄、樂彦貞, 皆爲其所立."

천리를 걸어가서 그를 만나 보았다고 했다.[228] 생각건대 (이)진은 (후)량에서 벼슬을 하여 추밀사(樞密使)가 되었고 아울러 멀리 유배당한 일이 전혀 없으며, (후)당(後唐)이 (후)량을 멸망시키게 되자 (이)진은 바로 주살되었으니 또한 폄직되어 귀양을 가지 않았던 것이다. 그런데 「(정)오전」에서는 어찌 그렇게 말한 것인가?

(후)당 장종(莊宗)이 피살된 뒤 그 동생 (이)존패(李存霸)가 태원(太原)으로 도망을 갔는데, 「부언초전(符彦超傳)」에서는 (부)언초가 그를 머물게 하려고 했으나 군사들이 크게 떠들썩하자 결국 그를 죽였다고 썼다. 「장헌전(張憲傳)」에서는 또한 (장)헌이 그를 받아들이고자 했으나 (부)언초가 따르지 않아 (이)존패가 결국 살해당했다고 기록했으니,[229] 또한 한결같지가 않다.

게다가 『신오대사』의 체례에서는 여러 왕조에서 두루 벼슬을 한 사람은 「잡전(雜傳)」에 넣고 오로지 한 왕조에서만 벼슬을 한 사람은 그 어떤 왕조의 열전에 넣었다. 씨숙종(氏叔琮), 이언위, 이진, 위진(韋震) 등[230]은 모두 (후)량 한 왕조에서만 벼슬을 했건만 어째서 (후)량의 열전에 넣지 않고 「잡전」에 넣었는가? 원행흠(元行欽)[231]은 앞서 유수광(劉守光)[232]을

228) 『新五代史』 卷34 「鄭遨傳」, 370면, "遨與李振故善, 振後事梁貴顯, 欲以祿遨, 遨不顧, 後振得罪南竄, 遨徒步千里往省之, 由是聞者益高其行."

229) [王注] 살펴보면 "張憲이 그를 받아들이고자 했으나 (부)언초가 따르지 않아 (이)존패가 결국 살해당했다"는 것은 卷25 「符彦超傳」의 기재이다. "(부)언초의 휘하 군사들이 크게 떠들썩하자 마침내 (이)존패를 죽였다"고 한 것은 卷28 「장헌전」에 보이니 본문에 열거한 두 열전의 기사는 정반대이다. 『新五代史』 卷25 「唐臣傳」 「符彦超傳」, 265면, "彦超爲汾州刺史. 郭從謙弑莊宗, 明宗入洛陽, 是時, 彦超爲北京巡檢, 永王存霸奔于太原, 彦超見留守張憲謀之. 憲, 儒者, 事莊宗最久, 不忍背恩, 欲納之, 彦超不從, 存霸遂見殺"; 『新五代史』 卷28 「唐臣傳」 「張憲傳」, 313면, "莊宗遇弑, 明宗入京師, 太原猶未知, 而永王存霸奔于太原. 左右告憲曰 : '今魏兵南嚮, 主上存亡未可知, 存霸之來無詔書, 而所乘馬斷其鞦, 豈非戰敗者乎! 宜拘之以俟命.' 憲曰 : '吾本書生, 無尺寸之功, 而人主遇我甚厚, 豈有懷二心以幸變, 第可與之俱死爾!' 憲從事張昭遠爲憲奉表明宗以勸進, 憲涕泣拒之. 已而存霸削髮, 見北京巡檢符彦超, 願爲僧以求生, 彦超麾下兵大譟, 殺存霸. 憲出奔沂州, 亦見殺."

230) 이들에 대한 열전은 모두 『新五代史』 卷43 「雜傳」에 수록되었다.

섬기다 이어서 (후)당에 투항했는데, 어째서 도리어 잡전에 넣지 않고 「당신전(唐臣傳)」에 두었는가? 이는 스스로 그 체례를 어지럽힌 것임을 면하지 못한다.

송(宋) 태조는 공적을 떨친 자취가 모두 (후)주(後周) 때에 있으니, 전공을 세워 공훈과 명망이 그로 말미암아 크게 드러났던 것이다. 『구오대사』에서는 「주기(周紀)」에서 하나하나 그것을 서술했는데, 예컨대 고평(高平) 전투에 대해서는 '금상(今上)께서 먼저 그 예봉을 짓밟았다'고 썼고,[233] 청류관(淸流關) 전투에 대해서는 '금상께서 회적(淮賊) 만 오천 명을 격파하고 황보휘(皇甫暉), 요봉(姚鳳)을 사로잡았다' 고 적었고,[234] 육합(六合) 전투에 대해서는 '금상께서 강남군(江南軍)을 육합에서 크게 격파하였다' 고 기록했고,[235] 초주(楚州) 싸움에 대해서는 '금상께서 성 북쪽에 있다가 몸소 활과 돌을 무릅쓰고 성에 올라 함락시켰다' 고 썼으며,[236] 영란강(迎鑾江) 어귀의 승전에 대해서는 '금상께서 전선을 이끌고 직접 남쪽 물가에 맞닥뜨려 목책을 불사르고 돌아왔다'고 적었다.[237] 이는 모두 송 태조가 두루 등용된 자취인데, 『신오대사』에서는 하나같이 다 쓰지 않고 다만

231) 그의 열전은 『新五代史』 卷25 「唐臣傳」, 270~273면에 수록되었다.

232) 劉守光(?~914) : 唐末五代 深州 樂壽縣(지금의 河北省 獻縣) 사람이며, 劉仁恭의 아들이다. 後梁 開平 元年(907) 아버지를 가두고 자립하여 幽州節度使가 되었다. 교만하고 음탕하고 살인을 마음대로 하였다. 開平 5년(911) 大燕皇帝를 자칭하고 應天으로 改元하였다. 乾化 2년(912) 晉軍이 幽州를 공격하고 다음 해 성이 함락되자 아버지와 함께 포로가 되어 晉陽에서 피살되었다.

233) 『舊五代史』 卷114 「世宗紀」, 1513면, "今上馳騎於陣前, 先犯其鋒, 戰士皆奮命爭先, 賊軍大敗."

234) 『舊五代史』 卷116 「世宗紀」, 1541면, "今上奏, 破淮賊萬五千人於淸流山, 乘勝攻下滁州, 擒僞命江州節度使・充行營應援使皇甫暉, 常州團練使・充應援都監姚鳳以獻."

235) 『舊五代史』 卷116 「世宗紀」, 1546~1547면, "距六合一舍而設柵. 居數日, 乃棄柵來迫官軍, 今上麾兵以擊之, 賊軍大敗."

236) 『舊五代史』 卷118 「世宗紀」, 1567면, "時今上在楚州城北, 晝夜不解甲冑, 親冒矢石, 麾兵以登城. 丙午, 拔之."

237) 『舊五代史』 卷118 「世宗本」, 1569면, "命今上帥戰棹以追之, 賊軍退去, 今上直抵南岸, 焚其營柵而迴."

(후)주의 군사가 그들을 격파했다고만 언급할 뿐이니, 어쩌면 송 태조가 (후)주에서 벼슬한 것을 말하기 꺼린단 말인가? 그러나 송 태조는 (후)주의 신하로서 군사들에 의해 옹립되었으니, 본래 언급을 피할 수도 없고 또한 피할 필요도 없는 것이다. (설)거정은 태조 때에 사서(『구오대사』)를 편찬했으니 반드시 황제가 보도록 바쳐야 했지만 전혀 숨기거나 피하지 않았는데, 구양수의 『신오대사』는 인종(仁宗) 때 편찬되었으면서도 도리어 그것을 피했겠는가, 아마도 단지 그 문장을 쓰는 데에 있어 깔끔함을 취하고자 했을 따름일 것이다.

293. 한번에 아들 셋을 낳아 사서에 기록된 경우一産三男入史

한번에 아들 셋, 넷을 나아 사서에 기록된 것은 『구당서(舊唐書)』에서 시작되었다. 「고종기(高宗紀)」를 보면, 가주(嘉州) 신도양(辛道讓)의 아내가 한번에 아들 넷을 낳았고,[238] 고원현(高苑縣) 오문위(吳文威)의 아내 위(魏)씨가 한번에 아들 넷을 낳았다.[239] 「애제기(哀帝紀)」를 보면, 영주(潁州) 여음현(汝陰縣) 팽문(彭文)의 아내가 한번에 아들 셋을 낳았다.[240] 구양(수)(歐陽修)의 『(신)오대사(新五代史)』에서도 그것을 모방하여 또한 본기에 기록을 했으니, 예컨대 동광(同光) 2년(924)에 군장(軍將) 조휘(趙暉)의 아내가 한번에 아들 셋을 낳았다고 한 것[241]이 그것이다. 어떤 이는 상서로운 일이라 기

---

238) 『舊唐書』 卷4 「高宗紀」, 74면, "嘉州辛道讓妻一産四男."

239) 『舊唐書』 卷4 「高宗紀」, 75면, "丙子, 淄州高苑縣吳文威妻魏氏一産四男, 三見育."

240) 『舊唐書』 卷20下 「哀帝紀」, 796면, "丙戌, 潁州汝陰縣人彭文妻産三男."

241) 『新五代史』 卷5 「莊宗紀下」, 48면, "冬十月癸未, 左熊威軍將趙暉妻一産三男子." 이외에 『新五代史』에 이와 유사한 기록으로 2건을 더 찾을 수 있다. 『新五代史』 卷6 「明宗紀」, 57면, "八月乙酉朔, 陝州硤石縣民高存妻一産三男子"; 『新五代史』 卷10 「隱帝紀」, 104면, "乙亥, 魏州內黃民武進妻一産三男子."

록한 것이라고 여기지만, 그것은 곧 괴이함을 기록한 것이었음을 알지 못한 것이다. 서무당(徐無黨)은 주석에서 이르길, "이것이 괴이한 변고인데도 쓴 것은 사람의 일을 중요하게 여겨 그것을 조심하게 한 것이다. 후세에 이러한 일을 좋은 길조로 여기곤 하므로 난세에다 그런 내용을 써서 그것이 그런 것이 아니라는 것을 보인 것이다"라고 했다.[242] 지금 살펴보면, 당(唐)나라 고종(高宗) 이후에는 바로 무(武)씨의 화가 있었고 애제(哀帝)의 경우는 바로 나라를 잃을 때에 오히려 이러한 일이 있었다. 또 『송사(宋史)』 철종(哲宗) 소성(紹聖) 4년(1097)에 선주(宣州) 백성의 아내가 한번에 아들 넷을 낳았고,[243] 원부(元符) 2년(1099)에 하중(河中) 의씨현(猗氏縣) 백성의 아내가 한번에 아들 넷을 낳았다.[244] 휘종(徽宗) 중화(重和) 원년(1118)에는 황암(黃巖) 백성의 아내가 한번에 아들 넷을 낳았는데,[245] 얼마 되지 않아 곧 금(金)나라 사람들이 (쳐들어오는) 화가 있었다. 한번에 아들 셋, 아들 넷을 낳는 것은 모두 괴이한 변고이며 길조가 아님을 알 수 있다.

294. 오대의 여러 황제들은 군사들에 의해 옹립된 경우가 많았다 五代諸帝多由軍士擁立

송(宋) 태조(太祖)는 진교(역)(陳橋驛)[246]의 군사반란으로 인해 결국 제위에 오르게 되었다.[247] 사초백(查初白)[248]은 시에서 "천추에 궁금한 바

242) 『新五代史』 卷5 「唐本紀」 「莊宗下」, 48면, "(同光 2年)此亦變異, 而書者, 重人事, 故謹之. 後世以此爲善祥, 故於亂世書, 以見不然."

243) 『宋史』 卷18 「哲宗紀」, 349면, "宣城民妻一產四男子."

244) 『宋史』 卷18 「哲宗紀」, 354면, "是月, 河中猗氏縣民妻一產四男子."

245) 『宋史』 卷21 「徽宗紀」, 401면, "黃巖民妻一產四男子."

246) 陳橋驛 : 지금의 河南省 封丘縣 동남 陳橋鎭에 있다. 驛 북쪽에 陳橋가 있어 붙여진 이름이다. 五代·北宋시대 邊境에서 河北의 大名에 이르는 첫 번째 驛이다. 後周 顯德 7년(960) 趙匡胤이 이곳에서 병사들의 추대를 받아 兵亂을 일으켜 宋을 세웠다. 후에 班荊館으로 改名하여 遼使를 접대하였다.

진교역 사건이라, 일단 누런 도포를 입으니 군사들이 소란을 그쳤네"라고 했으니,[249] (사초백이 이를) 아마도 세상에 드물게 나타나는 기이한 사건이라 여겼던 것이다. (그렇지만) 오대(五代)의 여러 황제들은 군사들에 의해 옹립된 경우가 많았고 그런 예가 이어져 고사가 되어, 송 태조의 경우 이미 그렇게 옹립된 네 번째 황제라는 것은 몰랐던 것이다. 송 태조 앞에는 (후)주(後周) 태조(太祖) 곽위(郭威)가 있었고, 곽위 앞에는 (후)당(後唐) 폐제(廢帝) (노)왕(潞王) (이)종가(李從珂)가 있었으며, (이)종가 앞에는 (후)당 명종(明宗) 이사원(李嗣源)이 있어, 그 행적이 하나의 바퀴자국과 같이 비슷했다.

조재례(趙在禮)가 군사 황보휘(皇甫暉) 등에게 압력을 받아 업성(鄴城)을 근거지로 하여 반란을 일으키자,[250] (후당) 장종(莊宗)은 (이)사원을 보내 그(조재례)를 토벌하도록 했다. (이사원이) 막 명령을 내려 업성을 공격하

---

247)『舊五代史』「周書」卷120「恭帝紀」, 1596~1597면, "顯德七年春正月辛丑朔, 文武百僚進名奉賀, 鎭・定二州馳奏, 契丹入寇, 河東賊軍自土門東下, 與蕃寇合勢, 詔今上率兵北征. 癸卯, 發京師, 是夕宿於陳橋驛未曙, 軍變, 將士大譟呼萬歲, 擐甲將刃, 推戴今上升大位, 扶策升馬, 擁迫南行. 是日, 詔曰 : '天生蒸民, 樹之司牧, 二帝推公而禪位, 三王乘時以革命, 其極一也. 予末小子, 遭家不造, 人心已去, 國命有歸. 咨爾歸德軍節度使・殿前都點檢趙(案 : 原空二字), 稟上聖之姿, 有神武之略, 佐我高祖, 格于皇天, 逮事世宗, 功存納麓, 東征西怨, 厥績懋焉. 天地鬼神, 享於有德, 謳謠獄訟, 附于至仁, 應天順民, 法堯禪舜, 如釋重負, 予其作賓, 嗚呼欽哉, 祗畏天命.' 今上於是詣崇元殿受命, 百官朝賀而退. 制封周帝爲鄭王,(案續通鑑長編云 : 建隆三年, 周鄭王出居房州.『舊五代史考異』新舊錄並稱鄭王以建隆三年出居房州. 王唐餘錄乃云, 鄭王以開寶三年自西宮出居房州, 恐誤. 孔本) 以奉周祀, 正朔服色一如舊制, 奉皇太后爲周太后."

248) 査初白(1650~1727) : 査愼行을 가리킨다. 字는 悔餘이고, 海寧人이다. 初白은 그의 호이다. 어려서 黃宗羲에게서 배웠으며, 시짓기를 좋아하였다. 康熙 32년(1693) 鄕試에 붙었으며, 그 후 康熙帝의 순행을 따라 다니며 시를 지었다. 進士가 되고 庶吉士에 선발되었으며, 武英殿書局校勘을 맡았으나, 병으로 사직하고 고향으로 돌아갔다.

249) **[王注]** 살펴보면 査初白은 곧 査愼行으로 淸初의 著名한 詩人이다. 인용한 시구는『敬業堂詩集』卷20「汴梁雜詩」8수 중 제4수이며, 전체의 시는 "梁宋遺墟指汴京, 紛紛代禪事何輕. 也知光義難爲弟, 不及朱三尙有兄. 將帥權傾皆易姓, 英雄時至適成名. 千秋疑案陳橋驛, 一著黃袍便罷兵."이다.

250)『舊五代史』「晉書」卷90「趙在禮傳」, 1177면, "同光末, 爲效節指揮使, 屯於貝州. 會軍士皇甫暉等作亂, 推指揮使楊叐爲帥(按 : 歐陽史作楊仁晸), 叐不從, 爲暉所害, 携叐首以脅在禮. 在禮知其不可拒, 遂從之, 以四年二月六日引衆入鄴, 在禮自稱留後."

려는데 군리 장파패(張破敗)가 갑자기 불을 지르고 떠들썩하게 소리치니 (이)사원이 장파패를 꾸짖었는데, (장사패는) "성 안에 있는 사람들이 무슨 죄가 있습니까. 다만 귀순하고자 해도 할 수 없을 뿐입니다. 이제 성 안에 있는 군사들과 합세해야 마땅하오니, 천자께서는 하남(河南)에서 황제를 하고, 나리께서 하북(河北)에서 황제를 했으면 합니다"라고 대답했다. (이)사원은 눈물을 흘리고 울면서 그를 타일렀으나, 반란을 일으킨 병사들은 고함을 지르며 "나리께서 하고자 하지 않으면 다른 사람이 하게 될 것입니다. 저희들은 이리나 호랑이 같은 놈들이니 어찌 신분이 높고 낮은 것을 알겠습니까!"라고 말했다. 안중회(安重誨), 곽언위(霍彦威) 등이 (이)사원에게 허락할 것을 권했고, 결국 (이)사원을 옹립하여 (업)성으로 들어가 (조)재례와 합세했다. 군사를 이끌고 남쪽으로 진격하여 마침내 제위에 오를 수 있었다[趙注 : 「곽언위전」 등 열전에 보인다].251) 이는 (후)당 명종이 군사들에 의해 옹립되었다는 것이다.

(후당) 노왕(潞王) 이종가는 봉상절도사(鳳翔節度使)로 있다가 조정의 명령에 따라 주둔지를 옮기게 되자 마음으로 의심과 두려움을 품고 결국 성을 근거지로 하여 조정의 명령을 거부하였다. 민제(愍帝)는 왕사동(王思同) 등에게 명하여 그(이종가)를 토벌하도록 했는데,252) 장건쇠(張虔釗)는 여

251) 『舊五代史』「唐書」卷35「明宗紀」, 488~489면, "(天成年前)三月六日, 帝至鄴都, 趙在禮等登城謝罪, 出牲饟以勞師, 帝亦慰納之, 營於鄴城之西南, 下令以九日攻城. 八日夜, 軍亂. 從馬直軍士有張破敗者, 號令諸軍, 各殺都將, 縱火焚營, 讙譟雷動. 至五鼓, 亂兵逼帝營, 親軍搏戰, 傷痍者殆半, 亂兵益盛. 帝叱之, 責其狂逆之狀, 亂兵對曰 : '昨貝州戍兵, 主上不垂厚宥; 又聞鄴城平定之後, 欲盡坑全軍. 某等初無叛志, 直畏死耳. 已共諸軍商量, 與城中合勢, 擊退諸道之師, 欲主上帝河南, 請令公帝河北.' 帝泣而拒之, 亂兵呼曰 : '令公欲何之? 不帝河北, 則爲他人所有. 苟不見幾, 事當不測!' 抽戈露刃, 環帝左右. 安重誨·霍彦威躡帝足, 請詭隨之, 因爲亂兵迫入鄴城. 懸橋已發, 共扶帝越濠而入, 趙在禮等歡泣奉迎. ……安重誨·霍彦威等曰 : '……元行欽狂妄小人, 彼在城南, 未聞戰聲, 無故棄甲; 如朝天之日, 信其奏陳, 何所不至. 若歸藩聽命, 便是强據要君, 正墮讒慝之口也. 正當星行歸闕, 面叩玉階, 讒間沮謀, 庶全功業, 無便於此者也.' 帝從之. 十一日, 發魏縣, 至相州, 獲官馬二千匹, 始得成軍."

252) 『舊五代史』「唐書」卷46「末帝紀上」, 628면, "閔帝卽位, 加兼侍中. 旣而帝子重吉出刺亳州, 女尼入宮, 帝方憂不測. 應順元年二月, 移帝鎭太原, 是時不降制書, 唯以

러 번진의 병력이 모두 모이도록 하자, 양사권(楊思權)이 성 서쪽을 공격하고 윤휘(尹暉)가 성 동쪽을 공격했다. (이)종가는 성 위에 올라 바깥 병사들을 향해 “나는 20년 동안 선제(先帝 : 명종 이사원)를 따라 크고 작은 수백 번의 전투를 치렀으니, 너희 사졸들도 본디 일찍이 나를 따랐다. 지금 선제께서 이제 막 세상을 버리셨는데, 내 실로 무슨 죄가 있다고 토벌을 당해야 하는가!”라고 외치며, 이어 크게 통곡하니,[253] 바깥 병사들 가운데 이 말을 들은 자들이 모두 슬퍼했다. (양)사권은 군사들에게 “노왕이 진정한 우리의 주군이다”라 호령하여 말하고 바로 군사를 거느리고 성으로 들어갔다. (윤)휘가 이 소식을 듣고 역시 무장을 해제하고 항복했다. (이)종가는 이로 말미암아 무리를 이끌고 동쪽으로 진격하여 마침내 황제가 될 수 있었다[趙注 : 「왕사동전」 「양사권전」 등의 열전에 보인다].[254] 이는 (후당) 폐제가 군

宣授而已. 帝聞之, 召賓佐將吏以謀之, 皆曰 : ‘主上年幼, 未親庶事, 軍國大政悉委朱弘昭等, 王必無保全之理.’ 判官馬裔孫曰 : ‘君命召, 不俟駕行焉. 諸君凶言, 非令圖也.’ 是夜, 帝令李專美草檄求援諸道(李專美, 原本作‘專養’, 今從薛史李專美傳改正. 影庫本粘籤), 欲誅君側之罪. 朝廷命王思同率師來討.”

253) 『舊五代史』 「唐書」 卷45 「閔帝本紀」, 619~620면, “(應順元年)庚申, 西面步軍都監王景從等自軍前至, 奏 : ‘今月十五日, 大軍進攻鳳翔. 十六日, 嚴右廂都指揮使尹暉引軍東面入城, 右羽林都指揮使楊思權引軍西面入城 ……’ 帝聞之, 謂康義誠等曰 : ‘朕幼年嗣位, 委政大臣, 兄弟之間, 必無榛梗. 諸公大計見告, 朕獨難違, 事至於此, 何方轉禍? 朕當與左右自往鳳翔, 迎兄主社稷, 朕自歸藩, 於理爲便.’ 朱弘昭 · 馮贇不對, 義誠曰 : ‘西師驚潰, 蓋由主將失策. 今駕下兵甲尚多, 臣請自往關西, 振其兵威, 扼其衝要.’ 義誠又累奏請行, 帝召侍衛都將以下宣曰 : ‘先皇帝棄萬國, 朕於兄弟之中, 無心爭立, 一旦被召主喪, 便委社稷, 岐陽兄長, 果致猜嫌. 卿等頃從先朝千征萬戰, 今日之事, 寧不痛心! 今據府庫, 悉以頒賜, 卿等勉之.’ 乃出銀絹錢厚賜於諸軍. 是時方事山陵, 復有此賜, 府藏爲之一空, 軍士猶負賞物揚言于路曰 : ‘到鳳翔更請一分.’ 其驕誕無畏如是. 辛酉, 幸左藏庫, 視給將士金帛. 是日, 誅馬軍都指揮使朱洪實, 坐與康義誠忿爭故也.”

254) 『舊五代史』 「唐書」 卷65 「王思同傳」, 869~870면, “三月十四日, 與張虔釗會於岐下, 梯衝大集. 十五日, 進收東西關城, 城中戰備不完, 然死力禦扞, 外兵傷夷者十二三. 十六日, 復進攻其城, 潞王登陴泣諭於外, 聞者悲之. 張虔釗性榧, 詰旦, 西南用軍, 與都監皆血刃以督軍士, 軍士齊詬, 反攻虔釗, 虔釗躍馬避之. 時羽林指揮使楊思權引軍自西門先入, 思同未之知, 猶督士登城. 俄而嚴指揮使尹暉呼曰 : ‘西城軍已入城受賞矣, 軍士可解甲!’ 棄仗之聲, 振動天地. 日午, 亂軍畢集, 涇州張從賓 · 邠州康福 · 河中安彦威皆遁去.”

사들에 의해 옹립되었다는 것이다.

곽위는 (후)한(後漢) 은제(隱帝)가 자기를 죽이려 한다고 하여 결국 군사를 일으켜 궁궐로 쳐들어갔고, 은제가 시해되자 (곽)위는 태후에게 임조(臨朝)할 것을 청하고, 또 상음공(湘陰公)을 맞아 옹립했다. 그때 마침 거란(契丹) 군사가 활주(滑州)로 쳐들어오자[255] (곽)위는 군사를 이끌고 북벌에 나섰는데, 전주(澶州)에 이르러 군교(軍校) 하복진(何福進) 등이 군사들과 함께 크게 함성을 지르며 지붕을 넘어 들어와 (곽)위에게 천자가 될 것을 청했으며, 어떤 이가 누런 깃발을 찢어 그(곽위)의 몸에 걸쳐 주자 만세 소리가 진동을 했으며, (곽)위를 옹립하여 남쪽으로 돌아오게 되니, (곽위가) 결국 황제가 될 수 있었다[趙注 :「(후)한기」「(후)주기」 각 본기에 보인다].[256] 이는 (후)주 태조가 군사들에 의해 옹립되었다는 것이다.

옹립은 했으나 성공하지 못한 경우도 또한 있으니, 석경당(石敬瑭)이 하동절도사(河東節度使)였을 때 사냥에 나선 것을 기회로 군사들 가운데에서 갑자기 그를 옹립하여 만세를 외치는 자가 있었다. (석)경당은 두렵고 당황하며 어찌 할 바를 모르고 있었는데, 단희요(段希堯)가 그에게 혼란을 선동한 이휘(李暉) 등 30여 명을 참수해야 한다고 권하니 이내 진정되었다[趙注 :「단희요전」].[257] (석)경당이 황제가 된 뒤 양광원(楊光遠)에게 범연광(范延

---

255) **[王注]** 살펴보면 『舊五代史』 卷110 「周本紀」에 "鎭·定州에서 契丹이 入寇했다는 상주를 급히 올리고 河北 여러 州에서 급함을 고하니, 太后는 황제에 명하여 北征하도록 하였다. 12월 1일 황제는 京師를 떠났다. 4일 滑州에 도달했다"라 했으니, 滑州는, 郭威가 병사를 이끌고 契丹을 방어하기 위해 이른 곳이지, 契丹兵이 쳐들어온 곳이 아닌 것이다.

256) 『舊五代史』 「周書」 卷110 「太祖本紀」 「序言」, 1455~1456면, "十二月一日, 帝發離京師. 四日, 至滑州, 駐馬數日. 會湘陰公遣使慰勞諸將, 受宣之際, 相顧不拜, 皆竊言曰 : '我輩陷京師, 各各負罪, 若劉氏復立, 則無種矣.' 或有以其言告帝者, 帝愕然, 卽時進途. 十六日, 至澶州. 是日旭旦, 日邊有紫氣來, 當帝之馬首. 十九日, 下令諸軍進發. 二十日, 諸軍將士大譟趨驛, 如牆而進, 帝閉門拒之. 軍士登牆越屋而入, 請帝爲天子. 亂軍山積, 登階卽陛, 扶抱擁迫, 或有裂黃旗以被帝體, 以代赭袍, 山呼震地. 帝在萬之中, 聲氣沮喪, 悶絶數四, 左右親衛, 星散竄匿. 帝卽登城樓, 稍得安息, 諸軍遂擁帝南行."

257) 『舊五代史』 「晉書」 卷75 「高祖紀」, 983면, "(淸泰)二年夏, 帝屯軍於忻州, 朝廷遣

光)을 토벌할 것을 명했는데, 활주에 이르러 군사들이 (양)광원을 군주로 옹립하였으나, (양)광원이 "천자(의 자리)가 어찌 너희들이 사고 팔며 노는 물건이겠느냐"라고 말하자 이내 진정되었다[趙注 : 「양광원전」].[258] 부언요(符彦饒)가 군사를 이끌고 와교관(瓦橋關)을 지키고 있었는데, 비장(裨將) 장간(張諫) 등이 (부)언요를 절도사[帥]로 맞아들였다. (부)언요는 거짓으로 일단 허락하여 다음날 군례를 갖추어 남아(南衙)에서 보자고 약속을 하고는 결국 군사를 숨겨두었다가 소란을 일으킨 자들을 모두 죽였다[趙注 : 「부언요전」].[259] 곽위가 전주에서 서울(곧, 개봉(開封))로 들어왔을 때, 어떤 보군교(步軍校)가 취하여 큰소리치기를 "어제 전주에서 마군(馬軍)이 황제를 떠받들어 세웠다 하니, 오늘은 우리 보군도 역시 떠받들어 황제를 세우고자 한다"라고 했다. (곽)위가 이 말을 듣고는 급히 그 사람을 잡아 참수하고 보군에게 모두 무기를 반납하도록 하니, 비로소 반란으로 이어지지 않았다[趙注 : 「(후)주본기」].[260] 이는 모두 옹립이 성공하지 않았으므로 그 사건이 심각하지 않은 것이나, 또한 당시 군사들이 천자를 책립하는 것이 마침내 익숙해져서 예사가 되었다는 것을 볼 수 있다.

使送夏衣, 傳詔撫諭, 後軍人遽呼萬歲者數四, 帝懼, 斬挾馬將李暉以下三十餘人以徇, 乃止."

258) 『舊五代史』「晉書」卷97「楊光遠傳」, 1291면, "明年, 范延光據鄴城叛, 高祖命光遠率師討之, 將濟河, 會滑州軍亂, 時軍欲推光遠爲主. 光遠曰 : '自古有折臂天子乎? 且天子豈公輩販弄之物? 晉陽之降, 乃勢所窮迫, 今若爲之, 直反賊也.' 由是其下惕然, 無復言者."

259) 『新五代史』卷25「唐臣傳」「符彦饒傳」, 266면, "次子彦饒, 爲汴州馬步軍都指揮使. 天成元年, 發汴兵三千戍瓦橋關, 控鶴指揮使張諫爲亂, 殺權知州高逖, 迫彦饒爲帥. 彦饒陽許之曰 : '欲吾爲帥, 當止焚掠, 明日以軍禮見吾於南衙.' 乃陰與拱衙指揮使龐起伏甲于衙內. 明日, 諫等皆集, 伏兵發, 誅諫等, 殺四百餘人, 卽日牒州事與推官韋儼. 明宗下詔褒其忠略."

260) 『舊五代史』「周書」卷110「太祖本紀」「序言」, 1457면, "三十日夜, 御營西北隅步軍將校因醉揚言 : '昨澶州馬軍扶策, 步軍今欲扶策.'('馬軍扶策'二句, 疑有脫字. 『通鑑』: 壬戌夜, 監國營有步兵將校醉, 揚言嚮者澶州騎兵扶立, 今步兵亦欲扶立, 監國斬之. 較薛史爲明晳, 今附識于此 『影庫本粘籤』), 尋令虞候詰其姓名, 昧旦擒而斬之. 其一軍仍納甲仗, 遣中使監送就糧所."

그 시초를 따져 보면, 아마도 당(唐) 중엽 이후 하삭(河朔)의 여러 번진들이 각자 지역을 나누어 할거할 때, 절도사(節度使) 한 명이 죽을 때마다 조정에서 반드시 환관을 파견하여 가서 군사들의 동정을 살피게 하고, 그들이 옹립하고자 하는 이에게 바로 지휘봉과 부절[旄節]을 주었기 때문일 것이다[趙注 : 『신당서(新唐書)』『구당서(舊唐書)』「번진전(藩鎭傳)」에 보인다].[261] 오대(五代)에 이르러서는 그 풍조가 더욱 심해져서 이로 말미암아 군사들이 폐립의 권한을 멋대로 휘둘렀으니, 왕왕 한 절도사를 해치고 한 절도사를 옹립하는 것이 아이들 장난과도 같았다. 이제 당 말기와 오대에서 그러한 경우를 헤아려 본다.

황소(黃巢)의 반란이 있어났을 때 무녕절도사(武寧節度使) 지상(支詳)은 시부(時溥)를 보내어 군사를 이끌고 전세가 어려운 곳으로 가도록 했는데, 군사들이 크게 고함을 지르며 반기를 들어 오히려 지상을 축출하고, (시)부를 추대하여 유후(留後)로 삼았다[趙注 : 「시부전(時溥傳)」].[262] 청주(평로절도사)(靑州平盧節度使) 왕경무(王敬武)가 죽자 삼군이 그 아들 (왕)사범(王師範)을 추대하여 유후로 삼았다[趙注 : 「왕사범전」].[263] 의무(군절도사)(義武軍節度使) 왕처

---

261) 이와 관련된 기사로는 다음과 같은 것들이 있다. 『舊唐書』 卷142 「李惟岳傳」, 3868면, "寶臣卒時, 惟岳爲行軍司馬, 三軍推爲留後, 仍遣使上表求襲父任, 朝旨不允. 魏博節度使田悅上章保薦, 請賜旄節, 不許"; 『新唐書』 卷212 「藩鎭盧龍傳」 「劉仁恭」, 5986면, "旣與克用絶, 則益募兵. 光化初, 使其子守文襲滄州, 節度使盧彦威棄城走, 遂有滄、景、德三州地, 用守文爲節度留後, 請命於朝. 昭宗怒, 不與. 會中人至, 仁恭嫚謂曰 : '旄節吾自可爲, 要假長安本色耳, 何見拒邪?' 由是兵益張, 顯圖河北. 悉幽、滄步騎十萬, 聲言三十萬, 南徇魏、鎭. 次貝州, 屠之, 淸水爲不流."

262) 『舊唐書』 卷182 「時溥傳」, 4716면, "時溥, 彭城人, 徐之牙將. 黃巢據長安, 詔徵天下兵進討. 中和二年, 武寧軍節度使支詳遣溥與副將陳? 率師五千赴難. 行至河陰, 軍亂, 剽河陰縣迴. 溥招合撫諭, 其衆復集, 懼罪, 屯于境上. 詳遣人迎犒, 悉恕之, 溥乃移軍向徐州. 旣入, 軍人大呼, 推溥爲留後, 送詳於大彭館. 溥大出資裝, 遣陳璠援詳歸京. 詳宿七里亭, 其夜爲璠所殺, 擧家屠害. 溥以璠爲宿州刺史, 竟以違命殺詳, 溥誅璠, 又令別將帥軍三千赴難京師. 天子還宮, 授之節鉞."

263) 『舊唐書』 卷20上 「昭宗紀」, 738면, "(龍紀 元年)十月己未朔, 靑州節度使王敬武卒. 制以特進·太子少師·博陵郡開國侯·食邑一千戶崔安潛檢校太傅·兼侍中·靑州刺史·平盧軍節度觀察·押新羅渤海兩蕃等使. 靑州三軍以敬武子師範權知兵馬事"; 『新唐書』 卷10 「昭宗紀」, 284면, "(龍紀 元年)十月, 平盧軍節度使王敬武卒, 其子師範自稱留後, 陷棣州, 刺史張蟾死之."

존(王處存)이 죽자 군사들이 그 아들 (왕)고(王郜)를 추대하여 유후로 삼았다.[264] 이극용(李克用)이 일어나게 된 것은 강군립(康君立) 등이 그를 추대하여 대동군방어사(大同軍防禦使)로 삼았기 때문이다.[265] 주선(朱瑄)은 본래 운주지휘사(鄆州指揮使)였는데, 군사들이 추대하여 해당 주의 유후가 된 것이었다.[266] 천웅군(天雄軍)이 반란을 일으켜 그 절도사 악언정(樂彦禎)을 가두고 아울러 그 아들 (악)종훈(樂從訓)을 죽였는데, 이때 군사들이 모여 "누가 절도사가 되기를 원하는 자인가?"라고 큰소리로 외치자 나홍신(羅弘信)이 나서 그에 응하였고, 아군(牙軍)이 결국 그를 추대하여 유후로 삼았다[趙注 : 「나홍신전」].[267] 하주(夏州)의 이사간(李思諫)이 죽자 군중에서 그 아들 (이)

---

264) 『新唐書』 卷186 「王處存傳」, 5419면, "(處存)卒, 年六十五, 贈太子太師, 謚曰忠肅. 三軍迹河朔舊事, 推子郜由副使爲留後, 昭宗從之."

265) 『新唐書』 卷218 「沙陀傳」, 6156~6157면, "乾符三年, 段文楚爲代北水陸發運、雲州防禦使. 是時無年, 文楚朘損用度, 下皆怨, 邊校程懷信、王行審、蓋寓、李存璋、薛鐵山、康君立等曹議曰 : '世多難, 丈夫當投鋍立功. 段公乃儒者, 難共計. 沙陀雄勁, 李振武父子勇冠軍, 我若推之, 無不應, 則代北唾手可定, 拾取富貴若何?' 咸曰 : '善!' 乃夜謁國昌子雲中守捉使克用曰 : '歲艱稟食削, 吾等不忍餓死, 公家威德著聞, 請誅虐帥, 安部內.' 克用許之, 募得士萬人, 趨雲州, 次鬪鷄臺, 城中執文楚至, 殺之, 據州以聞, 共丐克用爲大同防禦留後"; 『舊唐書』 卷19上 「懿宗紀」, 681면, "(咸通 13年)十二月, 以振武節度李國昌爲檢校右僕射、雲州刺史、大同軍防禦等使. 國昌恃功頗橫, 專殺長吏, 朝廷不能平, 乃移鎭雲中, 國昌稱病辭軍務, 乃以太僕卿盧簡方檢校刑部尙書、雲州刺史, 充大同軍防禦等使. …… 是月, 李國昌小男克用殺雲中防禦使段文楚, 據雲州, 自稱防禦留後."

266) 『舊唐書』 卷182 「朱瑄傳」, 4717~4718면, "敬武遣牙將曹全晸率兵三千赴難關西, 以瑄爲軍候. 會青州警急, 敬武召全晸還, 路由鄆州. 時鄆帥薛崇爲草賊王仙芝所殺, 鄆將崔君裕權知州事. 全晸知其兵寡, 襲殺君裕, 據有鄆州, 自稱留後. 以瑄有功, 署爲濮州刺史, 留將牙軍. 光啓初, 魏博韓簡欲兼幷曹鄆, 以兵濟河收鄆. 全晸出兵逆戰, 爲魏軍所敗, 全晸死之. 瑄收合殘卒, 保州城. 韓簡攻圍半年, 不能拔. 會魏軍亂退去, 朝廷嘉之, 授以節鉞." 즉, 본래 曹全晸이 崔君裕를 죽이고 스스로 留後를 칭했으며, 이때 朱瑄은 濮州刺史, 留將牙軍가 되었다. 이후 曹全晸이 죽자, 朱瑄이 그의 뒤를 이어 鄆州를 차지하게 된 것이다.

267) 『舊唐書』 卷181 「羅弘信傳」, 4690~4691면, "弘信少從戎役, 歷事節度使韓簡・樂彦禎. 光啓末, 彦禎子從訓忌牙軍, 出居於外, 軍衆廢彦禎, 推趙文權主軍州事. 復以爲不便, 因推弘信爲帥. …… 軍人聚呼曰 : '孰願節度使者?' 弘信卽應之曰 : '白鬚翁早以命我.' 衆乃環而視之, 曰 : '可也.' 由是立之. 僖宗聞之, 文德元年四月, 詔加工部尙書, 權知節度留後."

이창(李彝昌)을 세워 유후로 삼았다.[268] 조재례는 압력을 받아 반란을 일으켰다. 군사 황보휘가 수비병들이 돌아가고 싶은 생각을 한다 하여 군장(軍將) 양인정(楊仁晸)을 위협해 장수로 삼으려고 했으나 (양)인정이 따르지 않자 (황보)휘는 그를 죽였다. 다시 소교(小校) 한 명을 추대했으나 소교도 따르지 않자 역시 그를 죽였다. 마침내 두 사람의 머리를 들고는 (조)재례를 찾아가 "따르지 않는 자는 이것을 보라!"라고 협박하자, (조)재례는 어쩔 수 없이 그 말을 따라 결국 그 우두머리가 되었다.[269] 이와 같은 경우가 하나로 충분치 않았다. 세어보면 여러 번진 가운데 조정의 명령으로 임명된 사람이 열에 대여섯이고, 군중에서 옹립된 사람이 열에 서넛이었다. 번진이 이미 병사들에 의해 옹립되었으니, 그 형세가 결국 제왕에게까지 미친 것은 역시 풍조가 반드시 거기에 이르게 되는 바였다.

그런데 그들이 옹립하기를 좋아하게 된 데에는 역시 본래 까닭이 있었다. 번진을 옹립하면 절도사는 군사들에게 고마움과 두려움을 느껴, 열흘이며 한 달마다 잔치를 베푸는 것이 교만한 자식을 떠받드는 것과 같았고, 비록 법을 어기는 것이 있어도 또한 감히 따져 물을 수가 없었으니, 예컨대 위박(魏博)의 아병(牙兵)이 그러한 경우였다[趙注 : 뒤에 내용이 보인다].[270] 천자를 옹립하면 장교들은 모두 관직이 뛰어오르게 되고, 군사들

---

268) 『新五代史』 卷40 「李仁福傳」, 437면, "梁開平二年, 思諫卒, 軍中立其子彝昌爲留後, 卽拜彝昌節度使."

269) 『舊五代史』 「唐書」 卷34 「莊宗紀」, 470면, "(同光 4年)軍士皇甫暉等因夜聚蒱博不勝, 遂作亂, 劫都將楊仁晸曰 : '我輩十有餘年爲國家循命, 甲不離體, 已至呑倂天下, 主上未垂恩澤, 翻有猜嫌. 防戍邊遠, 經年離阻鄕國, 及得代歸, 去家咫尺, 不令與家屬相見. 今聞皇后弑逆, 京邑已亂, 將士各欲歸府寧親, 請公同行.' 仁晸曰 : '汝等何謀之過耶! 今英主在上, 天下一家, 從駕精兵不下百萬, 西平巴·蜀, 威振華夷, 公等各有家族, 何事如此!' 軍人乃抽戈露刃環仁晸曰 : '三軍怨怒, 咸欲謀反, 苟不聽從, 須至無禮.' 仁晸曰 : '吾非不知此, 但丈夫擧事, 須計萬全.' 軍人卽斬仁晸. 裨將趙在禮聞軍亂, 衣不及帶, 將踰垣而遁, 亂兵追及, 白刃環之曰; '公能爲帥否? 否則頭隨刃落!' 在禮懼, 卽曰 : '吾能爲之.' 衆遂呼譟, 中夜燔劫貝郡."

270) 이에 관해서는 이 책의 卷22 「303. 위박의 아병은 모두 두 차례 주살되었다[魏博牙兵凡兩次誅戮]」를 참고하라.

역시 상을 받고 약탈을 할 수 있었다. 예컨대 명종이 즉위했을 때 조재례는 곧 창주절도사(滄州節度使)에 제수되었고,[271] 황보휘 역시 진주자사(陳州刺史)로 발탁되었다.[272] 양사권(楊思權)이 반란을 일으켜 봉상(鳳翔)[273]에서 폐제에게 투항했을 때 먼저 폐제에게 "바라건대 전하께서 서울을 평정한 뒤에 신에게 하나의 번진을 주시고, 방어사(防禦使)[274]나 단련사(團練使)[275]의 반열에는 두지 마십시오"라고 말하며 곧 품속에서 종이 한 장을 꺼내자, 폐제는 곧 빈녕절도사(邠寧節度使)를 허락한다고 써 주었고, 나중에 과연 윤휘 등과 함께 모두 절도사의 번진을 받았다.[276] 동시에 공을 세운 상리금(相里金), 왕건립(王建立) 역시 절도사로 발탁되었다.[277]

---

271)『舊五代史』「晉書」卷90「曹在禮傳」, 1178면, "天成元年五月, 授滑州節度使・檢校太保. 制下, 在禮密奏軍情, 未欲除移, 且乞更伺少頃, 尋就改天雄軍兵馬留後・鄴都留守・興唐尹. 旣而在禮將皇甫暉, 趙進等相次除郡赴任(案歐陽史皇甫暉傳 : 明宗卽位, 暉自軍卒擢拜陳州刺史. 九國志趙進傳 : 天成初, 除貝州刺史・鄴都衙內指揮使.『舊五代史考異』)在禮乃上表乞移旌節. 十二月, 授滄州節度使."

272)『新五代史』卷49「雜傳」「皇甫暉傳」, 556면, "明宗卽位, 暉自軍卒擢拜陳州刺史, 終唐世常爲刺史."

273) 鳳翔 : 唐代 및 金代의 府. 지금의 섬서성 서남쪽.

274) 防禦使 : 使職名으로 일명 防禦守捉使라고도 한다. 周 武則天 聖曆 元年(698) 처음으로 夏州에 防禦使를 두었다. 安史의 난 때 大郡, 혹은 要害之地에 설치하였다. 해당 구역의 군사 방위를 담당하였으며, 지위는 團練使의 아래였다. 大曆 연간 諸州防禦使를 폐위하는 조서가 내려졌으나 실제로 없어지지 않았다. 唐後期 團練使를 겸하지 않은 刺史들이 防禦使를 겸했으며, 혹은 團練使와 서로 겸하였다. 節度使가 설치되지 않은 道에는 都團練使가 軍事를 거느렸다.

275) 團練使 : 使職名으로 團練守捉使라고도 한다. 唐 乾元 연간 처음 설치되어 해당 지구의 방어를 맡았다. 代宗 때 元載가 諸州의 刺史가 모두 本州團練使를 겸하도록 상주하였으나 곧 폐지되었다. 唐後期 諸州刺史 가운데 防禦使를 겸하지 않으면 團練使를 겸하였고, 節度使를 설치하지 않은 道에서는 都團練使, 혹은 都防御使를 두어 軍務를 총괄케 하였다. 관할부대는 團練兵 이외에 官健이 있었다. 매년 8월 치적을 조사하였다.

276)『舊五代史』「晉書」卷88「楊思權傳」, 1153면, "閔帝嗣位, 奉詔從張虔釗討鳳翔, 洎至岐下, 思權首倡倒戈以攻虔釗. 尋領部下軍率先入城, 謂唐末帝曰 : '臣旣赤心奉殿下, 俟京城平定, 與臣一鎭, 勿置在防禦團練使內.' 乃懷中出紙一幅, 謂末帝曰 : '願殿下親書臣姓名以志之.' 末帝命筆, 書 '可邠寧節度使' 及卽位, 授推誠奉國保乂功臣・靜難軍節度・邠寧慶衍等州觀察處置等使・檢校太保."

277)『舊五代史』「唐書」卷46「末帝紀上」, 636면, "自是, 諸道節度使・刺史・文武臣

(후)주 (태)조가 즉위하자 또한 좌명의 공이 있는 왕준(王峻)을 추밀사(樞密使)로 삼고[278] 곽숭(郭崇)을 절도사로 삼았다.[279] 이는 장교들이 옹립한데서 이익을 얻는 것이다.

군사들이 후한 상을 받거나 멋대로 약탈을 한 경우는 또한 다 쓸 수가 없다. 명종이 낙양(洛陽)에 입성했을 때 서울에 큰 혼란이 일어나 방화와 약탈이 그치지 않자, 명종은 급히 방화와 약탈을 중지하도록 명을 내렸고 백관들은 모두 누더기 옷을 입고 알현하러 왔다[趙注 : 본기].[280] 폐제가 반란을 일으키자 민제는 군사를 보내 그를 토벌하도록 하면서 좌장고(左藏庫)로 가서 군인들에게 각각 비단 20필, 돈 5천 전을 상으로 주었다. 군사들을 물건을 짊어지고 길에서 소리 높여 "봉상에 도착하면 다시 한 몫을 청하자"라고 말했다[趙注 : 「강의성전(康義誠傳)」].[281] 관군이 이미 항복한 뒤 폐제는 일이 성공적으로 이루어졌으므로 후한 상을 주도록 허락했는데, 군사들은 모두 과도하게 상을 바랐다. 입성하여 즉위한 뒤 담당 관리가 창고 장부를 바쳤는데 액수가 너무 적자, 폐제가 크게 노했다. 여러 번진에서 자

僚, 相繼加檢校官, 或階爵封邑, 以帝登位覃慶也. 戊午, 以隴州防禦使相里金爲陝州節度使";『舊五代史』「唐書」卷38「明宗紀」, 518면, "(天成 2年)以鎭州留後・檢校司徒王建立爲鎭州節度使・檢校太傅."

278)『舊五代史』「漢書」卷103「隱帝紀下」, 1375면, "(乾祐 3年)以宣徽南院使王峻爲樞密使."

279)『舊五代史』「周書」卷110「太祖紀」, 1464면, "(廣順元年)辛巳, 鎭州武行德、晉州王晏、相州張彦成、潞州常思、邠州侯章並加兼侍中; 以侍衛馬軍都指揮使、果州防禦使、檢校太保郭崇爲洋州節度使、檢校太傅, 典軍如故."

280)『舊五代史』「唐書」卷35「明宗紀」, 490면, "(天成年前)四月丁亥朔, 至甖子谷, 聞蕭牆釁作, 莊宗晏駕, 帝慟哭不自勝. 詰旦, 朱守殷遣人馳報 : '京城大亂, 燔剽不息, 請速至京師.' 己丑, 帝至洛陽, 止於舊宅, 分命諸將止其焚掠. 百官弊衣旅見, 帝謝之, 斂衽泣涕."

281)『新五代史』卷27「康義誠傳」, 296~297면, "潞王從珂反鳳翔, 王思同率諸? 兵圍之, 興元張虔釗兵叛降從珂, 思同走, 諸鎭兵皆潰. 愍帝大怒, 謂朱弘昭等曰 : '朕新卽位, 天下事皆出諸公, 然於事兄, 未有失節, 諸公以大計見迫, 不能獨違. 事一至此, 何方轉禍? 吾當率左右往迎吾兄, 遜以位, 苟不吾信, 死其所也!' 弘昭等惶恐不能對, 義誠前曰 : '西師驚潰, 主將怯耳. 今京師兵尙多, 臣請盡將以西, 扼關而守, 招集亡散, 以爲後圖.' 愍帝以爲然, 幸左藏庫, 親給將士人絹二十匹, 錢五千. 是時, 明宗山陵未畢, 帑藏空虛. 軍士負物揚言曰 : '到鳳翔更請一分'."

사에 이르기까지 모두 돈과 비단을 진상해 상주는 것을 도왔으나 여전히 부족해서 마침내 백성의 재물을 거두어 비용에 보탰고, 죄인이 옥에 가득 차자 또한 다섯 달이나 백성들의 가옥을 빌렸다[趙注 : 「노질전(盧質傳)」 「이전미전(李專美傳)」 등의 열전].[282] 그런데 군사들은 그래도 욕심을 채우지 못하고 서로 노래를 부르며 "살아 있는 보살을 쫓아버리고 쇳덩어리 한 가닥을 도와 일으켰구나"라고 말했다[趙注 : 본기].[283] 이에 앞서 폐제는 봉상에 있을 때 낙양에 입성한 뒤 사람마다 각각 백 민(緡)을 상으로 주겠다고 허락했는데, 이에 이르러 봉상에서 투항한 금군(禁軍) 양사권 등에게 각각 말 두 필, 낙타 한 필, 돈 70민을 상으로 내렸고, 군사들에게는 20민, 서울에 있던 사람들에게는 10민을 상으로 내렸다[趙注 : 『(자치)통감(資治通鑑)』].[284] (후)주 태조가 처음 활주에 이르렀을 때 왕준이 군사들을 달래며 "내 공의 처분을 얻었으

282) 『新五代史』 卷56 「雜傳」 「盧質傳」, 643~644면, "秦王從榮坐謀反誅, 質以右僕射權知河南府事. 廢帝反鳳翔, 愍帝發兵誅之, 竭帑藏以厚賞, 而兵至鳳翔皆叛降. 廢帝悉將而東, 事成許以重賞, 而軍士皆過望. 廢帝入立, 有司獻籍數甚少, 廢帝暴怒. 自諸?至刺史, 皆進錢帛助國用, 猶不足, 三司使王玫請率民財以佐用. 乃使質與玫等共議配率, 而貧富不均, 怨訟並起, 囚繫滿獄. 六七日間, 所得不滿十萬. 廢帝患之, 乃命質等借民屋課五月, 由是民大咨怨"; 『舊五代史』 「晉書」 卷93 「李專美傳」, 1229~1230면, "初, 末帝起自鳳翔, 大許諸軍厚賞. 洎至洛陽, 閱內庫金帛不過二三萬; 尋又配率京城戶民, 雖行捶楚, 亦所獲無幾, 末帝憂之. …… 專美惶恐待罪, 良久奏曰 : '臣才力駑劣, 屬當興運, 陛下猥垂錄任, 無以裨益聖朝, 然府藏空竭, 軍賞不給, 非臣之罪也. 臣思明宗棄代之際, 是時府庫濫賞已竭, 繼以鄂王臨朝, 紀綱大壞, 縱有無限之財賦, 不能滿驕軍谿壑之心, 所以陛下孤立岐陽而得天下. 臣以爲國之存亡, 不專在行賞, 須刑政立于上, 恥格行於下, 賞當功, 罰當罪, 則近於理道也. 若陛下不改覆車之轍, 以賞無賴之軍, 徒困蒸民, 存亡未可知也. 今宜取見在財賦以給之, 不必踐前言而希苟悅.' 末帝然之. 及其行賞, 雖不愜於軍士, 然洛陽戶民獲免鞭笞之苦, 由專美之敷揚也."

283) 『舊五代史』 「唐書」 卷46 「末帝紀上」, 634면, "壬辰, 詔賜禁軍及鳳翔城下歸明將校錢帛各有差(案『通鑑』云 : 禁軍在鳳翔歸命者, 自楊思權・尹暉等各賜二馬一駝・錢七十緡, 下至軍人錢二十緡, 其在京者各十緡. 『舊五代史考異』). 初, 帝離岐下, 諸軍皆望以不次之賞, 及從至京師, 不滿所望, 相與謠曰 : '去卻生菩薩, 扶起一條鐵.' 其無厭如此(案 : 『通鑑』作除去菩薩, 扶立生鐵. 胡三省注云 : 閔帝小字菩薩)."

284) 『資治通鑑』 卷279 「後唐紀」, 9119면, "(潞王 淸泰 元年(934))壬辰, 詔禁軍在鳳翔歸命者, 自楊思權・尹暉等各賜二馬・一駝・錢七十緡, 下至軍人錢二十緡, 其在京者各十緡. 軍士無厭 猶怨望, 爲謠言曰 : '除去菩薩, 扶立生鐵.' 以閔帝仁弱, 帝剛嚴, 有悔心故也. (胡注曰 : 閔帝小字菩薩)."

니, 서울에 들어가기를 기다려 너희들에게 열흘 동안 약탈하는 것을 허락한다"라고 말하자, 군사들이 모두 기뻐 날뛰었다[趙注 : 본기].[285] 변(汴)에 이르러 영춘문(迎春門)으로 들어간 뒤 여러 군대가 대규모로 약탈하자 연기와 불길이 사방에서 일어났다. 다음날 왕준, 곽숭이 "만약 (약탈을) 금지하지 않으면 밤마다 텅 빈 성이 될 것입니다"라고 말하자 이로부터 여러 장수에게 명하여 약탈이 심한 자를 참수하도록 하니 신시[晡時 : 곧, 辛時. 오후 4시 전후] 경에 평정되었다[趙注 : 본기].[286] 그러나 전 활주절도사(滑州節度使) 백재영(白再榮)은 이미 반란군들에게 해를 당했고 시랑(侍郎) 장윤(張允)은 지붕에서 떨어져 죽었다[趙注 : 「은제기(隱帝紀)」].[287] 안숙천(安叔千)은 집안 재산을 이미 다 약탈을 당했는데, 군사들은 오히려 숨겨 놓은 바가 있다고 의심하여 매질을 그치지 않았으므로, (안숙천은) 상처가 심해져 낙양으로 돌아갔다[趙注 : 「안숙천전」][288] 이때 조동자(趙童子)라는 활 잘 쏘는 사람이 있었는데, 군사들이 노략질하는 것을 분하게 여겨 곧 "태위(太尉)는 군주 옆에 있는 악인을 없애는 데에 뜻을 두었는데, 쥐새끼 같은 놈들이 감히 이렇게 도적이 되었구나"라고 큰소리로 말하고는 활을 들고 마을 입구를 막아서서 침범하는 자가 올 때마다 쏘아 죽이니, 이로 인해 보전한 것이 수십 집이 되었다. 나중에 (후)주 (태)조는 민간에 조(趙)씨가 천하를 차지할 것이라는 노래가 있다는 말을 듣고는 이 (조)동자를 의심해서 결국 사람을 시켜 그를 무고해 죽였다[趙注 : 『오대사보(五代史補)』].[289] 또 조봉(趙鳳)은 도

---

285) 『舊五代史』「周書」卷110「太祖本紀」「序言」, 1453~1454면, "十六日, 至滑州 …… 旣而王峻諭軍曰 : '我得公處分, 俟平定京城, 許爾等旬日剽掠.' 衆皆踊躍."

286) 『舊五代史』「周書」卷101「太祖本紀」「序言」, 1455면, "俄聞隱帝遇弒, 號慟不已. 帝至玄化門, 劉銖雨射城外, 帝迴車自迎春門入, 諸軍大掠, 煙火四發, 帝止於舊第, 何福進以部下兵守明德門. 翌日, 王殷·郭崇言曰 : '若不止剽掠, 比夜化爲化空城耳.' 由是諸將部分斬其剽者, 至晡乃定."

287) 『舊五代史』「漢書」卷103「隱帝紀下」, 1373면, "(乾祐 3年)是日, 周太祖自迎春門入, 諸軍大掠, 煙火四發, 翌日至晡方定. 前滑州節度使白再榮爲亂兵所害, 吏部侍郎張允墜屋而死."

288) 『新五代史』卷48「雜傳」「安叔千傳」, 551면, "周太祖兵入京師, 軍士大掠, 叔千家貲已盡, 而軍士意其有所藏者, 箠掠不已. 傷重, 歸于洛陽, 卒, 年七十二."

성에 사는 사람들 가운데 약탈당하지 않은 집이 없는 것을 보고 역시 홀로 마을 문을 지켰는데, 군사들이 감히 침범하지 못했다[趙注 : 「조봉전」].[290] 이는 (후)주 (태)조가 대궐을 공격할 때 주민들 가운데 약탈을 면할 수 있었던 경우는 오직 이 두 조씨의 동네뿐이었고[291] 그 나머지는 공경 이하로 모두 해를 입지 않은 자가 없었다는 것이다. 이것이 군사들이 옹립함으로서 이익을 얻는 바였다.

제왕의 정치가 기강이 잡히지 않으면 권력이 도리어 아래에 있어, 아랫사람이 윗사람을 능멸하고 윗사람은 힘이 없어져 화란(禍亂)이 이어지는데, 번진이 이미 조정을 멸시하고 군사들 역시 절도사를 위협하고 억눌렀으니, 고래로 어지럽게 도리에 어긋남이 심한 것이 오대와 같은 경우가 있지 않았으며, 개벽 이래 일대 흉한 운세였던 것이다.

---

289) 『舊五代史』 「周書」 卷113 「太祖本紀」, 1504면, 注 "五代史補 : …… 高祖之入京師也, 三軍紛擾, 殺人爭物者不可勝數. 時有趙童子者, 知書善射, 至防禦使, 覩其紛擾, 竊憤之, 乃大呼於衆中曰 : '樞密太尉, 志在除君側以安國, 所謂兵以義擧; 鼠輩敢爾, 乃賊也, 豈太尉意耶!' 於是持弓矢, 於所居巷口據牀坐, 凡軍人之來侵犯者, 皆殺之, 由是居人賴以保全僅數千家. 其間亦有致金帛于門下, 用爲報答, 已堆集如丘陵焉. 童子見而笑曰 : '吾豈求利者耶!' 於是盡歸其主. 高祖聞而異之, 陰謂世宗曰 : '吾聞人間讖云, 趙氏合當爲天子, 觀此人才略度量近之矣, 不早除去, 吾與汝其可保乎!' 使人誣告, 收付御史府, 劾而誅之. 洎高祖厭世未十年, 而皇宋有天下, 趙氏之讖乃應, 于斯知王者不死, 信矣哉."

290) 『舊五代史』 「周書」 卷129 「趙鳳傳」, 1704면, "漢末, 都城變起, 兵集之夜, 無不剽之室, 唯鳳里閭, 兵不敢犯, 人皆服其膽勇."

291) [王注] 살펴보면 '두 조씨[二趙]'는 곧 위 문장에서 이른 趙童子와 趙鳳이다(그런데) 『舊五代史』 卷129 「趙鳳傳」에는 "어려서 독서를 하여 童子에 합격했다"라고 하였으니 趙童子가 곧 趙鳳임을 알 수 있으며, 그러므로 『資治通鑑』 卷289에는 바로 趙童子의 말을 趙鳳이 말한 것으로 본 것이다. 이 문장에서는 나누어 두 사람으로 보았으니, 매우 잘못이다.

권22

295. 오대 때에는 추밀사의 권한이 가장 무거웠다 五代樞密使之權最重

당(唐)나라 중엽 이후에 처음 추밀원(樞密院)이 생겼는데, 환관이 궁정 안에 있으면서 조서와 어명을 출납하는 곳이었다. 소종(昭宗 : 888~904) 말년에 주온(朱溫)이 당나라 환관들을 많이 주살하고 비로소 심복 장현휘(蔣玄暉)를 당 조정의 추밀사(樞密使)로 삼았으니,[1] 이것이 추밀(사)의 직책이 조정 신료들에게 옮겨진 시초였다. (주)온은 제위를 찬탈한 뒤 (추밀원을) 숭정원(崇政院)으로 고치고 경상(敬翔)과 이진(李振)을 책임자로 삼았는데, 황제의 모든 말을 받들어 재상들에게 알리되 재상이 알현할 때가 아닌데도 올려서 결재를 받아야 할 일이 있으면 숭정사(崇政使[2])를

1) 『新唐書』 卷223下 「蔣玄暉傳」, 6360면, "事朱全忠爲腹心. 昭宗東遷, 玄暉爲樞密使."

통해 아뢰었고, 어명을 얻으면 (숭정사가) 다시 그것을 알리고 명령을 냈다. 그러나 이때에는 조정 안에서 의논하는 데에만 참여했을 뿐 아직 밖에서 마음대로 일을 행하지는 않았다. 후당(後唐) 때에 이르러 추밀사라는 명칭이 회복되고, 곽숭도(郭崇韜), 안중회(安重誨) 등이 (추밀)사가 되니 추밀(사)의 임무가 재상보다 무거워졌고 재상은 이로부터 직임을 잃게 되었다[趙注 : 구양수(歐陽修)의 『신오대사(新五代史)』「곽숭도전」 찬(贊)에 보인다].[3] 지금 살펴보면, (후)당 장종(莊宗) 때(923~925)에는 (곽)숭도가 (추밀)사가 되었고,[4] 명종(明宗) 때(925~933)에는 안중회가 (추밀)사가 되었다.[5] (후)진(後晉) 고조(高祖) 때(936~942)에는 상유한(桑維翰)이 (추밀)사가 되었고,[6] (후)한(後漢) 은제(隱帝) 때(948~950)에는 곽위(郭威)가 (추밀)사가 되었다.[7]

(곽)숭도가 추밀사가 되었을 때 재상 두로혁(豆盧革)[8] 이하는 모두 그에

---

2) 崇政使 : 崇政院使, 혹은 知崇政院事라고 한다. 五代 後梁 開平 元年(907) 樞密院使를 改置하였다. 자문에 응하여 의견을 제시하고 謀議에 참여하였으며, 禁中에서 皇帝의 旨意를 받들어 宰相에게 선포하여 행하도록 하였다. 이듬해에는 崇政院直學士 두 명을 두었다. 宰相이 직접 대면하여 올리는 상주를 제외하고는 모두 崇政院使를 통해 바치고, 崇政院使가 旨을 얻은 후 다시 宰相에게 전달하였다. 본문에 나오는 敬翔이 일찍이 後梁에서 崇政院使를 역임한 바 있다.

3) 『新五代史』 卷24 「唐臣傳」, 257면, "嗚呼, 官失其職久矣! 予讀梁宣底, 見敬翔·李振爲崇政院使, 凡承上之旨, 宣之宰相而奉行之. 宰相有非其見時而事當上決者, 與其被旨而有所復請者, 則具記事而入, 因崇政使聞, 得旨則復宣而出之. 梁之崇政使, 乃唐樞密之職, 蓋出納之任也, 唐常以宦者爲之, 至梁戒其禍, 始更用士人, 其備顧問·參謀議于中則有之, 未始專行事於外也. 至崇韜·重誨爲之, 始復唐樞密之名, 然權侔於宰相矣. 後世因之, 遂分爲二, 文事任宰相, 武事任樞密. 樞密之任既重, 而宰相自此失其職也."

4) 『新五代史』 卷24 「郭崇韜傳」, 245면, "莊宗卽位, 拜崇韜兵部尙書·樞密使."

5) 『新五代史』 卷24 「安重誨傳」, 251면, "明宗卽位, 以爲左領軍衛大將軍·樞密使, 兼領山南東道節度使."

6) 『新五代史』 卷29 「桑維翰傳」, 319~320면, "高祖卽位, 以維翰爲翰林學士·禮部侍郎·知樞密院事, 遷中書侍郎·同中書門下平章事, 兼樞密使."

7) 『新五代史』 卷10 「漢 隱帝紀」, 104면, "楊邠爲中書侍郎兼吏部尙書·同中書門下平章事, 郭威爲樞密使, 鎭寧軍節度使郭從義爲永興軍兵馬都部署."

8) 豆盧革(?~927) : 唐末五代 河東 사람이다. 唐末 中山으로 피난하여 王處直의 벽소로 掌書記가 되었다. 後唐 莊宗이 즉위한 후 名族이라는 이유로 門下侍郎 同平章事가 되었다. 學術이 없어 일을 처리하는데 잘못이 많았다. 丹藥을 복용하여 長壽를 구

게 기울어 빌붙었으니, (곽)숭도 아버지의 이름이 '홍(弘)'이라 하여 마침내 홍문관(弘文館)을 숭문관(崇文館)으로 고치자고 상주를 했다.[9] (안)중회가 추밀사가 되었을 때 어사대(御史臺) 문을 지나다가 전직(殿直)[10] 마연(馬延)이 잘못해서 그 선도 행렬과 충돌했는데, (안)중회는 대문(臺門)으로 가서 (마)연을 참수한 뒤에 그 일을 상주했다. 이때 사방에서 일을 상주할 경우에는 모두 먼저 (안)중회에게 말한 뒤에 아뢰었다.[11] (안)중회는 임환(任圜)과 사이가 좋지 않았는데, 주수은(朱守殷)이 반란을 일으킨 것을 이용해 (임)환이 내통해 모의했다고 무고하고는 먼저 그를 죽여 버렸다.[12] (또한) 노왕(潞王) (이)종가(李從珂)를 싫어해서 그 부장(部將)인 양언온(楊彥溫)을 사주해서 (이종가를) 쫓아내도록 했다. 명종은 약언조(藥彥稠)를 보내 토벌하도록 하고 (양)언온을 사로잡아 오도록 해서 직접 그 까닭을 물으려고 했지만, (약)언조는 (안)중회의 뜻에 영합하여 곧 (양)언온을 살해함으로써 입을 막아버렸다. 재상 풍도(馮道) 등도 역시 (안)중회의 뜻에 영합하여 (이)종가가 수비를 못했으니 마땅히 죄에 연좌되어야 한다고 자주 말했으나, 명종이 듣지 않자 그만두었다.[13]

하였다. 후에 陵州로 귀양 가서 강제로 자살하라는 명을 받았다.

9) 『新五代史』 卷24 「唐臣傳」 「郭崇韜傳」, 251면, "唐崇韜用事, 自宰相豆盧革, 韋悅等皆傾附之. 崇韜父諱弘, 革等卽因佗事, 奏改弘文館爲崇文館."

10) 殿直 : 皇帝의 侍從官. 五代 때의 이름은 殿前承旨였는데, 後晉에서 殿直으로 바꾸어 불렀다.

11) 『新五代史』 卷24 「安重誨傳」, 252면, "重誨嘗出, 過御史臺門, 殿直馬延悞衝其前導, 重誨怒, 卽臺門斬延理後奏. 是時, 隨駕廳子軍士桑弘遷, 毆傷相州錄事參軍; 親從兵馬使安虔, 走馬衝宰相前導. 弘遷罪死, 虔決杖而已. 重誨以斬延, 乃請降敕處分, 明宗不得已從之, 由是御史、諫官無敢言者."

12) 『新五代史』 卷24 「安重誨傳」, 252면, "宰相任圜判三事, 以其職事與重誨爭, 不能得, 圜怒, 辭疾, 退居于磁州. 朱守殷以汴州反, 重誨遣矯詔馳至其家, 殺圜而後白, 誣圜與守殷通謀, 明宗不能詰也."

13) 『新五代史』 卷24 「安重誨傳」, 253~254면, "潞王從珂爲河中節度使, 重誨以謂從珂非李氏子, 後必爲國家患, 乃欲陰圖之. 從珂閱馬黃龍莊, 其牙內指揮使楊彥溫閉城以叛. 從珂遣人謂彥溫曰 : '我遇汝厚, 何苦而反邪?' 報曰 : '彥溫非叛也, 得樞密院宣, 請公趨歸朝廷耳!' 從珂走虞鄉, 馳騎上變. 明宗疑其事不明, 欲究其所以, 乃遣殿直都知范氳以金帶襲衣、金鞍勒馬賜彥溫, 拜彥溫絳州刺史, 以誘致之. 重誨固請用兵,

곽위가 추밀사가 되었을 때에는 군사를 이끌고 세 차례 반란[14]을 평정하고 돌아왔는데, 서경유수(西京留守) 동중서문하평장사(同中書門下平章事) 왕수은(王守恩)[15]은 그 관직이 이미 사상(使相)[16]이라 하여 어깨에 메는 가마를 타고 맞으러 나왔다. (곽)위는 이에 대해 노하여 곧 두자(頭子)[17]로 명을 내려 백문가(白文珂)에게 그(왕수은)를 대신하게 했고, (왕)수은은 마침 객사에 있으면서 (곽위를) 만나기를 기다리고 있었는데, 속리가 얼마 있다가 달려와 새 유수(留守)가 관부에서 일을 보고 있다고 보고하였으며, 왕수은은 결국 파직되었다.[18] 당시 추밀사의 권력이 군주와 같아 조칙을

明宗不得已, 乃遣侍衛指揮使藥彦稠、西京留守索自通率兵討之, 而誡曰 : '爲我生致彦溫, 吾將自訊其事.' 彦稠等攻破河中, 希重誨旨, 斬彦溫以滅口. 重誨率羣臣稱賀, 明宗大怒曰 : '朕家事不了, 卿等不合致賀!' 從珂罷鎭, 居淸化里第. 重誨數諷宰相, 言從珂失守, 宜得罪, 馮道因白請行法. 明宗怒曰 : '吾兒爲姦人所中, 事未辨明, 公等出此言, 是不欲容吾兒人間邪?' 趙鳳因言.'春秋責帥之義, 所以勵爲臣者.' 明宗曰 : '皆非公等意也!' 道等惶恐而退. 居數日, 道等又以爲請, 明宗顧左右而言他. 明日, 重誨乃自論列, 明宗曰 : '公欲如何處置, 我卽從公!' 重誨曰 : '此父子之際, 非臣所宜言, 惟陛下裁之!' 明宗曰 : '吾爲小校時, 衣食不能自足, 此兒爲我擔石灰, 拾馬糞, 以相養活, 今貴爲天子, 獨不能庇之邪! 使其杜門私第, 亦何與公事!' 重誨由是不復敢言."

14) 세 반란은 河中 李守貞, 永興 趙思綰, 鳳翔 王景崇이 일으킨 난이다.『新五代史』卷11「周太祖紀」, 109~110면, "隱帝卽位, 拜威樞密使. 是歲三月, 河中李守貞・永興趙思綰・鳳翔王景崇相次反, 隱帝遣白文珂・郭從義・常思等分討之, 久皆無功. 隱帝謂威曰 : '吾欲煩公可乎?' 威對曰 : '臣不敢請, 亦不敢辭, 惟陛下命.' 乃加拜威同中書門下平章事, 使西督諸將."

15) 王守恩 : 五代 後周 사람이다. 後漢 高祖 때 昭義軍節度使, 西京留守를 지냈고, 後周 顯德 연간에는 左金吾衛上將軍을 지냈다.

16) 使相 : 唐末五代 宰相이 藩鎭의 節度使로 出任하거나 節度使가 宰相을 겸하는 경우를 말한다.

17) 頭子 : 唐末에서 宋에 이르기까지 樞密使가 中書를 거치지 않고 직접 명령을 하달하였는데, 중대한 일은 宣이라 하고, 사안이 작으면 頭子라고 했다. 또,『通齋詩話』에는 "軍機繕旨預書年月以俟曰頭子. 此語起於五代, 通鑑郭威以頭子命保義節度使白文珂, 時周祖正爲節度使也"라 했다.

18)『舊五代史』卷125「王守恩傳」, 1641~1642면, "國初, 授左衛上將軍. 顯德初, 改右金吾衛上將軍, 封許國公. 二年冬, 舁疾歸洛而卒.(…… 五代史補 : 周高祖爲樞密, 鳳翔・永興・河中三鎭反, 高祖帶職出討之, 迴戈路由京洛. 時王守恩爲留守, 以使相自專, 乘檐子迎高祖於郊外. 高祖遙見大怒, 且疾驅入於公館. 久之, 始令人傳旨, 托以方浴. 守恩不知其怒, 但安坐俟久. 時白文珂在高祖麾下, 召而謂曰 '王守恩乘檐子俟吾, 誠無禮也. 安可久爲留守, 汝宜亟去代之.' 文珂不敢違, 於是卽時禮上. 頃之, 吏

기다리지 않고도 대신을 바꾸어 둘 수 있었음을 볼 수 있다. 그 뒤 (곽위가) 위주(魏州)에 나가 주둔하게 되자 사홍조(史弘肇)는 또 (그에게) 추밀사 직함을 가지고 가도록 했고, 소봉길(蘇逢吉)[19]이 애써 안 된다고 다투었지만 어쩔 수 없었다.[20] 이에 권세가 더욱 무거워져 결국 군사를 일으켜 궁궐을 침범하기에 이르자, 그에 응하지 않는 사람이 없었던 것이다.

296. 오대 때에는 번진을 관대하게 대했다五代姑息藩鎭

당(唐)나라가 하북(河北)을 잃은 뒤로부터 하삭(河朔) 세 번진에서는 조정의 명령이 행해지지 않아 이미 간접적으로 지배하는 외국[化外羈縻]과도 같았다. 말엽에 이르러 천자는 더욱 약해지고 제후는 더욱 강해져 조정에서는 더욱 임시 모면을 일삼아, 마침내 꼬리가 커서 흔들 수 없는 꼴이 되니 천하가 분열하고 제왕의 자리[鼎祚]가 갑자기 옮겨졌다. (후)량(後梁) 태조(太祖, 곧 주온(朱溫))는 사나운 영웅의 자질로서 아랫사람들을 부리고 채찍질하여 걸핏하면 죽이는 것을 일삼았는데, 예컨대 지숙종(氏叔琮),[21] 주우공(朱

馳去報守恩曰 '白侍中受樞密命, 爲留守訖.' 留守大驚, 奔馬而歸, 但見家屬數百口皆被逐于衢中, 百姓莫不聚館. 其亦有乘便號叫索取貸錢物者. 高祖使吏籍其數, 立命償之, 家財爲之一空. 朝廷悚然, 不甚爲理.)"

19) 蘇逢吉(?~950) : 五代 京兆府 長安縣 사람이다. 劉知遠이 河東節度使일 때 節度判官이 되었다. 일찍이 명을 받고 감옥의 죄인을 처리할 때, 죄의 경중을 가리지 않고 모두 살해하였으며 스스로 옥을 깨끗이하였다고 말했다. 後漢初 中書侍郎同平章事 集賢殿大學士가 되어 大政을 처리하였으며 사치스러워 법을 어겼다. 後漢이 망하자 자살하였다.

20) 『新五代史』 卷30 「史弘肇傳」, 332면, "周太祖出鎭魏州, 弘肇議帶樞密行, 蘇逢吉、楊邠以爲不可, 弘肇恨之"; 『新五代史』 卷11 「周太祖紀」, 111면, "是冬, 契丹寇邊, 威以樞密使北伐, 至魏州, 契丹遯. 三年二月, 師還. 四月, 拜威鄴都留守, 天雄軍節度使, 仍以樞密使之職. 宰相蘇逢吉以謂樞密使不可以藩鎭兼領, 與史弘肇等固爭. 久之, 卒以樞密使行, 詔河北諸州皆請威節度."

友恭),[22] 왕중사(王重師),[23] 주진(朱珍),[24] 등계균(鄧季筠),[25] 호규(胡規),[26] 황문정(黃文靜),[27] 이당(李讜),[28] 이중윤(李重胤),[29] 범거실(范居實)[30] 등은 모

---

21) 『舊五代史』「梁書」 卷19「氏叔琮傳」, 255면, "旣而責以軍政不理, 貶白州司戶. 尋賜自盡. 叔琮將死, 呼曰 : '賣我性命, 欲塞天下之謗, 其如神理何!'"

22) 朱友恭 : 五代 壽春 사람으로 본래 성은 李씨였으나, 太祖의 뜻을 잘 헤아려 아들처럼 키워졌으며 賜姓을 받았다. 太祖를 따라 군사활동에 참가하여 軍功을 세웠고, 氏叔琮과 함께 太祖의 密旨를 받아 唐 昭宗을 洛陽宮에서 죽였다. 그러나 후에 軍政을 태만히 했다는 이유로 관직이 떨어졌고, 氏叔琮과 같은 날 賜死되었다(『舊五代史』「梁書」 卷19「朱友恭傳」, 257면, "天祐初, 昭宗東遷洛邑, 徵拜左龍虎統軍, 以衛宮闕. 尋與氏叔琮同受太祖密旨, 弑昭宗於洛陽宮. 旣而太祖自河中至, 責以慢於軍政, 貶崖州司戶, 仍復其本姓名, 與氏叔琮同日賜死").

23) 王重師 : 潁州 長社 사람으로 여러 차례 군공을 세웠고 雍州節度使 加同平章事 등에 올랐으나, 太祖는 참언을 믿고 그를 참살해 버렸다(『舊五代史』 卷19「梁書」「王重師傳」, 258면, "開平中, 爲劉捍所構, 太祖深疑之, 然未有以發其事. 無何, 擅遣裨將張君練縱兵深入邠・鳳, 君練敗北. 太祖聞之, 怒其專擅, 因追而斬之").

24) 『舊五代史』「梁書」 卷19「朱珍傳」, 261면, "太祖遂徑往蕭縣, 距蕭一舍, 珍率將校迎謁, 梁祖令武士執之, 責其專殺, 命丁會行戮. 都將霍存等數十人叩頭以救, 太祖怒, 以坐床擲之, 乃退."

25) 鄧季筠 : 宋州 下邑 사람이다. 처음 黃巢軍에 들어갔다가 太祖 휘하로 편입되었다. 누차의 군공으로 鄭州刺史, 華州防禦使, 檢校司空 등을 거쳤으나, 太祖가 말들을 사열하고는 말이 마른 것에 노하여 참수해버렸다(『舊五代史』「梁書」 卷19「鄧季筠傳」, 263면, "乾化二年春, 太祖親伐鎭・定, 駐於相州, 因閱馬, 怒其馬瘦, 與魏博軍校何令稠・陳令勳同斬於纛下").

26) 胡規 : 乾化 元年(911), 洛河 堤堰을 수리하라는 명령을 받았는데, 이때 백성의 園林을 훼손한 것이 너무 심하다는 탄핵을 받아 賜死되었다(『舊五代史』「梁書」 卷19「胡規傳」, 264면, "乾化元年, 詔修洛河堤堰, 軍士因之斬伐百姓園林太甚, 河南尹張宗奭奏之, 規得罪, 賜死").

27) 『舊五代史』「梁書」 卷19「黃文靜傳」, 264면, "乾化元年, 從太祖北征, 因閱馬得罪, 命斬之. 文靖驍果善戰, 諸將皆惜之."

28) 『舊五代史』「梁書」 卷19「李讜傳」, 265면, "時太祖駐大軍於盟津, 乃令讜將兵越太行, 授以籌謀. 讜頗違節度, 久而無功, 太祖遣追還, 廷責其罪, 戮之於河橋."

29) 李重胤 : 宋州 下邑 사람이다. 처음에는 黃巢黨이었으나, 太祖에게 항복하여 등용되었으며, 누차 공을 세웠지만, 晉軍과 싸워 패전한 죄로 李讜과 함께 살육되었다(『舊五代史』「梁書」 卷19「李重胤傳」, 265면, "大順元年秋, 從郴王友裕收澤州, 與晉軍戰於馬牢川, 王師敗績, 迴守河陽. 太祖謂諸將曰 : '李讜・重胤違我節度, 不能立功, 頗辜任使.' 於是與李讜, 並戮於河橋").

30) 范居實 : 絳州 翼城 사람으로 太祖를 섬겨 군공을 세웠으나 역시 참살당하였다(『舊五代史』「梁書」 卷19「范居實傳」, 266면, "居實拳勇善戰, 頗立軍功, 在郡以戎備不理, 詔追赴闕, 暴其翫寇之罪而斬之").

두 갑옷을 입고 무기를 들고 개국공신이 되었으나, (이들에게) 일단 의심하고 꺼리는 마음이 생기게 되면 문득 참수해 죽여 버리는 것이 이어졌으니, 진실로 작은 일이라도 마음에 품어두고 참는 적이 없었다. (그러나) 말제(末帝 : 주전(朱瑱))가 즉위하게 되자 점점 아랫사람들을 제어할 수 없었다. 양사후(楊師厚)가 위박(魏博)에 있자 조정에서는 항상 몰래 걱정하고 있으면서도 감히 잘못을 꾸짖거나 따져 묻지 못하다가 (양)사후가 죽자 곧 궁중에서 개인적으로 축하했다.[31] 화온기(華溫琪)는 정창절도사(定昌節度使)였는데, 다른 사람의 아내를 빼앗아 그 남편에게 고소를 당했다. 말제는 조서를 내려 "만약 엄한 법을 행한다면 내가 공훈을 생각하지 않는다 할 것이다. 만약 옛 규율들을 모두 폐기한다면 내가 백성을 생각하지 않는다고 할 것이다. 군주가 된다는 것이 또한 어렵지 아니한가!"라고 말했다. 곧 (화)온기를 불러들여 금오대장군(金吾大將軍)으로 삼았다.[32] 이로써 말제가 일을 굽혀 조정하기만 하고 대체로 위엄과 결단이 없었음을 볼 수 있다.

(후당(後唐)) 장종(莊宗)은 등극한 뒤 재위한 해가 오래 되지 않았다.[33] (후당) 명종(明宗 : 이단(李亶))은 일찍이 제후들의 저리(邸吏)[34]가 교만하고 방자하다 하여 매를 쳐서 보내 징벌의 의지를 보였으니, 능히 기강을 바로잡을 수 있었다고 말할 수도 있다[趙注 : 당나라 말엽 이후 여러 번진의 저리로 서울에 있는 이들은 매번 어사(御史)가 일을 시작할 때마다 모두 객사에 와서 통성명을 했는데, 차나 술로 위로하기는 했지만

---

31) 『舊五代史』「梁書」 卷22「楊師厚傳」, 298면, "師厚純謹敏幹, 深爲太祖知遇, 委以重兵劇鎭, 他莫能及. 然而末年矜功恃衆, 驟萌不軌之意, 於是專割財賦, 置銀槍効節軍凡數千人, 皆選摘驍銳, 縱恣豢養, 復故時牙軍之態, 時人病之. …… 末帝聞其卒也, 於私庭受賀, 乃議裂魏州爲兩鎭."

32) 『舊五代史』「晉書」 卷90「華溫琪傳」, 1185면, "旣而溫琪臨民失政, 嘗掠人之妻, 爲其夫所訴, 罷, 入爲金吾大將軍. 時梁末帝方姑息諸侯, 重難其命, 故責詞云 : '若便行峻典, 謂予不念功勳; 若全廢舊章, 謂我不安黎庶. 爲人君者, 不亦難乎!' 溫琪大有愧色. 俄轉右監門衛上將軍 · 右龍武統軍."

33) 後唐 莊宗은 李存勗으로 그의 재위기간은 923~926년까지로 3년에 지나지 않았다.

34) 邸吏 : 서울에 체류하면서 일을 처리하는 지방 기구의 관리.

서로 만나보지는 않았다. 이때에 이르러 노문기(盧文紀)가 중승(中丞)이 되었는데, 저리들이 만나러 들어오자, (노)문기는 책상 앞에 앉아서 홀을 들었고 (어사)대(御史臺) 관리들이 이름을 부르면 절을 하고 나갔는데, (나와서는 저리들이) 모두 모욕을 받았다고 하며 화를 냈다. 명종이 그 말을 듣고 조봉(趙鳳)에게 저리가 무슨 관직인가를 물었는데, (조봉이) "지현(知縣)에서 파견하여 보낸 뒤치다꺼리를 하는 이들(知縣發遞知後)[35]의 부류입니다"라고 답했다. 명종이 "그렇다면 서리나 졸개일 뿐인데, 어찌 내가 임명한 법관에게 거만하게 굴 수 있단 말인가!"라고 하고는 모두 매를 쳐서 보냈다. 「노문기전」에 보인다].[36] 그러나 임시로 모면하려 하는 폐단은 실로 이때부터 생겨났다. 고계흥(高季興)[37]이 기주(夔州)를 마음대로 훔치자 명종은 서방업(西方鄴)[38]을 보내 토벌하도록 했으나, 장마로 인해 탁류가 범람하여 군대를 철수해야 했다.[39] 이이초(李彝超)가 하주(夏

---

35) 본문은 '知縣·發遞·知後之流'라고 보아, '知縣', '發遞', '知後'가 각각 별개의 존재인 것처럼 표점을 달고 있으나, 「盧文紀傳」에서는 '州縣發遞知後之流'라고 하였으니 '주현에서 파견하여 보내 뒤치닥꺼리를 담당하게 한 부류'라고 해석할 수 있을 것이다.

36) 『新五代史』 卷55 「雜傳」 「盧文紀傳」, 627면, "唐明宗時, 爲御史中丞. 初上事, 百官臺參, 吏白諸道進奏官賀, 文紀問 : '當如何?' 吏對曰 : '朝廷在長安時, 進奏官見大夫·中丞如胥史. 自唐衰, 天子微弱, 諸侯彊盛, 貢奉不至, 朝廷姑息方鎭, 假借邸吏, 大夫·中丞上事, 進奏官至客次通名, 勞以茶酒而不相見, 相傳以爲故事.' 文紀曰 : '吾雖德薄, 敢隳舊制?' 因遣吏諭之. 進奏官奮臂諠然欲去, 不得已入見, 文紀據端笏, 臺吏通名贊拜, 旣出, 恚怒不自勝, 訴於樞密使安重誨. 重誨曰 : '吾不知故事, 可上訴于朝.' 卽相率詣閤門求見以狀訴. 明宗問宰相趙鳳 : '進奏吏比外何官?' 鳳曰 : '州縣發遞知後之流也.' 明宗怒曰 : '乃吏卒爾, 安得慢吾法官!' 皆杖而遣之."

37) 高季興(858~929, 재위 924~925) : 五代 陝州 硤石縣(지금의 河南省 三門峽市 동남) 사람으로 字는 貽孫, 本名은 季昌이다. 唐末 汴州 富戶의 家僮이었다가 후에 朱溫에게 붙어 軍功을 세워 명성을 얻었다. 天復 3년(903) 宋州刺史가 되었고, 다시 高氏로 復姓되었으며, 荊南(지금의 湖北省 江陵)으로 옮겼다. 後梁 開平 元年(907) 南平王에 봉해졌다. 江陵이 땅이 좁고 民이 적으며 城이 부실하자, 江陵城을 쌓고 높은 제방을 수축하여 荊南이 번영할 수 있었다. 王保義·梁震·孫光憲 등을 등용하여 형벌과 賦稅를 가볍게 하여 境內가 안정되었다. 사방에 강한 적들이 있어 전후 後梁·後唐·吳·前蜀에 稱臣하였다. 諡號는 武信王이다.

38) 西方鄴 : 後唐 定州 滿城 사람이다. 아버지는 汴州의 軍校였는데, 西方鄴은 軍에서 勇力으로 이름을 알렸다. 莊宗이 孝義軍指揮使로 삼자 누차 정벌에 종사하여 공을 세웠으며, 曹州刺史가 되었다. 莊宗과 明宗의 교체시기에 끝까지 莊宗을 도왔으나, 이듬해 高季興이 반란을 일으키자 明宗은 그를 夔州刺史로 등용하였다.

39) 『舊五代史』 卷133 「高季興傳」, 1752면, "明宗卽位, 復請夔·峽爲屬郡, 初兪其請, 後朝廷除刺史, 季興上言, 稱已令子弟權知郡事, 請不除刺史. 不臣之狀旣形, 詔削奪其官爵. 天成初, 命西方鄴興師收復三州, 又遣襄州節度使劉訓總兵圍荊南, 以問其

州)를 차지하고 교대하라는 명을 받지 않자 명종은 안종진(安從進)을 보내 토벌하게 했으나, 꼴과 양식이 계속 공급되지 않아 군대를 철수해야 했다.[40] 안중회(安重誨)는 맹지상(孟知祥)[41]이 촉(蜀)을 차지할까 염려하여 이엄(李嚴)을 보내 군사를 감독하게 했으나 (맹)지상은 곧 (이)엄을 참수하고 반란을 일으켰다[趙注 : 「이엄전」].[42] 동장(董璋)과 (맹)지상이 양천(兩川)[43]을 나누어 차지하고는[44] 수주(遂州), 낭주(閬州) 두 곳을 공격해 함락시키자, 명종은 석경당(石敬瑭)을 보내 그들을 토벌하도록 했으나 역시 양식이 공급되지 않아 돌아왔다. 명종은 사람을 보내 (동)장을 설득하고 잘못을 고치도록 했지만 (동)장은 듣지 않았다[趙注 : 「동장전」].[45] (맹)지상이 항명

罪, 屬霖潦, 班師."

40) 『舊五代史』 卷132 「李彝超傳」, 1748~1749면, "五月, 安從進領軍至城下, 彝超不受代, 從進駐軍以攻之. 秋七月, 彝超昆仲登城謂從進曰 : '孤弱小鎭, 不勞王師攻取, 虛煩國家餉運, 得之不武, 爲僕聞天子, 乞容改圖.' 時又四面党項部族萬餘騎, 薄其糧運, 而野無芻牧, 關輔之人, 運斗粟束動計數千, 窮民泣血, 無所控訴, 復爲蕃部殺掠, 死者甚衆. 明宗聞之, 乃命班師."

41) 孟知祥(874~934, 재위 934) : 五代 邢州 龍岡縣 사람으로 字는 保裔이며, 後蜀의 창시자이다. 李克用의 인척으로 일찍이 晉王 李存勗의 中門使를 지냈고, 後唐 때 太原尹, 北京留守를 거쳤다. 前蜀이 망하자 樞密使 郭崇韜의 추천으로 成都尹 西川節度使에 임명되었다. 同光 4년(926) 成都에 이르러 廉吏를 뽑아 등용하고 橫賦를 제거해 고 流民들을 安集하였다. 군대를 보내 각 州縣의 반란을 진압하여 통치를 공고히 하였다. 後唐 明宗이 즉위하자 자립을 도모하였고, 長興 3년(932) 董璋을 살해하여 東川을 병합하였다. 다음 해 東西川節度使에 제수되고 蜀王에 봉해졌다. 應順 元年(934) 稱帝하여 國號를 蜀, 연호를 明德이라 하였다. 사서에서 後蜀이라 부른다. 재위 7개월 만에 병으로 죽었다. 和陵에 묻혔으며, 謚號는 英烈明孝皇帝이며, 廟號는 高祖이다.

42) 『新五代史』 卷26 「李嚴傳」, 284~285면, "其後孟知祥屈彊於蜀, 安重誨稍裁抑之, 思有以制知祥者, 嚴乃求爲西川兵馬都監. 將行, 其母曰 : '汝前啓破蜀之謀, 今行, 其以死報蜀人矣!' 嚴不聽. 初, 嚴與知祥同事莊宗, 時知祥爲中門使, 嚴嘗有過, 莊宗怒甚, 命斬之, 知祥戒行刑者少緩, 入白莊宗曰 : '嚴小過, 不宜以喜怒殺人, 恐失士大夫心.' 莊宗怒稍解, 命知祥監笞嚴二十而釋之. 知祥雖與嚴有舊恩, 而惡其來. 蜀人聞嚴來, 亦皆惡之. 嚴至, 知祥置酒從容問嚴曰 : '朝廷以公來邪? 公意自欲來邪?' 嚴曰 : '君命也.' 知祥發怒曰 : '天下藩鎭皆無監軍, 安得爾獨來此? 此乃孺子熒惑朝廷爾!' 卽擒斬之, 明宗不能詰也, 知祥由此遂反."

43) 兩川 : 劍南西川과 劍南東川의 合稱으로 현재의 四川省 일대를 지칭한다.

44) 孟知祥은 劍南西川節度副大使, 知節度使事였고, 董璋은 劍南東川節度副大使, 知節度事였다.

하고 나서 오래 지난 뒤, 범연광(范延光)이 상주하여 "폐하께서 만약 뜻을 굽혀 불러다 위로하지 않으면 그 역시 스스로 새로워질 방법이 없을 것입니다"라고 말하자, 명종은 "(맹)지상은 내 옛 친구이니 그를 위로하는 데에 무슨 뜻을 굽히는 것이 있겠는가"라고 말했다. 이에 (맹)지상에게 조서를 내리니 (맹)지상이 비로소 표를 올리며 사죄했다[趙注 : 「명종기(明宗紀)」 및 「맹지상전(孟知祥傳)」].[46] 이는 명종이 강력한 번진에 대하여 이미 포용하는 바가 많아 제어할 수 없었던 것이다.

석진(石晉 : 곧, 후진(後晉))에 이르면 더욱 심해져서 거의 위아래가 거꾸로 되는 형편[冠履倒置之勢]이었다. 양광원(楊光遠)은 명을 받들어 범연광을 토벌했는데, 병권이 손 안에 있게 되자 (후)진 (고)조(高祖, 곧 석경당(石敬瑭))가 자기를 두려워한다고 여겨 번번이 조정 일에 간여했고, 혹 명을 어기며 상주하는 바가 있으면 고조 역시 뜻을 굽혀 그 말을 따랐다[趙注 : 「양광원전」].[47] 장언택(張彦澤)은 절도사(節度使)가 되어 하는 짓이 법에 맞지 않았

45) 『新五代史』 卷51 「雜傳」 「董璋傳」, 576면, "初, 璋等反, 唐獨誅璋家屬, 知祥妻子皆在成都, 其疏屬留京師者皆不誅. 石敬瑭討璋等, 兵久無功, 而關以西饋運不給, 遠近勞敝, 明宗患之. 安重誨自往督軍, 敬瑭不納, 重誨遂得罪死, 敬瑭亦還. 明宗乃遣西川進奏官蘇愿·東川軍將劉澄西歸, 諭璋等使改過. 知祥遣人告璋, 欲與俱謝過自歸, 璋曰 : '唐不殺孟公家族, 於西川恩厚矣. 我子孫何在? 何謝之有!' 璋由此疑知祥賣己."

46) 『舊五代史』 「唐書」 卷43 「明宗紀」, 592면, "辛酉, 范延光奏曰 : '孟知祥兼有兩川, 彼之軍衆皆我之將士, 料其外假朝廷形勢以制之, 然陛下苟不能屈意招携, 彼亦無由革面.' 帝曰 : '知祥予故人也, 以賊臣間諜, 故玆阻隔, 今因而撫之, 何屈意之有!' 由是遣供奉官李瓌使西川, 齎詔以賜知祥"; 『新五代史』 卷64 「孟知祥傳」, 802면, "唐樞密使范延光曰 : '知祥雖已破璋, 必借朝廷之勢, 以爲兩川之重, 自非屈意招之, 彼亦不能自歸也.' 明宗曰 : '知祥, 吾故人也, 本因間諜致此危疑, 撫吾故人, 何屈意之有?' 先是, 克寧妻孟氏, 知祥妹也. 莊宗已殺克寧, 孟氏歸于知祥, 其子瓌, 留事唐爲供奉官. 明宗卽遣瓌歸省其母, 因賜知祥詔書招慰之. 知祥兼據兩川, 以趙季良爲武泰軍留後、李仁罕武信軍留後、趙廷隱保寧軍留後、張業寧江軍留後、李肇昭武軍留後. 季良等因請知祥稱王, 以墨制行事, 議未決而瓌至蜀. 知祥見瓌倨慢. 九月, 瓌自蜀還, 得知祥表, 請除趙季良等爲五鎭節度, 其餘刺史已下, 得自除授. 又請封蜀王, 且言福慶公主已卒. 明宗爲之發哀, 遣閤門使劉政恩爲宣諭使. 政恩復命, 知祥始遣其將朱滉來朝."

47) 『舊五代史』 「晉書」 卷97 「楊光遠傳」, 1291면, "明年, 范延光據鄴城叛, 高祖命光遠率師討之, 將濟河, 會滑州軍亂, 時軍衆欲推光遠爲主. 光遠曰 : '自古有折臂天子

는데, 종사(從事) 장식(張式)이 간언했지만, (장언택이) 듣지 않자 도망쳐버렸다. (장)언택의 사신이 임금을 직접 알현하여 "(장)언택이 장식을 얻지 못하면 아마도 예측할 수 없는 일을 초래할 것입니다"라고 하니, (후)진 (고)조는 또한 어쩔 수 없이 그(장식)를 내주었다[趙注 : 「장언택전」].[48] 조정의 존엄이 도리어 신하에게 위협을 당한 것이다. 그러나 이는 오히려 작은 일들이다.

안중영(安重榮)[49]은 진주(鎭州)에 있으면서 (후)진 (고)조가 거란(契丹)을 후하게 섬기는 것에 대해 자주 비방하고 비웃으며 "중국을 굽혀 외국[外蕃]을 섬기는 것"이라고 하면서, 군사를 일으켜 거란을 공격하고자 한다고 표를 올리고 아울러 거란 사신을 붙잡았으며, 각 번진에 글을 돌려 "거란은 탐욕스럽고 오만하기가 끝이 없으니, 장차 거란과 결전하고자 한다"라고 했는데, 고조가 타일러 그만두도록 했지만 따르지 않았다. (안)

乎? 且天子豈公輩販弄之物? 晉陽之降, 乃勢所窮迫, 今若爲之, 直反賊也.' 由是其下惕然, 無復言者. 高祖聞之, 尤加寵重. 光遠旣圍延光, 尋授魏博行府節度使. 兵柄在手, 以爲高祖懼已, 稍干預朝政, 或抗有所奏, 高祖亦曲從之."

48) 『舊五代史』「晉書」卷98「張彦澤傳」, 1306면, "有從事張式者, 以宗人之分, 受其知遇. 時彦澤有子爲內職, 素不叶父意, 數行笞撻, 懼其楚毒, 逃竄外地, 齊州捕送到闕, 勅旨釋罪, 放歸父所. 彦澤上章, 請行朝典, 式以有傷名教, 屢諫止之. 彦澤怒, 引弓欲射之, 式惶而獲免. 尋令人逐式出衙. 式自爲賓從, 彦澤委以庶務, 左右羣小惡之久矣, 因此讒搆, 互來迫脅, 云 : '書記若不便出, 斷定必遭屠害.' 式乃告病尋醫, 攜其妻子將奔衍州. 彦澤遣指揮使李興領二十騎追之, 戒曰 : '張式如不從命, 即斬取頭來.' 式懇告刺史, 遂差人援送到汾州. 節度使李周驛騎以聞, 朝廷以姑息彦澤之故, 有勅流式於商州. 彦澤遣行軍司馬鄭元昭詣闕論請, 面奏云 : '彦澤若不得張式, 恐致不測.' 高祖不得已而從之. 旣至, 決口割心, 斷手足而死之. 式父鐸詣闕訴冤, 朝廷命王周代之. 周至任, 奏彦澤在郡惡跡二十六條, 逃散五千餘戶. 彦澤旣赴闕, 刑法官李濤等上章請理其罪, 高祖下制, 止令削奪一階一爵而已, 時以爲失刑."

49) 安重榮(?~942) : 五代 朔州 사람으로 어릴 때 이름은 鐵胡이다. 後唐 長興中 振武巡邊指揮使가 되었고, 後晉 건국 후 成德節度使가 되었다. 亡命을 招集하고 戰馬를 사들여 발호할 뜻을 지녔다. 石敬瑭이 契丹主에게 兒皇帝를 칭하는 것이 만세의 치욕이라고 생각하며 契丹의 사자를 욕보이고 죽였다. 또 諸道에 격문을 보내 기병하여 契丹을 정벌할 것을 주장했다. 天復 6년(941) 安從進이 襄州에서 기병하자 그 역시 기병하여 남하하였으나 杜重威에게 패하여 鎭州(지금의 河北省 石家莊市 동북)으로 물러났다. 다음 해 성이 함락되어 피살되었다.

중영은 '황제는 어찌 할 수가 없다'고 말하며 결국 양주(襄州)의 안종진과 함께 모반했다[趙注 : 「안중영전」].[50] (안)종진은 양주에 있으면서 남방에서 공물을 운송하여 양주를 통과하는 것들을 번번이 억류했는데, 고조가 그를 청주(青州) 옮기고자 하여 사람을 보내 청주를 비우고 기다린다고 알렸는데, (안)종진이 "청주를 옮겨 한강(漢江) 남쪽에 두면 바로 부임하겠습니다"라고 말하자, 고조는 역시 그를 특별히 용납했다[趙注 : 「안종진전」].[51]

권위와 명령이 행해지지 않아 무인과 억센 장수들이 복종하지 않음이 이에 이르렀으니, 실로 군사력이 그들을 제어하기에 충분하지 않았기 때문이다. 그러나 (후)주(後周) 세종(世宗 : 곧, 시영(柴榮))이 등극한 뒤에는 여러 번진들이 모두 두려워하며 명령을 받았으니, 또한 군사력의 강약에 관계된 것은 아니었다. 그러니 천하를 다스리는 것은 자연히 나름의 방도가 있는 것이다.

---

50) 『舊五代史』「晉書」卷98「安重榮傳」, 1303~1304면, "高祖憂其變也, 遂幸鄴都以詔諭之, 凡有十焉. 其略曰 : '爾身爲大臣, 家有老母, 忿不思難, 棄君與親. 吾因契丹而興基業, 爾因吾而致富貴, 吾不敢忘, 爾可忘耶! 且前代和親, 只爲安邊, 今吾以天下臣之, 爾欲以一鎭抗之, 大小不等, 無自辱焉.' 重榮愈恣縱不悛, 雖有此奏, 亦密令人與契丹幽州帥劉晞結託. 蓋重榮有內顧之心, 契丹幸我多事, 復欲侵吞中國, 契丹之怒重榮, 亦非本志也. 時重榮嘗與北來蕃使並轡而行, 指飛鳥射之, 應弦而落, 觀者萬衆, 無不快抃, 蕃使因輟所乘馬以慶之, 由是名振北方, 自謂天下可以一箭而定也. 又重榮素與襄州安從進連結, 及聞從進將議起兵, 其奸謀乃決";『舊五代史』「晉書」卷79「高祖本紀」, 1047면, "(天福 6年春 6月)戊午, 鎭州節度使安重榮執契丹使拽剌, 遣輕騎掠幽州南境之民, 處於博野, 仍貢表及馳書天下, 述契丹援天子父事之禮, 貪傲無厭, 困耗中國, 已繕治甲兵, 將與決戰. 帝發所諭而止之, 重榮跋扈愈甚, 由是與襄州節度使安從進潛相搆謀爲不軌."

51) 『新五代史』卷51「雜傳」「安從進傳」, 586면, "南方貢輸道出襄陽者, 多擅留之, 邀遮商旅, 皆黥以充軍. ……. 高祖患之, 謀徙從進, 使人謂曰 : '東平王建立來朝, 願還鄕里, 已徙上黨. 朕虛青州以待卿, 卿誠樂行, 朕卽降制.' 從進報曰 : '移青州在漢江南, 臣卽赴任.' 高祖亦優容之."

297. 오대에서는 번진과 주군에 모두 무인을 등용했다五代藩郡皆用武人

오대(五代) 때 여러 번진의 절도사(節度使)는 공훈이 있는 신하나 무장을 등용하지 않은 경우가 없었으니, 설거정(薛居正)의 『구오대사(舊五代史)』와 구양수(歐陽修)의 『신오대사(新五代史)』를 두루 살펴보아도 문신이 절도사가 된 경우는 오직 풍도(馮道)가 잠시 동주(同州)에 주둔하고,[52] 상유한(桑維翰[53])이 잠시 상주(相州)와 태녕(泰寧)에 주둔했던 것뿐이었다.[54] (번진절도사들은) 투구를 쓰고 공을 쌓아 훈적을 믿고 교만했으며, 형벌을 가혹하게 하고 지나치게 세금을 거두어 백성들을 고통스럽게 했으니, 실로 이미 끊임없이 모두가 그러했다.

그런데 번진에 속하지 않은 주군(州郡)도 조정에서 무인을 자사(刺史)로 임명하는 예가 많았다. 『신오대사』「곽연로전(郭延魯傳)」에서 "자사를 모두 군공으로서 제수했는데, 논자들은 천하에 일이 많고 백성들의 힘이 곤궁하고 피폐한 때에는 자사를 무인에게 맡겨서는 안 되니, 그들이 공만 믿고 아랫사람에게 멋대로 굴어 그 폐해가 작지 않기 때문이라고 했다"고 했다.[55] 『구오대사』「안중영전(安重榮傳)」에서도 또한 "(후)량(後梁), (후)

---

52) 『舊五代史』「周書」卷126「馮道傳」, 1659면, "晉少帝卽位, 加守太尉, 進封燕國公. 道嘗問朝中熟客曰 : '道之在政事堂, 人有何說?' 客曰 : '是非相半.' 道曰 : '凡人同者爲是, 不同爲非, 而非道者, 十恐有九. 昔仲尼聖人也, 猶爲叔孫武叔所毁, 況道之虛薄者乎!' 然道之所持, 始終不易. 後有人間道於少帝曰 : '道好平時宰相, 無以濟其艱難, 如禪僧不可呼鷹耳!' 由是出道鎭同州節度使. 歲餘, 移鎭南陽, 加中書令."

53) 桑維翰(898~947) : 唐末五代 洛陽 사람으로 字는 國僑이다. 後唐 同光進士이다. 石敬瑭이 河陽에 주둔할 때 掌書記가 되었다. 稱臣을 조건으로 땅을 할양하는 조건으로 契丹의 도움을 청할 것을 헌책하여 石敬瑭의 稱帝에 공헌했다. 後晉 건국 후 翰林學士·禮部侍郎·中書侍郎同平章事·樞密院使·相州節度使·兗州節度使·晉昌節度使 등을 지냈다. 少帝 즉위 후 侍中 監修國史가 되었다. 契丹에 主和를 주장하여 강경파인 景延廣을 실각시키고 中書令, 樞密使, 魏國公에 제수되어 대소사를 처리하였다. 開運 2년(945) 李守貞 등에게 배척되어 開封尹이 되었고, 다음 해 契丹이 開封을 함락하자 張彦澤에게 살해되었다.

54) 『新五代史』卷29「桑維翰傳」, 320면, "天福四年, 出爲相州節度使, 歲餘, 徙鎭泰寧."

당(後唐) 이래 군목(郡牧)은 대개 공훈으로서 제수했는데, 올바르게 다스리는 방도에 밝지 않아, 예컨대 좌우 소인배들에게 현혹되어 관직을 팔고 돈으로 소송을 처리하며[鬻獄][56] 백성들을 착취하고 학대했다" 고 말했으니,[57] 진실로 그렇게 말하는 데에는 개탄스러움이 있었도다!

그러므로 비록 (후)당 명종(明宗)이 관료의 올바른 통치에 마음을 두어 탐욕을 징계하고 청렴을 장려하며 뇌물죄를 범한 관리는 번번이 사형에 처하면서 "탐욕스런 관리는 백성들의 좀이다"라고 말했고,[58] 등주(鄧州)의 도기(陶玘)와 박주(亳州)의 이업(李鄴)이 모두 부정한 뇌물죄로 사형이 논해졌으며, 또 (명종은) 일찍이 조서를 내려 청렴한 관리인 석경당(石敬瑭), 안종완(安從阮), 장만진(張萬進), 손악(孫岳) 등을 표창하여 천하를 가르치고 격려하려 했지만,[59] 군대 출신이란 본래 어루만져 따르게 하는 방도를 알지 못했고, (어떤) 기풍이 이미 이루어지게 되면 서로 이끌려 타락에 빠진 것을 끌어낼 수 없는 것이었다. 「상리금전(相里金傳)」에서는 이 당시 여러 주의 자사로 모두 무인이 등용되자, 대부분이 부곡(部曲)에게 관청의 일을 맡도록 해서 공사(公私)를 침범해 그 이익을 스스로 취하게 했다고 하였다. (상리)금이 기주자사(沂州刺史)가 되어 홀로 부곡이 백성들의 일에 간여하는 것을 금지하고 후하게 급료를 더해 주어 집안 일만을 맡도록 하였을 뿐이다.[60] 이는 또한 기록할 만한 올바른 공적이 있는 것이 아닌데도

---

55) 『新五代史』 卷46 「郭延魯傳」, 516면, "當是時, 刺史皆以軍功拜, 言事者多以爲言, 以謂方天下多事, 民力困敝之時不宜以刺史任武夫, 恃功縱下, 爲害不細. 而延魯父子, 特以善政著聞焉."

56) 鬻獄 : 죄인에게 금품을 받고 죄를 경감해주는 것을 가리킨다.

57) 『舊五代史』 「晉書」 卷98 「安重榮傳」, 1301면, "自梁, 唐已來, 藩侯郡牧, 多以勳授, 不明治道, 例爲左右群小惑亂, 賣官鬻獄, 割剝蒸民, 率有貪猥之名, 其實賄賂半歸於下."

58) 『新五代史』 卷6 「唐明宗紀」, 66면, "吏有犯贓, 輒寘之死, 曰 : '此民之蠹也!'"

59) 『新五代史』 卷8 「晉高祖紀」, 78면, "在陜爲政以廉聞. 是時, 諸侯多不奉法, 鄧州陶玘・亳州李鄴皆以贓汙論死, 明宗下詔書褒廉吏普州安崇阮・洛州張萬進・耀州孫岳等以諷天下, 而以敬瑭爲首."

60) 『舊五代史』 「晉書」 卷90 「相里金傳」, 1193면, "(同光)二年, 自羽林都虞候出爲忻州刺史(案 : 歐陽史作沂州). 凡部曲私屬, 皆不令干預民事, 但優其贍給, 使分掌家事而

당시에는 이미 (상리)금을 통치의 가장 훌륭한 예로 여겼던 것이니, 백성들이 도탄에 빠져 허덕였음을 가히 알 수 있다.

송(宋)나라 태조(太祖)가 문신이 백성을 다스리도록 바꾼 이후로 천하가 점차 소생하고 휴식할 수 있었는데, 역대로 그 방침에 따르니 모두 나라의 조명이 오래 유지되고 백성들이 난리가 일어날 것을 생각하지 않았다. 관직을 설치하고 법을 만드는 것을 잘함으로써 물이나 불 속 같은 괴로움에서 나와 편안한 깔개자리에 오르게 된 것이 어찌 아니겠는가.

298. 오대 때 번진 장수들이 재물을 약탈하던 관습五代藩帥劫財之習

오대(五代)의 혼란기에는 조정의 위엄과 명령이 행해지지 않았기 때문에, 번진 장수들이 재물을 약탈하는 풍조가 도적보다 심하여, 억지로 빼앗고 억울하게 죽이니 인간의 도리를 되살릴 길이 없었다.

이광주(李匡儔)는 (후)진(後晉) 군사에게 패해 창주(滄州)로 달아났는데, 따르는 화물, 기첩(妓妾), 노복들이 매우 많았지만, 창주절도사[滄帥 : 滄州節度使] 노언위(盧彥威)가 경주(景州)에서 그를 살해하고 그 재화를 모두 다 차지했다[趙注 : 「(후)진(본)기」].61)

장균(張筠)은 강회영(康懷英)을 대신해 영평절도사(永平節度使)가 되었는데, (강)회영이 죽자 (장)균은 곧 그 집안 재물을 노략질했다. 후막진위(侯

已, 故郡民安之, 大有聲績."

61) [王注] 이 기사는 『舊五代史』「唐書」 卷26 「武皇紀」에 보인다. 또 『舊唐書』와 『新唐書』에도 모두 '李匡籌'로 썼고, 그의 열전은 『舊唐書』 卷180과 『新唐書』 卷212에 있는데, 역시 모두 이 일을 기록하고 있다(따라서) 「晉紀」라고 注를 단 것은 잘못이다. 『舊五代史』「唐書」 卷26 「武皇本紀下」, 350면, "甲寅, 李匡籌携其族棄城而遁, 將之滄州, 隨行輜車・臧獲・妓妾甚衆. 滄帥盧彥威利其貨, 以兵攻匡籌於景城, 殺之, 盡擄其貲."

莫陳威)는 일찍이 온도(溫韜)와 함께 당(唐)나라 여러 능을 파헤쳐 진귀한 보물을 많이 얻었는데, (장)균은 또한 (후막진)위를 죽이고 그것을 차지해 버렸다. (장)균의 동생 장전(張錢)은 서울[京兆]을 수비하고 있었는데, 위왕(魏王) (이)계급(李繼岌)이 촉(蜀)을 멸망시키고 돌아오는데 명종(明宗)의 군사가 일어나게 되자 (장)전은 곧 함양교(咸陽橋)를 끊어버렸으며, (이)계급이 돌아갈 수가 없어 스스로 목을 메고 죽자 결국 그 짐을 모두 차지했다. 이에 앞서 왕연(王衍)이 촉에서 서울로 돌아오자 장종(莊宗)은 환관 상연사(向延嗣)를 보내 길에서 그를 죽이게 했고, (상)연사는 (왕)연의 재물을 모두 다 차지했다. 명종이 즉위함에 이르러 환관들을 모두 죽이려 하자 (상)연사는 망명을 했고, (장)전은 또한 그 재물을 모두 얻었다. 이에 따라 (장)균과 (장)전 형제 모두 수많은 재화를 가지게 되었다[趙注 : 「장균전」].[62]

마전절(馬全節)은 남당(南唐) 장수 이승유(李承裕)를 패배시키고 사로잡아 (황제의) 궐하에 바치려고 했는데, (이)승유가 "내가 성을 노략질하여 얻은 재물이 백만인데 장군이 그것을 취했다. 내가 천자를 뵈면 반드시 그 사실을 아뢴 뒤에 형장으로 갈 것이다"라고 말했다. (마)전절은 두려워하여 결국 그를 죽였다[趙注 : 「마전절전」].[63] 고윤권(高允權)은 연주령(延州令)이 되었는데 그 아내는 유경암(劉景巖)의 손녀였다. (유)경암은 연주(延州)

---

62) 『舊五代史』「晉書」卷90「張筠傳」, 1182면, "時有涇陽鎭將侯莫威, 前與溫韜同剽唐氏諸陵, 大貯奇異之物, 筠乃殺威而籍其家, 遂蓄積巨萬"; 『舊五代史』「晉書」卷90「張籛傳」, 1183면, "同光末, 筠隨魏王繼岌伐蜀, 奏籛權知西京留守事, 蜀平, 王衍挈族入朝, 至秦川驛, 莊宗遣中使向延嗣乘驛騎盡戮王衍之族, 所有奇貨, 盡歸於延嗣, 俄聞莊宗遇內難, 繼岌軍次興平, 籛乃斷咸陽浮橋, 繼岌浮渡至渭南死之, 一行金寶妓樂, 籛悉獲之. 俄而明宗使人誅延嗣, 延嗣暗遁, 衍之行裝復爲籛有, 因爲富家, 積白金萬鎰, 藏於窟室."

63) 『新五代史』卷47「馬全節傳」, 531면, "晉高祖入立, 卽拜全節橫海軍節度使, 徙鎭安遠, 代李金全. 金全叛附于李昪, 高祖發兵三萬, 使全節與安審暉討之, 金全南奔. 昪將李承裕守安州, 全節與承裕戰州南, 大敗承裕, 斬首三千級, 生擒千餘人. 承裕棄城去, 審暉追至雲夢, 執承裕及其兵二千人, 全節斬千五百人, 以其餘兵幷承裕獻于京師. 承裕謂全節曰 : '吾掠城中, 所得百萬計, 將軍皆取之矣. 吾見天子, 必訴此而後就刑.' 全節懼, 因殺承裕, 高祖置而不問, 徙全節爲昭義."

에 집이 있어 기름진 땅과 좋은 집을 가진 상당한 부자였으므로, (고)윤권은 거기서 이익을 취하려고 마음을 먹고는 이에 (유)경암이 반란을 일으켰다고 무고하고는 그를 살해했다[趙注 : 「고윤권전」].[64) 이금전(李金全)은 안주(安州)를 토벌하러 갔는데, 가보니 반란의 우두머리 왕휘(王暉)는 이미 주살된 뒤였다. (이)금전은 그 일당 무언화(武彦和)[65) 등이 반란 때 약탈한 재화가 헤아릴 수 없다는 말을 듣고는 결국 또한 그들을 죽이고 빼앗았다[趙注 : 「이금전전」].[66) 장언택(張彦澤)은 거란(契丹)에 투항한 뒤 (야율)덕광(耶律德光)의 명령을 받들어 먼저 서울로 들어왔는데, 군사를 제멋대로 풀어놓아 크게 노략질했고 또 상유한(桑維翰)을 목 졸라 죽이고 그 재화를 모두 차지했다[趙注 : 「장언택전」].[67)

64) 『舊五代史』 「周書」 卷125 「高允權傳」, 1646~1647면, "允權與夏州李彝興不協, 其年李守貞據河中叛, 密搆彝興爲援, 及朝廷用兵夏州, 軍逼延州, 允權上章論列, 彝興亦紛然自訴, 朝廷賜詔和解之. 太子太師致仕劉景巖, 允權妻之祖也, 退老於州之別墅. 景巖舊事高氏爲牙校, 亦嘗爲延帥, 甚得民心. 景巖以允權婚家後輩, 心輕之. 允權恒忌其强, 是歲冬, 盡殺景巖之家, 收其家財萬計, 以謀叛聞, 朝廷不能辨."

65) 【王注】 이는 『舊五代史』 卷97 「李金全傳」과 『資治通鑑』 卷281 「後晉紀」 「天福2年8月」條를 따른 것인데, 『新五代史』 卷48 「李金全傳」에는 '武克和'로 되어 있다.

66) 『舊五代史』 「晉書」 卷97 「李金全傳」, 1297면, "初, 金全之將行也, 高祖戒之曰 : '王暉之亂, 罪莫大焉, 但慮封守不寧, 則民受其弊.' 因折矢飛詔, 約以不戮一人, 仍許以暉爲唐州刺史. 又謂金全曰 : '卿之此行, 無失吾信.' 及金全至, 聞彦和等當爲亂之日, 劫掠郡城, 所獲財貨, 悉在其第, 遂殺而奪之."

67) 『舊五代史』 「晉書」 卷98 「張彦澤傳」, 1307면, "及王師降於中渡, 契丹主遣彦澤統二千騎趨京師, 以制少帝, 且示公卿兆民以存撫之意. 彦澤以是歲十二月十六日夜, 自封丘門斬關而入, 以兵圍宮城. 翌日, 遷帝於開封府舍, 凡內帑奇貨, 悉輦歸私邸, 仍縱軍大掠, 兩日方止. 時桑維翰爲開封尹, 彦澤召至麾下, 待之不以禮. 維翰責曰 : '去年拔公於罪人之中, 復領大鎭, 授以兵權, 何負恩一至此耶?' 彦澤無以對. 是夜殺維翰, 盡取其家財"; 『新五代史』 卷29 「桑維翰傳」, 321면, "初, 彦澤入京師, 左右勸維翰避禍, 維翰曰 : '吾爲大臣, 國家至此, 安所逃死邪!' 安坐府中不動. 彦澤以兵入, 問 : '維翰何在?' 維翰厲聲曰 : '吾, 晉大臣, 自當死國, 安得無禮邪!' 彦澤股栗不敢仰視. 退而謂人曰 : '吾不知桑維翰何如人, 今日見之, 猶使人恐懼如此, 其可再見乎?' 乃以帝命召維翰. 維翰行, 遇李崧, 立馬而語, 軍吏前白維翰, 請赴侍衛司獄. 維翰知不免, 顧崧曰 : '相公當國, 使維翰獨死?' 崧慚不能對. 是夜, 彦澤使人縊殺之, 以帛加頸, 告德光曰 : '維翰自縊' 德光曰 : '我本無心殺維翰, 維翰何必自致.' 德光至京師, 使人檢其尸, 信爲縊死, 乃以尸賜其家, 而貲財悉爲彦澤所掠."

성덕절도사(成德節度使) 동온기(董溫其)가 거란에 사로잡히자 그 아장(牙將) 비경(祕瓊)은 (동온기의) 가족을 죽이고 그 재화를 차지했다. (비)경은 제주방어사(齊州防禦使)가 되어 길을 따라 위(주)(魏州)로 갔는데, 범연광(范延光)이 군사를 매복시켰다가 그를 죽이고서 군사들이 실수로 죽였다고 소문을 냈다. 나중에 (범)연광이 반란을 일으켰다가 항복을 한 뒤 그 재물을 가지고 하양(河陽)으로 돌아갔는데, 양광원(楊光遠)이 아들 (양)승훈(楊承勳)을 시켜 그(범연광)를 밀어서 물에 빠뜨려 죽이고 그 재물을 모두 다 차지했다[趙注 : 「범연광전」].[68] 양광원도 나중에 역시 반란을 일으켰다가 다시 투항했는데, 그 고리(故吏)들이 보화, 이름난 기녀, 좋은 말 등을 다 가져다 이수정(李守貞)[69]에게 바쳤다[趙注 : 「양광원전」].[70] 구양수(歐陽修)의 『신오대사(新五代史)』에서는 (비)경이 (동)온기를 죽이고 그 재화를 차지했으나, (범)연광이 (비)경을 죽이고 그 재화를 차지했고, (범)연광 또한 재화 때문에 (양)광원에게 살해당했으나 (양)광원 역시 그 재물을 가질 수 없었다고 했다.[71] 하늘의 도가 보답하여 베푸는 것이 비록 난세일지라도 또한 어그

---

68) 『舊五代史』「晉書」 卷97 「范延光傳」, 1288면, "延光携妻子輦奇貨從焉, 每過郡邑, 多爲關吏所糾. 時楊光遠居守洛下, 兼領孟·懷, 旣利其財, 復漸測朝廷密旨, 遂奏云 : '延光國之奸臣, 若不羈縻, 必北走胡, 南入吳, 請召今西都居止.' 高祖允之. 光遠使其子承勳以兵環其第, 逼令自裁. 延光曰 : '明天子在上, 賜金書許我不死, 爾之父子何得脅制如此?' 明旦, 則以白刃驅之, 令上馬之浮橋, 排於水中."

69) 李守貞(?~949) : 五代 河陽(지금의 河南省 孟縣 동남) 사람이다. 젊어서 本郡의 牙將이 되었고, 後晉 때 客省使·宣徽使·侍衛都虞候를 지냈다. 開運 元年(944) 鄆州 馬家口에서 契丹軍을 대파하였다. 또 青州를 공격하여 楊光遠을 평정하여 同平章事에 제수되었다. 후에 兵馬都監 知幽州行府事에 임명되었다. 開運 3년(946) 杜重威와 함께 契丹에 항복하였고, 後漢 건국 후 또 劉知遠에게 항복하여 河中으로 옮겼다. 劉知遠이 죽자 乾祐 元年(948) 王景崇·趙思綰과 함께 반란을 일으켜 秦王이라 자칭하였다. 다음 해 郭威가 河中을 점령하자 가족을 이끌고 스스로 불타죽었다.

70) 【王注】 이 기사는 『新五代史』 卷52 「李守貞傳」에 보이니, 「楊光遠傳」이 아니다; 『新五代史』 卷52 「李守貞傳」, 594면, "光遠降, 其故吏宋顏悉取光遠寶貨、名姬、善馬獻之守貞, 守貞德之, 陰置顏麾下"; 『舊五代史』「漢書」 卷109 「李守貞傳」, 1437~1438면, "光遠子承勳等乞降, 守貞入城, 害光遠於別第. 光遠有孔目官吏者, 盡以光遠財寶·名姬·善馬告於守貞, 得之置於帳下."

71) 【王注】 『新五代史』 卷51 「范延光傳」에는 '不能有'라는 구절이 '不能免'으로 되어 있다; 『新五代史』 卷51 「范延光傳」, 580면, "初, 祕瓊殺董溫其取其貲, 延光又殺瓊而

러지지 않았던 것이며, 게다가 많은 재화는 해가 되어 난세에는 더욱 쉽게 화를 불러오는 것임을 볼 수 있다.

백재영(白再榮)이 진주(鎭州)에 있을 때 약탈하며 거란의 관리를 따라다니니 진주 사람들이 그를 '백마답(白麻荅)'[72]이라 불렀다. 서울로 돌아온 뒤 (후)주(後周) (태)조(太祖)의 군사들이 쳐들어오게 됐는데, 군사들은 그의 집에 이르러 재물을 모두 차지하였다. 그리고 나서 앞으로 나와 훈계조로 "우리는 일찍이 당신을 섬겼는데 하루아침에 무례함이 이에 이르렀으니 무슨 낯으로 그대를 보겠는가"라고 말하며 결국 (백재영을) 참수하고 가버렸다[趙注 : 「백재영전」].[73] 즉, 인간 세상의 일로 말하자면, 분수에 맞지 않게 재물을 취하는 것은 또한 자신을 죽이는 길이었다.

299. 오대 때 막료들의 재난五代幕僚之禍

오대(五代) 초기에는 각 방진(方鎭)에서 오히려 장서기(掌書記)[74]의 관직을 중요하게 여겼다. 아마도 군웅이 할거하여 제각기 싸워 이기기에 힘쓰

取之, 而終以貲爲光遠所殺, 而光遠亦不能免也."

72) 여기에서 말하는 麻荅은 잔혹한 거란 장수의 이름이니,(『新五代史』 卷73 「四夷附錄」 「契丹」, 903면, "麻荅者, 德光之從弟也. 德光滅晉, 以爲邢州節度使, 元欲立, 命守鎭州. 麻荅尤酷虐, 多略中國人, 剝面, 抉目, 拔髮, 斷腕而殺之, 出入常以鉗鑿挑割之具自隨, 寢處前後掛人肝、脛、手、足, 言笑自若, 鎭、定之人不勝其毒. 麻荅已去, 馮道等乃南歸"). 당시 사람들이 白再榮의 잔혹함을 보고 그에게 이와 같은 별명을 붙인 것이다.

73) 『舊五代史』 「漢書」 卷106 「白再榮傳」, 1400면, "高祖以再榮爲鎭州留後, 爲政貪虐難狀, 鎭人呼爲'白麻答'. 未幾, 移授滑州節度使, 箕斂誅求, 民不聊生, 乃徵還京師. 周太祖入京城, 軍士攻再榮之第, 迫脅再榮, 盡取財貨, 軍士前啓曰 : '某等軍健, 常趨事麾下, 一旦無禮至此, 今後何顔謁見?' 卽奮刃擊之, 挈其首而去, 後家人以帛贖葬之."

74) 掌書記 : 幕職名이다. 唐 景龍 연간(707~710) 行軍總管府에 설치되었다. 開元 元年(713) 方鎭 節度使府에도 1員을 두게 하였다. 表奏와 격문 등을 작성하는 일을 맡았으며, 方鎭의 咽喉에 해당하는 직책이었다. 五代시대 각지 군벌들은 掌書記를 중시하여 예를 갖추어 초빙하였다. 또 元帥나 都統 등이 府를 설치할 때에도 掌書記를 두었다.

다 보니 비록 편지나 격문이 왕래하는 데에 있어서도 또한 남 아래에 있는 것을 수치로 여겼고, 어떤 정권의 형편을 엿보는 자는 아울러 이 점에서 그 정권이 재사를 얻을 수 있는지 아닌지 여부를 판단하였으니, 한동안 결국 각각 명사들을 불러와 그 막부를 빛내려고 했던 듯하다.

예컨대 이습길(李襲吉)은 이극용(李克用)의 서기(書記)가 되었는데, (이)극용이 왕행유(王行瑜)를 토벌하느라 조정에 들어와 천자를 알현하지 못하자 (이)습길이 그를 위해 표문을 지어 "굴 속에 사는 새는 깃이 있어(穴禽有羽)[75] 순(舜) 임금의 음악을 듣고는 오히려 오게 되었으나, 하늘로 가는 길에는 사다리 없으니 요(堯) 임금의 구름을 바라보면서도 다다를 수 없습니다"라고 말했는데, 소종(昭宗)이 보고서 크게 감탄하며 그에게 상을 내렸다.[76] 또, (이)극용이 주온(朱溫)에 대해 친선 관계를 맺기 위해 지은 글 가운데 구절 하나에는 "내 독한 손과 그대의 존귀한 주먹을 깊은 밤에 서로 주고받았소. 쇠창과 철갑으로 무장한 말이 밝은 날 짓밟고 다녔소"라고 말하였다. (주)온이 경상(敬翔)에게 "이공(李公)은 한 구석에 떨어져 있는데도 이러한 명사를 얻었구나. 만약 내 지략으로 (이)습길의 글재주를 얻는다면, 호랑이에다 날개를 붙이는 것이다"라고 말했다. 이로 말미암아 (이)습길의 명성이 크게 드러났다.[77] 이때에 (후)량(後

75) [王注] 본문의 '穴禽有羽'는, 『舊五代史』 卷60 「李襲吉傳」에는 '羽'가 '異'로 되어 있으니, 응당 '翼'字가 나뉜 것일 것이며, 彭元瑞는 『五代史記』 卷28 「李襲吉傳」에 注하면서 『舊五代史』를 인용하여 '翼'이라고 했다. 趙翼은 '異'字에 잘못이 있음을 알고 '羽'字로 고쳤으니 뜻은 비록 가까우나, 글자는 잘못된 것이다. 현재 『舊五代史』 卷60 「李襲吉傳」, 802면에는 '穴禽有翼'으로 되어 있다.

76) 『舊五代史』 「唐書」 卷60 「李襲吉傳」, 802면, "三年, 遷節度副使, 從討王行瑜, 拜右諫議大夫. 及師還渭北, 武皇不獲入覲, 爲武皇作違離表, 中有警句云 : '穴禽有翼, 聽舜樂以猶來; 猶來, 原本作'獨來', 今從文昌雜錄改正. 天路無梯, 望堯雲而不到.' 昭宗覽之嘉歎. 洎襲吉入奏, 面詔論之, 優賜特異."

77) 『舊五代史』 「唐書」 卷60 「李襲吉傳」, 804면, "梁祖覽之, 至'毒手尊拳'之句, 怡然謂敬翔曰 : '李公斗絶一隅, 安得此文士, 如吾之智算, 得襲吉之筆才, 虎傅翼矣.' 又讀至'馬邑兒童'、'陰山部落'之句, 梁祖怒謂敬翔曰 : '李太原喘喘餘息, 猶氣呑宇宙, 可詬罵之.' 及翔爲報書, 詞理非勝, 由是襲吉之名愈重.(案通鑑考異引唐末見聞錄載全忠回書云 : 前年洹水, 曾獲賢郎; 去歲青山, 又擒列將. 蓋梁之書檄, 皆此類也.)"

梁)에는 경상이 있고, 연(燕)에는 마욱(馬郁)이 있고, 화주(華州)[78]에는 이거천(李巨川)이 있고, 형남(荊南)에는 정준(鄭準)이 있고, 봉상(鳳翔)에는 왕초(王超)가 있고, 전당(錢塘)[79]에는 나은(羅隱)[80]이 있고, 위박(魏博)에는 이산보(李山甫)가 있어 모두 글재주로 일컬어졌다[趙注 : 「이습길전」].[81] 그 뒤 풍도(馮道)가 서기에서 시작하여 재상의 반열에 들었고,[82] 상유한(桑維翰)은 서기에서 시작하여 추밀사(樞密使)가 되었으니,[83] 실로 영화로운 요직에

---

78) 華州 : 현재 陝西省 華縣으로, 이 당시에는 節度使 韓建이 독자적인 세력권을 형성하고 있었다.

79) 錢塘 : 鎭海軍節度使를 지칭하며, 현재 浙江省 杭縣이다.

80) 羅隱(833~909) : 唐末五代 新城(지금의 浙江省 桐廬縣 동북) 사람으로 일설에는 餘杭(지금의 浙江省 餘杭 남쪽) 사람이라고 한다. 原名은 橫, 字는 昭諫이다. 젊어서 시와 문장에 능하여 이름이 알려졌다. 朱溫의 벽소를 거절하고 鎭海軍節度使 錢鏐의 막료가 되어 著作佐郎·司勳郎中·諫義大夫·給事中·發運使를 역임하였다. 저서에는 『吳越掌記集』『江南甲乙集』『江東後集』『湘南應用』『淮海寓言』『羅隱集』이 있다.

81) 『舊五代史』「唐書」 卷60 「李襲吉傳」, 805면, "自廣明大亂之後, 諸侯割據方面, 競延名士, 以掌書檄. 是時梁有敬翔, 燕有馬郁, 華州有李巨川, 荊南有鄭準,(案唐新纂云 : 鄭準, 士族, 未第時, 佐荊門上谷蓮幕. 飛書走檄, 不讓古人, 秉直去邪, 無慚往哲. 考準爲成汭書記, 汭封上谷郡王.) 鳳翔有王超(案北夢瑣言云 : 唐末, 鳳翔判官王超, 推奉李茂貞, 挾曹、馬之勢, 牋奏文檄, 恣意翺翔. 後爲興元留後, 遇害, 有鳳鳴集三十卷行於世.), 錢塘有羅隱, 魏博有李山甫, 皆有文稱, 與襲吉齊名於時."

82) 『舊五代史』「周書」 卷126 「馮道傳」, 1662면, "余階自將仕郎, 轉朝議郎·朝散大夫·銀青光祿大夫·金紫光祿大夫·特進·開府儀同三司. 職自幽州節度巡官·河東節度巡官·掌書記, 再爲翰林學士, 改授端明殿學士·集賢殿大學士·太微宮使, 再爲弘文館大學士, 又充諸道鹽鐵轉運使·南郊大禮使·明宗皇帝晉高祖皇帝山陵使, 再授定國軍節度·同州管內觀察處置等使, 一爲長春宮使, 又授武勝軍節度·鄧隨均房等州管內觀察處置等使. 官自攝幽府參軍·試大理評事·檢校尙書祠部郎中兼侍御史·檢校吏部郎中兼御史中丞·檢校太尉·同中書門下平章事·檢校太師·兼侍中, 又授檢校太師·兼中書令. 正官自行臺中書舍人, 再爲戶部侍郎, 轉兵部侍郎·中書侍郎, 再爲門下侍郎·刑部吏部尙書·右僕射, 三? 司空, 兩在中書, 一守本官, 又授司徒·兼侍中, 賜私門十六戟, 又授太尉·兼侍中, 又授戎太傅, 又授漢太師. 爵自開國男至開國公·魯國公, 再封秦國公·梁國公·燕國公·齊國公. 食邑自三百戶至一萬一千戶, 食實封自一百戶至一千八百戶. 勳自柱國至上柱國. 功臣名自經邦經邦, 致理翊贊功臣至守正崇德保邦致理功臣·安時處順守義崇靜功臣·崇仁保德寧邦翊聖功臣."

83) 『舊五代史』「晉書」 卷89 「桑維翰傳」, 1161~1162면, "唐同光中, 登進士第. 高祖領河陽, 辟爲掌書記, 歷數鎭皆從, 及建義太原, 首預其謀. 復遣爲書求援於契丹, 果應之, 俄以趙德鈞發使聘契丹, 高祖懼其改謀, 命維翰詣幕帳, 述其始終利害之義, 其約乃定. 及高祖建號, 制授翰林學士·禮部侍郎, 知樞密院事, 尋改中書侍郎平章事·集

뽑힌 최고의 경우이다.

그러나 번진은 모두 무인들이라서 권세를 믿고 기분에 따라 행동하여 또한 왕왕 문인을 능멸하기도 했으니, 간혹 온당하지 않은 이유로 죽임을 당하기도 했다. 정준은 형남 성예(成汭)의 서기가 되었는데, 말하는 것이 (성예와) 맞지 않아서 관직을 버리고 떠나 버렸는데, 이에 (성)예가 노하여 몰래 사람을 시켜 그(정준)를 길에서 죽여 버렸다[趙注 : 『오대사보(五代史補)』].[84] 이때는 제후들이 막 서기를 중요하게 여기는 때였는데도 이미 함부로 잔학하게 구는 것이 이와 같았으니, 이(서기) 외에 부사(副使)나 판관(判官)[85] 같은 이들은 다시 무엇을 논하겠는가.

이제 설거정(薛居正)의 『구오대사(舊五代史)』와 구양수(歐陽修)의 『신오대사(新五代史)』에서 보이는 예를 보자. 서방업(西方鄴)이 절도사(節度使)였을 때 하는 짓이 법도에 맞지 않아 판관 담선달(譚善達)이 자주 간언을 했는데, (서방)업이 노하여 다른 일로 무고하고 옥에 가두어 죽게 했다[趙注 : 「서방업전」].[86] 양주절도사(襄州節度使) 유훈(劉訓)은 개인적인 분노로 부사 호장(胡裝)의 일족을 죽여 버리고 (호장이) 반란을 도모하려 했다고 무고했는

賢殿大學士, 充樞密院使."

84) 『舊五代史』「梁書」卷17「成汭傳」, 230면, 注 "五代史補 : 鄭準, 不知何許人, 性諒直, 能爲文章, 長于箋奏. 成汭鎭荊南, 辟爲推官. 汭嘗爲殺人, 懼爲吏所捕, 改姓郭氏, 及爲荊南節度使, 命準爲表乞歸本姓, 準援筆而成. 其略云 : '臣門非冠蓋, 家本軍戎. 親朋之內, 盱睢爲人報怨; 昆弟之間, 點染無處求生. 背故國以狐疑, 望隣封而鼠竄. 名非霸越, 乘舟難效于陶朱; 志切投秦, 出境遂稱于張祿.' 又云 : '成爲本姓, 郭乃冒稱. 本避犯禁之辜, 敢歸司寇; 別族受封之典, 誠愧諸侯. 伏乞聖慈, 許歸本姓' 云云. 其表甚爲朝廷所重. 後因汭生辰, 淮南楊行密遣使致禮幣之外, 仍貺初學記一部, 準忿然以爲不可, 謂汭曰 : '夫初學記, 蓋訓童之書爾, 今敵國交聘, 以此書爲貺, 得非相輕之甚耶! 宜書責讓.' 汭不納, 準自嘆曰 : '若然, 見輕敵國, 足彰幕府之無人也. 參佐無狀, 安可久!' 遽請解職. 汭怒其去, 潛使人于途中殺之."

85) 判官 : 唐代 使府에 설치한 幕職이다. 採訪·節度·觀察·招討·經略·防禦·團練·支度·營田·監軍 등 使職에 설치하였다. 使府의 일상사무를 처리하였다. 권력과 임무가 중하여 幕府에서 上佐의 지위에 있었고, 심지어 留後로 충임되기도 하였다. 五代 때 判官이 州郡의 일을 처리하여 州府의 職官이 되었다.

86) 『舊五代史』「唐書」卷61「西方鄴傳」, 824면, "鄴, 武人, 所爲多不中法度, 判官譚善達數以諫鄴, 鄴怒, 遣人告善達受人金, 下獄. 善達素剛, 辭益不遜, 遂死于獄中."

데, 사람들은 그 일을 원통하게 여겼다[趙注 : 「유훈전」].[87] 방지온(房知溫)이 절도사였을 때 그 측근들을 멋대로 풀어놓아 빈객과 관료들을 배척하고 욕보이는 일이 많았다[趙注 : 「방지온전」].[88] 고행규(高行珪)가 절도사였을 때 그 성질이 탐욕스럽고 야비하자, 부사 범연책(范延策)이 간언을 했으나, (고행규는) 곧 (범)연책이 반란을 도모한다고 상주하였고 그 아들까지 아울러 죽여 버렸다[趙注 : 「고행규전」].[89] 고행주(高行周)는 업성(鄴城)에 주둔하고 있었는데, 그 부사 장붕(張鵬)의 말 한 마디가 (그 자신과) 맞지 않자 (장)행주의 모함하는 상주에 의해 (장붕을) 곧 참형에 처하라는 조칙이 내려졌다[趙注 : 「고행주전」].[90] 왕계홍(王繼弘)은 상주(相州)[91]에 주둔하고 있었는데 판관 장이(張易)를 죽여 버리고는 거짓으로 소문을 퍼뜨렸다. 이때에 번군(藩郡)에서 형벌과 처형을 주청하면 모두 그 요청을 따랐으므로, 당시에는 누군가를 따라 섬겨도 빈객의 예로 대우하는 경우가 드물었고, 두 발을 모으고 발자취를 가지런히 하여 두려워하며 그를 섬겨도 오히려 재난을 면할 수가 없었다[趙注 : 「(후)한(後漢) 은제기(隱帝紀)」].[92]

---

87) 『舊五代史』「唐書」卷61「劉訓傳」, 820면, "三年, 授襄州節度使. 四年四月, 洛陽有變, 訓以私忿害節度副使胡裝, 族其家, 聞者寃之."

88) 『舊五代史』「晉書」卷91「房知溫傳」, 1196면, "知溫性麤獷, 動罕由禮, 每迎待王人, 不改戎服, 寡言笑, 多縱左右排辱賓僚, 他日知悞, 亦無愧色."

89) 『舊五代史』「唐書」卷65「高行珪傳」, 867면, "行珪性貪鄙, 短於爲政, 在安州日, 行事多不法. 副使范延策者, 幽州人也, 性剛直, 累爲賓職, 及佐行珪, 覩其貪猥, 因强諫之, 行珪不從. 後延策因入奏, 獻封章於闕下, 事有三條; 一請不禁過淮猪羊, 而禁絲綿匹帛, 以實中國; 一請於山林要害置軍鎭, 以絶寇盜; 一述藩侯之弊, 請勅從事明諫諍之, 不從, 令諸軍校列班廷諍. 行珪聞之, 深銜之. 後因戍兵作亂, 誣奏延策與之同謀, 父子俱戮於汴, 聞者寃之."

90) 이러한 내용은 『舊五代史』卷123「高行周傳」이나 『新五代史』卷48「高行周傳」에는 보이지 않고 『舊五代史』卷106, 1400면에 보인다(『舊五代史』「漢書」卷106「張鵬傳」, 1400면, "乾祐初, 授鎭州副使, 過鄴城, 高行周接之甚歡, 鵬因言及晉朝傾亡之事, 少帝任用失人, 藩輔之臣, 唯務積財富家, 不以國家爲意, 以至宗社泯滅, 非獨帝王之咎也. 行周性寬和, 不以鵬言爲過. 鵬旣退, 行周左右謂行周曰 : '張副使之言, 蓋譏令公也.' 行周因發怒, 遂奏鵬怨國訛言, 故朝廷降詔就誅於常山, 時乾祐元年七月也").

91) 相州 : 현재 河南省 安陽市.

92) 『舊五代史』「漢書」卷101「隱帝紀上」, 1349면, "相州節度使王繼弘殺節度判官張易, 以訛言聞, 是時, 法尙深刻, 藩郡凡奏刑殺, 不究其實, 卽順其請, 故當時從事鮮賓

그리고 더욱 참혹한 경우가 있으니, 장언택(張彦澤)은 창의(彰義[93])에 주둔하고 있었는데, 정치를 행함이 가혹하고 포악하여 장서기 장식(張式)이 간언했으나 (장)언택은 노하여 활을 당겨 (장식을) 쏘았으며, (장)식은 도망쳐서 죽음을 면할 수 있었고 결국 달아나고 말았다. (장)언택은 기병 이십 명을 보내어 (장)식을 추격하도록 하면서 "오지 않거든 바로 그 머리를 가져오너라"라고 말했다. (장)식이 빈주(邠州[94])에 이르자 절도사 이주(李周)가 상주를 올려 (장식을) 머물게 하였다고 하니, (장)식을 상주(商州[95])로 유배 보내라는 조칙이 내려졌다. (그러나) (장)언택은 상주를 올려 반드시 (장)식을 잡아야만 하겠다고 하니, (후)진(後晉) (고)조(高祖)는 어쩔 수 없이 그(장식)를 (장언택에게) 내주었다. (장)언택은 이에 (장식의) 심장을 가르고 입을 찢었으며 손과 발을 자르고나서 목을 베었다【趙注 : 「장언택전」】.[96] 이는 막료가 당한 재난 가운데 가장 가혹한 것이었다.

다만 사광한(史匡翰)은 의성(義成[97])에 주둔하면서 책 읽기를 좋아하고 아랫사람을 예로써 대접했다. 막부의 빈객 가운데 관철(關徹)이란 자가 있어 술주정을 하며 눈을 부릅뜨고 (사)광한에게 "근래 듣기에 장언택이 장식을 난도질했다는데, 사광한이 관철의 목을 베었다는 말은 아직 듣지 못했으니, 아마도 천하에 논자 가운데 비교할 만한 비슷한 이가 없는 것 같

客之禮, 重足累跡而事之, 猶不能免其禍焉."

93) 彰義 : 현재 甘肅省 涇川, 固原縣 일대.

94) 邠州 : 현재 陝西省 邠縣.

95) 商州 : 현재 陝西省 商縣.

96) 『舊五代史』「晉書」卷98「張彦澤傳」, 1306면, "有從事張式者, 以宗人之分, 受其知遇. 時彦澤有子爲內職, 素不叶父意, 數行笞撻, 懼其楚毒, 逃竄外地, 齊州捕送到闕, 勅旨釋罪, 放歸父所. 彦澤上章, 請行朝典, 式以有傷名教, 屢諫止之. 彦澤怒, 引弓欲射之, 式懼而獲免. 尋令人逐式出衙. 式自爲賓從, 彦澤委以庶務, 左右羣小惡之久矣, 因此讒搆, 互來迫脅, 云 : '書記若不便出, 斷定必遭屠害.' 式乃告病尋醫, 攜其妻子將奔衍州. 彦澤遣指揮使李興領二十騎追之, 戒曰 : '張式如不從命, 卽斬取頭來.' 式懇告刺史, 遂差人援送到汾州. 節度使李周驛騎以聞, 朝廷以姑息彦澤之故, 有勅流式於商州. 彦澤遣行軍司馬鄭元昭詣闕論請, 面奏云 : '彦澤若不得張式, 恐致不測.' 高祖不得已而從之. 旣至, 決口割心, 斷手足而死之."

97) 義成 : 현재 河南省 汲縣, 滑縣 일대.

소"라고 말했다. (사)광한은 화를 내지 않고 잔 가득 술을 따라 스스로를 벌하며 그를 위로하니, 당시 사람들이 그 관후함을 칭송했다.[98] 이로 본다면 선비로서 이 시대에 산 사람들은 손을 묶고 발을 얽어매어 걸핏하면 법망에 저촉되니, 어떻게 생명을 보전할지를 몰랐을 것이다.

300. 오대 때 소금과 누룩(술)에 대한 금령五代鹽麴之禁

오대(五代) 때에는 가혹한 징세에 그 한도가 없었다. 홍용재(洪容齋)[99]는 『수필(隨筆)』[100]에서 "주온(朱溫)은 이문(夷門)이라는 방진 하나에서 시작하여 힘써 정벌하여 천하를 얻었는데, 군사들은 비록 고전했으나 백성들은 즐거이 조세를 바쳤다. 말제(末帝)는 (후)당(後唐) 장종(莊宗)과 황하(黃河) 연안에서 진지를 쌓아 대치했는데, 백성들이 비록 물자를 운송하느라 곤궁해지기는 했으나 또한 아직 흩어져 도망가기에 이르지는 않았으니, 조세를 거두는 것이 가벼웠고 고향을 사랑했기 때문이었다.

---

98) 『舊五代史』 「晉書」 卷88 「史匡翰傳」, 1151~1152면, "匡翰剛毅有謀略, 御軍嚴整, 接下以禮, 與部曲語, 未嘗稱名, 歷數郡皆有政聲. 尤好春秋左氏傳, 每視政之暇, 延學者講說, 躬自執卷受業焉, 時發難問, 窮於隱奧, 流輩或戲爲'史三傳'. 旣自端謹, 不喜人醉. 幕客有關徹者, 狂率酣醬, 一日使酒, 怒謂匡翰曰 : '明公昔刺覃懷, 與徹主客道至, 事無不可, 今領節鉞, 數不相容. 且書記趙礪, 險詖之人也, 脅肩諂笑, 黷貨無厭, 而明公待之甚厚, 徹今請死. 近聞張彦澤臠張式, 未聞史匡翰斬關徹, 恐天下談者未有比類.' 匡翰不怒, 引滿自罰而慰勉之, 其寬厚如此."

99) 洪容齋 : 洪邁(1123~1202)를 지칭하며, 容齋는 그의 號이다. 宋 饒州 鄱陽縣 사람으로 字는 景盧이다. 紹興 15년(1145) 博學鴻詞科에 급제하였고, 淳熙 13년(1186) 翰林學士가 되어 『四朝國史』를 올렸다. 嘉泰 2년(1202) 端明殿大學士로 致仕하고 같은 해 죽었다. 저서에는 『容齋隨筆』 『夷堅志』 등이 있다.

100) 『隨筆』 : 南宋 洪邁의 『容齋隨筆』의 일부이다. 『容齋隨筆』은 『隨筆』 『續筆』 『三筆』 『四筆』 『五筆』 등 5集 74卷으로 나뉜다. 洪邁가 평생 섭렵한 서적에서 본 내용을 붓가는 대로 쓴 글이라고 한다. 經史, 諸子百家, 醫卜, 占星, 算術 등을 다루고 있는데, 그 중 특히 宋代 掌故와 典章制度를 상세히 다루고 있으며, 역사적 사건과 역사인물도 평론하였다.

(후)당 장종이 서리 출신 공겸(孔謙)을 삼사사(三司使)[101]로 임명하게 되자, 법을 엄준하게 하여 백성들을 착취하고, 거두는 것을 두텁게 하여 황제에게 바쳤다"라고 기록했으니,[102] 이후 조세 징수가 날로 무거워졌으며 역대로 그것을 따르게 된 것이다. 지금 소금과 술 두 가지 일에 의거해 보면 그 대강을 볼 수 있다.

무릇 소금의 경우 당호(鐺戶)[103]는 소금을 판 이익[鹽利]을 납부해야 했는데, 한 말에 백미 한 말 다섯 되를 값으로 정해 납부해야 했고, (후)진(後晉) 초기에 비로소 돈으로 바꾸어 받아들이도록 명을 내렸다. 조호(竈戶)[104]에서 납부하는 것도 이와 같았으니, 소금 값이 비쌌음을 알 수 있다. 해염(海鹽) 지역 몫으로만 매년 돈 1천 7만 관(貫)을 거두었는데,[105]

---

101) 三司使 : 官名. 五代 後唐 시기 唐의 舊例에 따라 租庸使·諸道鹽鐵使·轉運使를 설치하여 兩稅를 징수하고 鹽鐵과 轉運의 일을 처리하였다. 同光 元年(923) 內勾使에게 錢穀簿書를 관장케 했는데, 朝議에서 타당하지 않다고 하여 租庸使에게 이를 맡겼다. 天成 元年(926) 租庸使와 內勾使를 폐지하고 옛처럼 鹽鐵·戶部·度支 三司를 두어 宰相 한 명이 전문적으로 관리하도록 하였다. 長興 元年(930) 張延朗이 三司使가 되었다. 三司使의 지위는 執政에 버금가며 國計와 財政을 담당하여 計相이라 불렸다.

102) 洪邁, 『容齋隨筆』(上海古籍出版社, 1996) 卷10 「朱梁輕賦」, 529면, "其語云 : '梁祖之開國也, 屬黃巢大亂之餘, 以夷門一鎭, 外嚴烽候, 內辟汙萊, 厲以耕桑, 薄其租賦, 士雖苦戰, 民則樂輸, 二紀之間, 俄成霸業. 及末帝與莊宗對壘於河上, 河南之民, 雖困於輦運, 亦未至流亡. 其義無他, 蓋賦斂輕而丘園可戀故也. 及莊宗平定梁室, 任吏人孔謙爲租庸使, 峻法以剝下, 厚斂以奉上, 民產雖竭, 軍食尙虧, 加之以兵革, 因之以饑饉, 不四三年, 以致顚隕. 其義無他, 蓋賦役重而寰區失望故也'"; 『舊五代史』 卷146 「食貨志」, 1945면에도 동일한 내용이 기재되어 있다(『舊五代史』 卷146 「食貨志」, 1945면, "梁祖之開國也, 屬黃巢大亂之後, 以夷門一鎭, 外嚴烽候, 內辟汙萊, 厲以耕桑, 薄以租賦, 士雖苦戰, 民則樂輸, 二紀之間, 俄成霸業. 及末帝與莊宗對壘於河上, 河南之民, 雖困於輦運, 亦未至流亡, 其義無他, 蓋賦斂輕而丘園可戀故也. 及莊宗平定梁室, 任吏人孔謙爲租庸使, 峻法以剝下, 厚斂以奉上, 民產雖竭, 軍食尙虧, 加之以兵革, 因之以饑饉, 不三四年, 以致顚隕, 其義無他, 蓋賦役重而寰區失望故也").

103) 鐺戶 : 소금을 굽는 집.

104) 竈戶 : 소금을 파는 집. 또는 소금을 굽는 집.

105) **[王注]** '一千七萬貫'이라고 한 것은 『舊五代史』 卷81 「少帝紀」에 의거한 것이나, 『舊五代史』 卷146 「食貨志」에는 '一十七萬貫'이라고 되어 있고, 『五代會要』 卷260과 『資治通鑑』 卷283도 모두 「食貨志」와 같으니, 마땅히 의거하여 고쳐야 한다. 『舊五代史』 「晉書」 卷81 「少帝紀」, 1073면, "先是, 諸州府除蠶鹽外, 每年海鹽界分約收鹽價錢一千七萬貫"; 『舊五代史』 卷146 「食貨志」, 1951면, "晉天福中, 河南·河北諸州, 除俵散

조그마한 수십 주(州)의 땅에서 거둔 액수가 이와 같았으니 그 가격을 더욱 잘 알 수 있다. 성방(城坊)마다 관부에서 스스로 소금을 팔았고, 향촌에서는 호에 따라 먹는 소금을 분배했으며 토지세[田稅]에 따라 돈을 바치도록 했다. 개인적인 소금 판매를 금지하여 열 근 이상이면 사형에 처했고, 소금 덩어리를 깎거나 소금을 끓인 경우에는 몇 근(斤), 몇 냥(兩)을 막론하고 모두 죽였다. 이를 고발하는 모든 경우 열 근 이상이면 2만 전(錢)을 상으로 주었고, 50근 이상이면 3만, 100근 이상이면 5만을 주었으니, 그 법령이 엄했음을 알 수 있다.106)

(후)진 고조(高祖)는 소금이 비싼 것이 백성들을 병들게 함을 알고는 이내 조서를 내려 호구 수를 계산해 세금을 거두도록 했는데, 각 호를 천 문(文)에서 2백 문까지 다섯 등급으로 나누고 상인들이 소금을 팔고 백성들이 스스로 사 먹는 것을 허락하여, 한 때 자못 편리하게 되었다. 출제(出帝) 때에는 또 여러 주군(州郡)에 명령을 내려 소금에 세금을 매기도록 했는데, 통행세[過稅]는 한 근에 7전, 주전(住稅)107)은 한 근에 10전으로 했으니, 아마도 이미 호구 수를 조사해 염전(鹽錢)을 징수해 왔는데, 그 법을 고치는 것이 불편했으므로 다시 상세(商稅)를 더 징수해서 이익이 관부로 돌아가도록 했을 것이다.108) (후)한(後漢) 건우(乾祐) 연간(948~950)에는 청

蠶鹽徵錢外, 每年末鹽界分場務, 約糶錢一十七萬貫有餘."

106)『舊五代史』卷146「食貨志」, 1953~1955면, "自是曹、宋已西十餘州, 皆盡食顆鹽. (按五代會要 : 顯德二年八月二十四日, 宣頭節文 : '改立鹽法如後 : 一. 贍國軍堂場務. 邢洺州鹽務, 應有見垛貯鹽貨處, 鹻煎鹽場竈及應是鹻地, 並須四面脩置牆塹. 如是地里遙遠, 難爲修置牆塹, 卽作壕籬爲規隔. 如是人於壕籬內偸盜, 夾帶官鹽, 兼於壕籬外煎造鹽貨, 便仰收捉, 及許諸色人陳告. 所犯不計多少斤兩, 並決重杖一頓, 處死. 其經歷地分及門司節級人員, 並當量罪勘斷. 所有捉事.告事人賞錢, 一兩以上至一斤, 賞錢二十千 : 一斤已上至十斤, 賞錢三十千 : 一十斤已上, 賞錢五十千. 一. 應有不係官中煎鹽處鹻地, 並須標識, …… 一十斤已上至二十斤, 支賞錢一十千; 二十斤已上至五十斤, 支賞錢二十千; 五十斤已上至一百斤, 支賞錢三十千; 一百斤已上, 支賞錢五十千. 前項所定奪到鹽法條流, 其應屬州府捉獲抵犯之人, 便委本州府檢條流科斷訖申奏, 別報省司. 其屬省院捉到犯鹽之人, 干死刑者, 卽勘情罪申上, 候省司指揮. 不至極刑者, 便委務司准條流決放訖申報,' 從之.)"

107) 住稅 : 상인이 시장에 입장하여 소비자에게 판매할 때 부과되는 稅.

염(青鹽) 한 석(石)에서 돈 천 문, 소금 한 말을 세금으로 거두었는데, 이는 또한 출제 때보다도 가중된 것이다. (후)주(後周) 광순(廣順) 연간(951~953)에 비로소 조서를 내려 청염 한 석에 돈 8백 문, 소금 한 말을 거두고, 백염(白鹽) 한 석에 돈 5백 문, 소금 다섯 되를 거두게 했다.[109] 그러나, 소금값은 이미 세금 징수로 인해 더욱 비싸게 되었고, 호구를 조사해 징수하는 염세 또한 면제하지 않았으니, 이는 소금 하나에 세금 둘이 붙는 것이라 백성들은 더욱 고통스러워했다. 이것이 소금에 관한 법령의 대강이다.

술과 누룩에 대한 금령을 보면, 공순(孔循)은 일찍이 누룩에 대한 법에 따라서 낙양(洛陽)에서 한 가족을 죽였다[趙注 : 개인적으로 누룩을 만든 것이 다섯 근 이상이면 모두 죽였다].[110] 명종(明宗)은 이에 조서를 내려 향촌에서 집집마다 가을 밭의 작물에 대해 한 무(畝) 당 돈 5문을 바치도록 하고는 백성들이 스스로 누룩을 만들어 술을 빚는 것을 허락했으며, 성방(城坊)에서도 역시 직

---

108)『舊五代史』「晉書」卷81「少帝紀」, 1073면, "詔 : '州郡稅鹽, 過稅斤七錢, 住稅斤十錢, 州府鹽院並省司差人勾當.' 先是, 諸州府除蠶鹽外, 每年海鹽界分約收鹽價錢一千七萬貫, 高祖以所在禁法, 抵犯者衆, 遂開鹽禁, 許通商, 令州郡配徵人戶食鹽錢, 上戶千文, 下戶二百, 分爲五等, 時亦便之. 至是掌賦者欲增財利, 難於驟變前法, 乃重其關市之征, 蓋欲絶其興販歸利於官也. 其後鹽禁如故, 鹽錢亦徵, 至今爲弊焉."

109)『舊五代史』卷146「食貨志」, 1952면, "三年三月, 詔曰 : '青白池務, 素有定規, 祇自近年, 頗乖循守. 比來青鹽一石, 抽稅錢八百文足陌・鹽一斗 : 白鹽一石, 抽稅錢五百文・鹽五升. 其後青鹽一石, 抽錢一千・鹽一斗. 訪問更改已來, 不便商販, 蕃人漢戶, 求利艱難, 宜與優饒, 庶令存濟. 今後每青鹽一石, 依舊抽稅錢八百文, 以八十五爲陌, 鹽一斗 : 白鹽一石, 抽稅錢五百, 鹽五升. 此外更不得別有邀求. 訪聞邊上鎭鋪, 於蕃漢戶市易糴糶, 私有抽稅, 今後一切止絶'."

110)『舊五代史』「唐書」卷39「明宗紀」, 539면, "己未, 詔弛麴禁, 許民間自造, 於秋苗上納徵麴價, 畝出五錢. 時孔循以麴法殺一家於洛陽, 或獻此議, 以爲愛其人, 便於國, 故行之";『舊五代史』卷146「食貨志」, 1955~1956면, "後唐天成三年七月, 詔曰 : '應三京・鄴都・諸道州府鄉村人戶, 自今年七月後, 於是秋田苗上, 每畝納麴錢五文足陌, 一任百姓自造私麴, 醞酒供家, 其錢隨夏秋徵納. 其京都及諸道州府縣鎭坊界內, 應逐年買官麴酒戶, 便許自造麴, 醞酒貨賣. 仍取天成二年正月至年終一年逐戶計算都買麴錢數內, 十分只納二分, 以充榷酒錢, 便從今年七月後, 管數徵納. 榷酒戶外, 其餘諸色人亦許私造酒麴供家, 卽不得衷私賣酒, 如有故違, 便卽糾察, 勒依中等酒戶納榷. 其坊村一任沽賣, 不在納榷之限.' 時孔循以麴法殺一家於洛陽, 或獻此議, 以爲愛其人, 便於國, 故行之."

접 (누룩을) 만드는 것을 허락하고 그에 대한 세금을 매겼다.[111] 장흥(長興)[112] 연간(930~933)에는 다시 5문을 3문으로 줄이고 이어 조서를 내려 관부에서 직접 누룩을 만들도록 해 예전 가격의 반으로 줄여 백성들에게 팔아 술을 빚도록 했다.[113] (후)한 건우 연간에는 개인적으로 누룩 만드는 것을 금지하여 몇 근, 몇 냥을 따지지 않고 모두 죽였다. (후)주 광순 연간에는 예전처럼 다섯 근 이상일 때만 (처벌)하는 것으로 고쳤다. 그러나, 누룩 다섯 근을 사적으로 만들면 극형에 처한다고 했으니, 또한 법령이 엄혹함을 알 수 있다. 이것이 누룩에 관한 법령의 대강이다[趙注 : 이상은 모두 설거정(薛居正)의 『구오대사(舊五代史)』[114] 및 『오대회요(五代會要)』[115]에 보인다].

이 두 가지 일만 봐도 법을 엄준하게 하여 이익을 독점했으니 백성들이 이미 명령을 감당할 수 없었는데, 더구나 부역이 잦고 무거우며 가혹하게 거두는 세금이 갖가지로 나오는 데에다 번진에서 사사로이 거두는 것까지 더해졌다. 예컨대 조재례(趙在禮)의 '못뽑이세[拔釘錢]'[116]는 한 집에 천 문이었고,[117] 유수(劉銖)가 가을 작물에 덧붙여 부과한 것은 한 무

111) 『舊五代史』 卷146 「食貨志」, 1956면, "長興元年二月, 赦書節文 : '諸道州府人戶, 每秋苗一畝上, 元徵麴錢五文, 今後特放二文, 只徵三文'."

112) 長興 : 五代 後唐 明宗 李嗣源의 연호이다. 930~933년을 가리킨다.

113) 『舊五代史』 「唐書」 卷42 「明宗紀」, 578면, "丁卯, 詔 : '諸州府城郭內依舊禁麴, 其麴官中自造, 減舊價之半貨賣. 應田畝上所徵麴錢並放, 鄕村人戶一任私造.' 時甚便之."

114) 『舊五代史』 「周書」 卷112 「太祖紀」, 1484면, "癸丑, 詔改鹽麴法, 鹽麴犯五斤已上處死, 煎鹻鹽者犯一斤已上處死. 先是, 漢法不計斤兩多少, 並處極刑, 至是始革之."

115) 『五代會要』 卷26 「麴」條, 420~422면.

116) 拔釘錢 : 五代 後晉의 宋州節度使 趙在禮의 착취방법이다. 趙在禮가 永興節度使로 옮길 때 백성들이 기뻐하며 눈 안의 못을 뽑는 것처럼 통쾌하다고 한 말을 듣고 노하여 表를 올려 宋州에 1년 유임할 것을 청하였다. 그리고 屬吏에게 宋州의 人戶에게 해마다 1千錢을 내게 하였는데, 이를 '拔釘錢'이라 칭했다. 만약 내지 않으면 채찍으로 때려 내도록 만들었다. 본서 「287. 『구오대사』에도 또한 직필한 대목이 있다」를 참조하라.

117) 『舊五代史』 「晉書」 卷90 「趙在禮傳」, 1179면, 注 "五代史補 : 趙在禮之在宋州也, 所爲不法, 百姓苦之. 一旦下制移鎭永興, 百姓欣然相賀, 曰 : '此人若去, 可爲眼中拔釘子, 何快哉!' 在禮聞之怒, 欲報'拔釘'之謗, 遽上表更求宋州一年, 時朝廷姑息勳臣, 詔許之. 在禮於是命吏籍管內戶口, 不論主客, 每歲一千, 納之於家, 號曰'拔釘錢', 莫不公行督責, 有不如約, 則加之鞭朴, 雖租賦之不若也. 是歲獲錢百萬."

당 3천 전, 여름 작물에 부과한 것은 한 무에 2천 전이었다.[118] 백성들의 이 당시 생활에 대해 이루 다 개탄할 수 있겠는가!

301. 오대 때에는 형벌을 남용했다 五代濫刑

오대(五代)는 난세였으므로 본래 제대로 된 형법이 없었으니, 사람 목숨을 풀이나 티끌처럼 보아 걸핏하면 일족의 주살[族誅]을 일삼았다. (후)량(後梁) (태)조(太祖)는 묵은 원한 때문에 사람을 보내 왕사범(王師範)의 일족을 낙양(洛陽)에서 주살하게 했는데, (왕)사범은 자리를 마련해 종족들과 더불어 술을 마시면서 사자에게 "죽음은 사람이 면할 수 없는 것이나, 아이와 어른이 순서를 잃음으로써 땅속에서 조상들에게 부끄러울까 염려가 되네"라고 말하고는, 술자리가 한창이 되자 아이와 어른이 순서대로 가서 죽도록 명했다[趙注 : 「왕사범전」].[119] (후)당(後唐) 장종(莊宗)은 (후)량을 멸망시킨

118) 『舊五代史』 「漢書」 卷107 「劉銖傳」, 1415면, "在任擅行賦斂, 每秋苗一畝率錢三千, 夏苗一畝錢二千, 以備公用."

119) 『舊五代史』 「梁書」 卷13 「王師範傳」, 177면, "開平初, 太祖封諸子爲王, 友寧妻號訴於太祖曰 : '陛下化家爲國, 人人皆得崇封. 妾夫早預艱難, 粗立勞効, 不幸師範反逆, 亡夫橫屍疆場. 讎尙在朝廷, 受陛下恩澤, 亡夫何罪!' 太祖凄然泣下曰 : '幾忘此賊.' 卽遣人族師範於洛陽. 先掘坑於第側, 乃告之, 其弟師誨, 兄師悅及兒姪二百口, 咸盡戮焉. 時使者宣詔訖, 師範盛啓宴席, 令昆仲子弟列座, 謂使者曰 : '死者人所不能免, 況有罪乎! 然予懼坑屍於下, 少長失序, 恐有愧於先人.' 行酒之次, 令少長依次於坑所受戮, 人士痛之"; 『新五代史』 卷42 「雜傳」 「王師範傳」, 453~454면, "太祖卽位, 召爲右金吾衛上將軍, 居于洛陽. 太祖心欲誅之, 未有以發. 太祖諸子已封王, 宴於宮中, 友寧妻泣謂太祖曰 : '陛下化家爲國, 諸子人人皆得封, 而妾夫獨以戰死, 奈何讎人猶在朝廷!' 太祖奮然戟手曰 : '吾亦幾忘此賊!' 乃遣人就洛陽族滅之. 使者至, 先掘坑於外, 乃入告之. 師範設席爲具, 與諸宗族飮酒, 謂使者曰 : '死, 人之所不免, 況有罪乎? 然懼少長失序, 下愧於先人.' 酒半, 令少長以次起, 就戮於坑所, 聞者皆哀憐之." 여기에서 보이는 '友寧妻'는 곧 朱溫의 조카였던 安王 朱友寧의 妻이며, 朱友寧은 王師範과 싸우다가 타고 있던 말이 넘어지는 바람에 전장에서 죽었다.

뒤 조서를 내려 (후)량의 신하였던 조암(趙巖) 등과 그 일족을 모두 시장에서 죽이도록 했는데, 처자식과 가까운 친척 외에 먼 친척과 노비들은 모두 풀어주었다[趙注 : 「장종기」].[120] 또 하로기(夏魯奇)에게 명하여 주우겸(朱友謙)의 일족을 하중(河中)에서 주살하도록 했는데, (주)우겸의 아내 장(張)씨가 그 집안 식구 2백여 명을 거느리고 와서 (하)노기를 보고 "청컨대 가까운 친척을 가려내어 다른 사람이 괜히 죽게 하지 마십시오"라고 말했다[趙注 : 「주우겸전」].[121] 변주(汴州) 공학지휘사(控鶴指揮使) 장간(張諫)이 반란을 도모하다가 법대로 주살된 뒤 다시 그 일당 3천 명을 모아 모두 일족을 주살했고, 아울러 활주(滑州)의 장검(長劍) 등 (아병(牙兵)) 군사 수백 명을 죽이고 그 일족을 주살했다[趙注 : 「명종기(明宗紀)」].[122] (후)한(後漢) 삼사사(三司使) 왕장(王章)이 죽임을 당하자, 장이숙(張貽肅)에게 시집간 딸이 있었는데 이미 해를 넘겨 병을 앓고 있는 환자인데도 부축해 가서 죽이도록 했다[趙注 : 「왕장

120) 『舊五代史』「唐書」卷30「莊宗紀」, 413~414면, "朕既殄爲庭, 顯平國患. 好生之令, 含弘雖切於予懷 : 懲惡之規, 決斷難違於衆請. 況趙巖·趙鵠等, 自朕收城數日, 布惠四方, 尙匿迹以潛形, 罔悛心而革面, 須行赤族, 以謝衆心. 其張漢傑昨於中都與王彦章同時俘獲, 此際未詳行止, 偶示哀矜. 今既上將陳詞, 羣情激怒, 往日既彰於僭濫, 此時難漏於網羅, 宜置國刑, 以塞羣論. 除妻兒骨肉外, 其他疏屬僕使, 並從釋放. 敬翔·李振, 首佐朱溫, 共傾唐祚, 屠害宗屬, 殺戮朝臣, 既寰宇以皆知, 在人神而共怒. 敬翔雖聞自盡, 未豁幽冤, 宜與李振並族於市. 疎屬僕使, 並從原宥. 朱珪素聞狡蠹, 唯務讒邪, 鬬惑人情, 枉害良善, 將淸內外, 須切去除, 況衆狀指陳, 亦宜誅戮. 契丹撒剌阿撥, 既棄其母, 又背其兄. 朕比重懷來, 厚加恩渥, 看同骨肉, 錫以姓名, 兼分符竹之榮, 疊被頒宣之渥. 而乃輒辜重惠, 復背明廷, 罔顧欺違, 竄歸僞室, 既同梟獍, 難貸刑章, 可並妻子同戮於市. 其朱氏近親, 趙鵠正身, 趙巖家屬, 仰嚴加擒捕. 其餘文武職員將校, 一切不問."

121) 『舊五代史』「唐書」卷63「朱友謙傳」, 847면, "命夏魯奇誅其族於河中. 初, 魯奇至, 友謙妻張氏率其家屬二百餘口見魯奇曰 : '請疏骨肉名字, 無致他人橫死'"; 『新五代史』卷45「雜傳」「朱友謙傳」, 494면, "(伶人)景進使人詐爲變書, 告友謙反. 莊宗惑之, 乃徙友謙義成軍節度使, 遣朱守殷夜以兵圍其館, 驅友謙出徽安門外, 殺之, 復其姓名. 詔魏王繼岌殺令德於遂州, 王思同殺令錫於許州, 夏魯奇族其家屬于河中. 魯奇至其家, 友謙妻張氏率其宗族二百餘口見魯奇曰 : '朱氏宗族當死, 願無濫及平人.' 乃別其婢僕百人, 以其族百口就刑."

122) 『舊五代史』「唐書」卷36「明宗紀」, 500~501면, "誅滑州左右崇牙及長劍等軍士數百人, 夷其族, 作亂故也."

전」.[123] 이는 일족을 주살하는 법[族誅之法]이란 죄인의 부모, 형제, 처자식, 자손과 시집간 딸까지 모두 하나도 면할 수 없었다는 것을 말한다.

올바르지 못한 법으로 가하는 형벌이 여기서 극에 달했는데, 특히 (후)한 때처럼 남용된 경우가 없었다. 사홍조(史弘肇)는 장수가 된 뒤 휘하에서 조금이라도 뜻을 거스르면 바로 때려 죽였다. 그러므로 (후)한 (고)조(高祖)가 군사를 일으킨 초기에는 (사)홍조가 군사를 거느리고 앞서 나아갔는데, 지나는 곳마다 추호도 범하는 자가 없어 수도 두 곳이 안정되었으니, 일찍이 엄격한 형벌의 효과가 이처럼 나타난 적이 없었다. 은제(隱帝) 때 이수정(李守貞) 등이 반란을 일으키자 서울지역에는 유언(流言)들이 많았는데, (사)홍조가 군사들을 단속해 순찰을 하면서 죄가 크건 작건 모두 죽였으니, 대낮에 하늘을 우러러 보는 사람이 있으면 또한 시장에서 허리를 베었다. 백성들이 죄에 저촉될 경우 (사)홍조가 다만 손가락 세 개를 관리에게 보이기만 하면 관리가 바로 허리를 베고, 또 혀를 끊고, 입을 찢고, 힘줄을 베고, 발을 자르는 형벌을 가했다. 이 때문에 무뢰배들이 멀리서 보기만 해도 도망가 숨고 길에 떨어진 물건이 있어도 사람들이 감히 가져가지 못했으니, 또한 일찍이 혼란을 평정하는 법이 아니라고 할 수는 없다. 그러나 죄의 경중과 이유의 시비를 묻지 않고 단지 범한 바가 있다고만 하면 극형에 처했으니, 억울한 죄를 쓴 집에서도 감히 하소연하는 말을 올리지 못했고, 군리(軍吏)들은 이를 빌미로 간악함을 행하여 재난을 떠넘기고 사람을 협박하는 것이 이루 다 셀 수도 없었다. 그러므로 재상 이숭(李崧)[124]의 아우 (이)서(李嶼)에게 갈연우(葛延遇)라는 노복이 있었는

123) 『舊五代史』「漢書」卷107「王章傳」, 1410~1411면, "乾祐三年冬, 與史弘肇, 楊邠等遇害, 夷其族. 妻白氏, 禍前數月而卒. 無子, 惟一女, 適戶部員外郎張貽肅, 羸疾踰年, 扶病就戮."

124) 李崧(?~948) : 五代 深州 饒陽縣 사람으로 小字는 大丑이다. 後唐 때 戶部侍郎·端明殿學士를 지냈으며, 石敬瑭과 친했다. 後晉 때 中書侍郎同平章事 兼樞密使가 되었다. 契丹이 後晉을 멸할 때 太子太師에 제수되어 契丹을 따라 鎭州로 옮겼다. 後漢初 돌아왔으나 蘇逢吉 등에게 모함당해 族誅되었다.

데, (이)서의 재물을 횡령하여[乾沒][125] (이)서가 그것을 꾸짖자, (갈)연우는 결국 (이)숭과 (이)서가 이수정과 내통하여 반란을 도모했다고 고발했고, (둘은) 이에 연좌되어 일족이 주살되었다.[126] 하복진(何福進)은 옥으로 만든 베개를 하나 가지고 있었는데, 노비를 시켜 그것을 강남(江南)에서 팔도록 했으나 노비가 그 값을 숨기니 (하)복진이 그를 매질하였다. 노비는 바로 (하)복진이 오(吳)와 내통했다고 무고했고, (사)홍조는 곧 (하복진의 죄를) 다스려 (하)복진을 시장에서 죽였으며,[127] (하복진의) 휘하들이 또 그 처자식을 나누어 가지고 집안 재산을 챙겨 차지했다. 이에 예전에 벼슬을 했거나 장수를 지낸 집안에서는 노비들에 대해 당장에 탈이 없도록 달래어 주인과 노비의 구분을 회복할 수 없었다[趙注 : 「사홍조전」].[128] 이는 서

---

125) 乾沒 : 요행으로 이득을 얻는 것, 또는 남의 물건을 횡령함을 뜻한다.

126) 『新五代史』 卷57 「雜傳」 「李崧傳」, 655면, "漢高祖入京師, 以崧第賜蘇逢吉, 崧家遭亂, 多埋金寶, 逢吉悉有之. 而崧弟嶼, 嶬與逢吉子弟同舍, 酒酣, 出怨言, 以爲奪我第. 崧又以宅券獻逢吉, 逢吉尤不喜. 漢法素嚴, 楊邠, 史弘肇多濫刑法. 嶼僕葛延遇爲嶼商賈, 多乾沒其貲, 嶼笞責之. 延遇夜宿逢吉部曲李澄家, 以情告澄. 是時, 高祖將葬睿陵, 河中李守貞反. 澄乃教延遇告變, 言崧與其甥王凝謀因山陵放火焚京師, 又以蠟丸書通守貞. 逢吉遣人召崧至第, 從容告之, 崧知不免, 乃以幼女託逢吉 …… 乃自誣伏, 族誅"; 『舊五代史』 卷108 「李崧傳」, 1421면에도 같은 내용이 있으며, 아울러 "未幾, 葛延遇, 李澄亦以戮死"라고 기록하고 있다.

127) [王注] 『舊五代史』 卷107 「史弘肇傳」에는 '福進'을 '福殷'으로 했는데, 『殿本考證』에는 '福進'이 잘못인가 의심하였다.

128) 『舊五代史』 「漢書」 卷107 「史弘肇傳」, 1404~1405면, "時太白晝見, 民有仰觀者, 爲坊正所拘, 立斷其腰領. 又有醉民抵忤一軍士, 則誣以訛言棄市. 其他斷舌, 決口, 斮筋, 折足者, 僅無虛日. 故相李崧爲部曲誣告, 族戮於市, 取其幼女爲婢. 自是仕宦之家畜僕隸者, 皆以姑息爲意, 而舊勳故將失勢之後, 爲厮養輩之所脅制者, 往往有之 …… 有燕人何福殷者, 以商販爲業, 嘗以十四萬市得玉枕, 遣家僮及商人李進賣於淮南, 易茗而迴. 家僮無行, 隱福殷貨財數十萬, 福殷責其償, 不伏, 遂杖之. 未幾, 家僮詣弘肇上變, 言契丹主之入汴也, 趙延壽遣福殷齎玉枕陰遺淮南, 以致誠意. 弘肇即日遣捕福殷等繫之. 解暉希旨, 榜掠備至, 福殷自誣, 連罪者數輩, 幷棄市. 妻女爲弘肇帳下分取之, 其家財籍沒." 아울러 『新五代史』 卷30 「漢臣傳」 「史弘肇傳」, 331면, "隱帝時, 河中李守貞, 鳳翔王景崇, 永興趙思綰等皆反, 關西用兵, 人情恐懼, 京師之民, 流言以相驚恐. 弘肇出兵警察, 務行殺戮, 罪無大小皆死. 是時太白晝見, 民有仰觀者, 輒腰斬于市. 市有醉者忤一軍卒, 誣其訛言, 坐棄市. 凡民抵罪, 吏以白弘肇, 但以三指示之, 吏即腰斬之. 又爲斷舌, 決口, 斮筋, 折足之刑. 李崧坐奴告變族誅, 弘肇取其幼女以爲婢. 於是前資故將失職之家, 姑息僮奴, 而厮養之輩, 往往脅制

울에서 형벌을 남용한 것이다.

소봉길(蘇逢吉)이 재상이 된 뒤 천하에 도적이 많다고 여겨, 스스로 조서를 기초하여 무릇 도적이 있는 모든 곳은 그 집안과 이웃들까지 모두 일족을 주살하도록 했다. 어떤 사람이 "도적에 대해서도 일족을 주살하는 법이 없는데, 하물며 이웃이야 어떻겠습니까"라고 말하자, 이에 '일족'이라는 말만 뺐다. 이로 말미암아 운주포적사(鄆州捕賊使)인 장령유(張令柔)는 평음현(平陰縣) 열일곱 개 마을 사람들을 죽여 모두 없앴다. 위주자사(衛州刺史) 섭인로(葉仁魯)는 군사를 거느리고 도적을 잡다가 어떤 마을의 백성 십여 명이 도적을 쫓아 산으로 들어오자, (섭)인로는 또한 그들도 도적이라고 의심한 나머지 그들의 다리 근육을 자르니, (백성들은) 구르며 울부짖다가 죽었다[趙注 : 「소봉길전」].[129] 유수(劉銖)는 법을 매우 엄하게 만들었는데, 좌우에 뜻을 거스르는 자가 있으면 곧 사람을 시켜 거꾸로 잡아끌어 내니, 수백 걸음을 끌면 몸에 성한 살갗이 없게 되었다. 매번 사람을 칠 때는 곤장 두 개를 교대로 내려쳤는데, 이를 '합환장(合歡杖)'이라 했다. 혹은 그 나이만큼 매를 쳤는데 이를 '수년장(隨年杖)'이라 했으니,[趙注 : 「유수전」][130] 이는 또한 지방에서 형벌을 남용한 것이다.

其主. 侍衛孔目官解暉狡酷, 因緣爲姦, 民抵罪者, 莫敢告訴. 燕人何福進有玉枕, 直錢十四萬, 遣僮賣之淮南以鬻茶. 僮隱其錢, 福進笞責之, 僮乃誣告福進得趙延壽玉枕, 以遺吳人. 弘肇捕治, 福進棄市, 帳下分取其妻子, 而籍其家財."

129) 『新五代史』 卷30 「漢臣傳」 「蘇逢吉傳」, 328~329면, "是時, 天下多盜, 逢吉自草詔書下州縣, 凡盜所居本家及鄰保皆族誅. 或謂逢吉曰 : '爲盜族誅, 已非王法, 況鄰保乎!' 逢吉以爲是, 不得已, 但去族誅而已. 於是鄆州捕賊使者張令柔盡殺平陰縣十七村民數百人. 衛州刺史葉仁魯聞部有盜, 自帥兵捕之. 時村民十數共逐盜, 入于山中, 盜皆散走. 仁魯從後至, 見民捕盜者, 以爲賊, 悉擒之, 斷其脚筋, 暴之山麓, 宛轉號呼, 累日而死. 聞者不勝其冤, 而逢吉以仁魯爲能, 由是天下因盜殺人滋濫."

130) 『舊五代史』 「漢書」 卷107 「劉銖傳」, 1415면, "隱帝卽位, 加檢校太師, 兼侍中. 銖立法深峻, 令行禁止, 吏民有過, 不問輕重, 未嘗貸免. 每親事, 小有忤旨, 卽令倒曳而出, 至數百步外方止, 膚體無完者. 每杖人, 遣雙杖對下. 謂之'合歡杖'. 或杖人如其歲數, 謂之'隨年杖'"; 『新五代史』 卷30 「漢臣傳」 「劉銖傳」, 335면, "然銖用法, 亦自爲刻深. 民有過者, 問其年幾何, 對曰若干, 卽隨其數杖之, 謂之'隨年杖'. 每杖一人, 必兩杖俱下, 謂之'合歡杖'."

악랄함이 사해(四海)를 아프게 하고 재앙이 만방(萬方)에 미쳤으니, 유(劉)씨 부자 두 황제가 재위한 기간은 4년에 이르지 못했고,131) 양(빈)(楊邠),132) 사(홍조), 소(봉길), 유(수) 등 여러 사람 역시 모두 불의의 재난를 당해 하나도 좋게 죽은 이가 없었다.133) 이는 진실로 하늘의 도란 그대로 되갚아 주는 것이 분명한 것이었지만, 이 당시 살던 백성들은 어떻게 손발을 두어야 할지를 알지 못했던 것이다.

302. 오대 때 제후들이 바치는 공물로 마구나 병기를 많이 썼다 五代諸侯貢奉多用鞍馬器械

무력을 쓰는 시대에는 군사장비가 중요했으므로, 오대(五代) 번진(藩鎭)에서 공물을 바칠 때에는 마구나 병기를 우선로 하는 경우가 많았다. 「(후)량 (본)기(梁紀)」를 보면, 개평(開平) 2년(908) 대명절(大明節)134)에 내외 신료들이 각각 기이한 재화나 좋은 말을 바치며 장수할 것을 빌었다.135) 청명연(淸明宴)에서는 안장과 고삐를 갖춘 말과 금은으로 만든 기

131) 後漢 高祖와 隱帝의 재위 기간은 합쳐서 947~950年으로 4년에 불과했다.

132) 楊邠(?~950) : 五代 魏州 冠氏縣(지금의 山東省 冠縣) 사람이다. 後唐 때 勾押官을 지냈고, 後晉 때 劉知遠을 섬겨 右都押衙가 되었다. 後漢 때 樞密使를 역임하였고, 隱帝 때 中書侍郎 兼 吏部侍郎 同平章事를 지냈다. 吏事에는 능했지만 大體에는 무식하여 창고가 충실하고 군대가 강하면 족하다고 생각하여 禮樂과 文物에는 관심을 가지지 않았다. 정치가 가혹하고 세밀하여 통행증 없이 이동할 수 없었다. 후에 隱帝를 노하게 하여 살해되었다.

133) 【王注】 楊은 楊邠, 史는 史弘肇, 蘇는 蘇逢吉, 劉는 劉銖를 이르는데, 史弘肇, 蘇逢吉, 劉銖의 일은 모두 本篇에 보이나, 오직 楊邠만은 宰相이었고 史弘肇가 그에 의지하여 惡을 행했는데도 本文에는 일찍이 論及하지 않았다.

134) 大明節 : 황제의 탄생일을 가리키며, 이 날의 앞뒤로 하루씩 휴가를 정했다. 『舊五代史』 「梁書」 卷3 「太祖紀」, 51면, "(開平元年 5月)辛巳, 有司奏, 以降誕之日爲大明節, 休假前後各一日."

135) 『舊五代史』 「梁書」 卷4 「太祖紀」, 65면, "己未, 大明節諸道節度刺史各進獻鞍馬・銀器・綾帛以祝壽, 宰臣百官設齋相國寺."

물을 바친 것이 거의 천만에 달했다.[136] 단오날[午日]에 바친 것은 액수로 거만(巨萬)에다 말 3천 필이었다.[137] 그러고 나서 또 조서를 내려 여러 도(道)에서 공물을 바칠 때 금은보석으로 무기와 갑옷을 장식하지 않도록 하고, 안장이나 굴레도 역시 도금을 하거나 용과 봉황을 조각하지 않도록 했다.[138] 이 당시 공물을 바치는 것이 오로지 군사 장비를 중요하게 여겼음을 볼 수 있다.[139]

구양수(歐陽修)의 『신오대사(新五代史)』에서는, (후)당(後唐) 장종(莊宗) 이후 방진에서 공물을 바치는 일이 조금씩 생겨났고, (후)진(後晉)에 이르러 서울에 보태고 나라를 돕는 물자가 걸핏하면 천 단위로 헤아리게 되었으며, 그들이 조정으로 사신을 보낼 경우 연회를 돈으로 사고 죄를 대속하는 것 등이 공헌(貢獻)에서 나오지 않는 것이 없다고 했다. 지금 살펴보건대, 장종이 막 (후)량(後梁)을 멸망시켰을 때 하남윤(河南尹) 장전의(張全義)가 전각을 따뜻하게 하는 물건들을 바쳤는데,[140] 나중에 결국 총애가 여러 신하들 가운데 으뜸이 되었고, 유황후(劉皇后)에게 명하여 (장전의에게) 절을 하고 (그를) 아버지로 삼도록 했다고 한다.[141] 이때부터 재

---

136) 『舊五代史』「梁書」卷5「太祖紀」, 82면, “又連淸明宴, 以鞍韂馬及金銀器·羅錦進者迨千萬, 乃御宣威殿, 宴宰臣及文武官四品已上.”

137) 『舊五代史』「梁書」卷5「太祖紀」, 83면, “自朔旦至癸巳, 內外以午日奉獻巨萬, 計馬三千蹄, 餘稱是, 復相率助修內壘.”

138) 『舊五代史』「梁書」卷4「太祖紀」, 62면, “(開平 2年 6月) 詔曰: ‘敦尙儉素, 抑有前聞, 斥去浮華, 期臻至理. 如聞近日貢奉, 競務奢淫, 或奇巧蕩心, 或雕鐫溢目, 徒殫資用, 有費工庸. 此後應諸道進獻, 不得以金寶裝飾戈甲劍戟, 至於鞍勒, 不用塗金及雕刻龍鳳. 如有此色, 所司不得引進’.”

139) [王注] 大明節 奉獻은 開平 2년 10월이고, 淸明宴 奉獻은 開平 4년 2월이었으며, 단오 奉獻은 開平 4년 5월이고, 諸道에 進獻하도록 조서를 내린 일은 開平 2년 6월의 일인데 지금 모두 開平 2년의 일로 서술하고 있으며, 게다가 諸道에 조서를 내린 일을 가장 마지막에 나열하였으니 (서술이) 아주 혼란스럽게 되었다.

140) 『新五代史』卷5「唐莊宗紀下」, 46면, “二年春正月, 河南尹張全義及諸鎭進暖殿物.”

141) 『舊五代史』「唐書」卷32「莊宗紀」, 444면, “(同光 2年 12月)庚午, 帝與皇后劉氏幸張全義第, 酒酣, 帝命皇后拜全義爲養父, 全義惶恐致謝, 復出珍貨貢獻. 翌日, 皇后傳制, 命學士草謝全義書, 學士趙鳳密疏, 陳國后無拜人臣爲父之禮, 帝雖嘉之, 竟不能已其事”; 『新五代史』卷45「雜傳」「張全義傳」, 491면, “初, 梁末帝幸洛陽, 將祀天

물을 바치는 풍조가 크게 일어났다. 명종(明宗)은 남교(南郊)에서 조서를 내려 양천(兩川)에 제사를 돕는 예물 50만을 바치라고 했으니, 또한 명확히 조서를 내려 징발한 것이었다[趙注 : 「명종기」].[142) (후당) 천성(天成) 연간(926~930)에 임환(任圜)[143)이 "관례로는 공물을 바치는 것이 비록 말을 바치는 것을 명분으로 삼았지만, 도리어 비단이나 금은으로 말값을 바꾸고 있사오니, 이제 청컨대 그대로 따르십시오"라고 상주했다[趙注 : 『오대회요(五代會要)』].[144) 그런 즉 또한 (말 값을) 다른 것으로 바꾸도록 한 것을 명확히 한 셈이다. (후)진 천복(天福) 3년(938)에는 여러 번진에서 모두 물자를 바쳐 나라를 도왔다. 고조(高祖)가 붕어하자 절도사(節度使) 경연광(景延廣),[145) 이수정(李守貞), 곽근(郭謹) 등이 모두 돈과 곡식을 바쳐 능묘 만드는 것을 도왔다[趙注 : 「진기(晉紀)」].[146) 아마도 후당 이후로는 또한 재물을

於南郊而不果, 其儀仗法物猶在, 全義因請幸洛陽, 白南郊儀物已具. 莊宗大悅, 加拜全義太師、尙書令. 明年十一月, 莊宗幸洛陽, 南郊而禮物不具, 因改用來年二月, 然不以前語責全義. 以皇后故, 待之愈厚, 數幸其第, 命皇后拜全義爲父, 改封齊王."

142) 【王注】 이 일은 『新五代史』 卷51 「董璋傳」에 보이니, 「明宗紀」가 아니다. 『新五代史』 卷51 「雜傳」 「董璋傳」, 575면, "天成四年, 明宗祀天南郊, 詔兩川貢助南郊物五十萬."

143) 任圜(?~927) : 五代 京兆府 三原(지금의 陝西省 三原縣 동북) 사람이다. 明敏하고 才辯이 있었다. 後唐 莊宗 때 工部尙書 兼 眞定尹 知北京留守事가 되었다. 明宗 때 中書侍郎同平章事 兼 判三司가 되었다. 후에 明宗에게 직언하여 죄를 얻었고, 安重誨에게 모함을 당해 살해되었다.

144) 『舊五代史』 「唐書」 卷38 「明宗紀」, 521면, 注 "案五代會要 : 任圜奏 : 三京留守·諸道節度觀察·諸州防禦使·刺史, 每年應聖節及正至等節貢奉, 或討伐勝捷, 各進獻馬. 伏見本朝舊事, 雖以獻馬爲名, 多將綾絹金銀折充馬價, 蓋跋涉之際, 護養稍難, 因此羣方俱爲定制. 自今後伏乞除蕃部進駝馬外, 諸州所進馬, 許依天復三年已前事例, 隨其土産折進價直, 冀貢輸之稍易, 又誠敬之獲申. 兼欲于諸處揀孳生馬, 準舊制分置監牧, 仍委三司使別具制置奏聞."

145) 景延廣(892~947) : 唐末五代 陝州(지금의 河南省 三門峽市 서쪽) 사람으로 字는 航川이다. 後梁 때 軍校가 되었고, 後唐 때 石敬瑭 휘하에서 客將이 되었다. 後晉 때 侍衛親軍都指揮使에 이르렀다. 石敬瑭이 죽자 末帝의 옹립을 도와 재상이 되어 契丹에 稱臣하는 것을 반대하였다. 天福 9년(944) 契丹이 남하하자 上將이 되어 항전을 지휘하였다. 후에 兵權을 회수당하고 西京(洛陽)留守가 되었다. 開運 3년(946) 겨울 契丹이 後晉을 멸한 후 포로로 잡혔으나 풀려나 북방으로 보내졌다. 다음 해 陳橋에서 자살하였다.

146) 『新五代史』 卷9 「晉出帝紀」, 90면, "(天福 7年 8月)庚申, 天平軍節度使景延廣·義

이용하지 않는 경우가 없었던 것이나, 군사장비를 바치는 예도 또한 아직 그치지는 않았다. (후)주(後周) 태조(太祖)는 여러 주(州)에 조서를 내려 무기를 공물로 바치지 못하게 했지만, 그 전에는 여러 도, 주, 부(府)에서 각각 작원(作院)을 두어 무기를 만들도록 배당하고 계절에 따라 서울로 운송하도록 했으며, 위에다 바쳐야 할(上供) 돈과 응당 사용해야 할 비단을 남겨둔 뒤에 또 관할지역 안에서 널리 토산물을 할당하니, 백성들은 이를 매우 고통스럽게 여겼다. 위에다 바치는 무기 외에도, 절도사, 자사(刺史)들이 또 사사로이 만드는 것이 많았는데, (중앙에) 공물 바친다는 것을 명분으로 이것들을 모두 백성들로부터 빼앗았던 것이었는데, 이(후주 태조 때)에 이르러 비로소 혁파되었다[趙注 : 「주본기(周本紀)」].[147] 공물 바치는 것을 오로지 무기나 말로 한 것은 또한 당시 쓰임에 맞는 것 같기도 하니 명분이 없는 것은 아니었지만 그 해악이 이미 이와 같았는데, 하물며 (후)당, (후)진 때처럼 백성들의 재물을 고갈시켜가며 바치는 데에 충당한 것은 (그 피해가) 어떠했겠는가.

이 당시를 살펴보면 또 공물을 바쳐 화를 면하고 관직을 얻은 경우도 있었다. 원상선(袁象先)은 (후)량 때 송주(宋州)에 주둔하면서 천만이나 되는 재물을 쌓았는데, (후)당이 들어서자 그 재물을 날라다 장상(將相)들에게 뇌물을 주고 궁안 사람들을 받들어 결국 총애를 얻게 되었다.[148] 그(원상선)가 죽자 맏아들 (원)정사(袁正辭)는 (후)당 폐제(廢帝) 때 아버지의 돈

成軍節度使李守貞・彰德軍節度使郭謹, 進錢粟助作山陵."

147) 『舊五代史』「周書」卷112「太祖紀」, 1485면, "(廣順 2年)庚寅, 詔 : '諸州罷任或朝覲, 並不得以器械進貢.' 先是, 諸道州府, 各有作院, 每月課造軍器, 逐季搬送京師進納. 其逐州每年占留繫省錢帛不少, 謂之'甲料', 仍更於部內廣配土產物, 徵斂數倍, 民甚苦之. 除上供軍器外, 節度使、刺史又私造器甲, 以進貢爲名, 功費又倍, 悉取之於民. 帝以諸州器甲, 造作不精, 兼占留屬省物用過當, 乃令罷之. 仍選擇諸道作工, 赴京作坊, 以備役使."

148) 『新五代史』卷45「袁象先傳」, 495면, "在宋州十餘年, 誅斂其民, 積貨千萬. 莊宗滅梁, 象先來朝洛陽, 輦其資數十萬, 賂唐將相、伶官、宦者及劉皇后等, 由是內外翕然稱其爲人. 莊宗待之甚厚, 賜姓名爲李紹安, 改宣武軍爲歸德軍, 曰 : '歸德之名, 爲卿設也.' 遣之還鎭."

5만 민(緡)을 바쳐 구주자사(衢州刺史)를 맡게 되었다. (후)진 (고)조 때에는 또 5만 민을 바쳐 정식 자사가 되기를 구했으나 웅주(雄州)(자사)로 임명되었다. 웅주는 영무(靈武) 서쪽에 있었는데, (원)정사는 가고 싶지 않아 다시 수만 민을 바쳐 면할 수 있었다. 출제(出帝) 때에는 또 3만 민을 바쳤는데, 출제는 그에게 내군(內郡) 자리를 주려고 했으나 제수하기 전에 죽었다[趙注 : 「원상전전」].[149] 이사소(李嗣昭)는 소의(昭義)에 주둔하고 있었는데, 아내 양(楊)씨가 재물을 잘 모아 (이)사소의 협성(夾城)이 포위를 당했을 때 대부분 그 재물 덕에 구원되었다. (이)사소가 죽은 뒤 아들 (이)계도(李繼韜)는 모반을 했다가 사면되어 입조하게 되었는데, (이는) 양씨가 은 수십만을 딸려 보내 황후와 궁중악사, 환관들에게 뇌물을 많이 주도록 해서 결국 풀려날 수 있었던 것이고, 장종은 도리어 (이)계도를 총애하게 되었다.[150] 또 다른 아들인 (이)계충(李繼忠)은 진양(晉陽)에 집을 두고 있었는데 재물이 수만이어서 (후)진 (고)조가 군사를 일으킬 때 빌려주어 비용을 충당하게 했다.[151] (고조는) 즉위한 뒤 그를 매우 고맙게 여겨 (이)계충을 기주(沂州),

149)『新五代史』卷45「袁象先傳」, 495~496면, "象先二子, 正辭官至刺史, 嶬周世宗時爲橫海軍節度使. 象先平生所, 積財産數千萬, 邸舍四千間, 其卒也. 不以分諸子, 而悉與正辭. 正辭初以父任爲飛龍副使. 唐廢帝時, 獻錢五萬緡, 領衢州刺史. 晉高祖入立, 復獻五萬緡, 求爲眞刺史. 拜雄州刺史, 州在靈武之西, 吐蕃界中. 正辭憚 不欲行, 復獻錢數萬, 乃得免. 正辭不勝其忿, 以衣帶自經, 其家人救之而止. 出帝時, 又獻錢三萬緡, 銀萬兩, 出帝憐之, 欲與一內郡, 未及而卒."

150)『新五代史』卷36「李嗣昭傳」, 388면, "繼韜母楊氏, 善畜財, 平生居積行販, 至貲百萬. 當嗣昭爲梁圍以夾城彌年, 軍用乏絶, 楊氏之積, 蓋有助焉. 至是, 乃齎銀數十萬兩至京師, 厚賂宦官·伶人, 宦官·伶人皆言 : '繼韜初無惡意, 爲姦人所悞耳.' 楊夫人亦以賂謁劉皇后, 劉皇后爲言 : '嗣昭功臣, 宜蒙恩貸.' 由是莊宗釋繼韜. 嘗從獵, 寵倖無間. 李存渥尤切齒, 數詆責之, 繼韜懷不自安, 復賂宦官·伶人求歸鎭, 莊宗不許. 繼韜陰使人告繼遠, 令起變於軍中, 冀天子遣己往安緝之, 事泄, 斬于天津橋. 其二子嘗爲質于梁, 莊宗破梁得之, 撫其背曰 : '爾幼, 猶能佐其父反, 長復何爲乎?' 至是因幷誅之. 卽遣人斬繼遠, 以繼儔知潞州事."

151)『舊五代史』「晉書」卷91「李繼忠傳」, 1206면, "始繼忠母楊氏善治産, 平生積財鉅萬. 及高祖建義於太原, 楊已終, 繼忠擧族家於晉陽. 時以諸軍方困, 契丹援兵又至, 高祖乃使人就其第, 疏其複壁, 取其舊積, 所獲金銀紈素甚廣, 至於巾屨瑣屑之物, 無不取足. 高祖既濟大事, 感而奇之, 故車駕入洛, 繼忠雖有舊恙, 連領大郡, 皆楊氏之力也."

체주(棣州), 단주(單州) 세 주의 자사로 삼았다. 양씨가 평생 모은 재물에 (이)사소 부자 세 사람이 모두 의지했던 것이다[趙注 : 「이사소전」].[152] 방지온(房知溫)은 여러 번진의 절도사를 역임했는데, 쌓은 재물이 수 만이었으며, 그가 죽자 아들 (방)언유(房彦儒)는 아버지의 돈 3만 민, 비단 3만 필, 금 백 냥, 은 천 냥을 바쳐 드디어 기주자사(沂州刺史)에 제수되었다[趙注 : 「방지온전」].[153] 『신오대사』에서는 이른 바 "공신이나 대장이 죽으면 그 자손이 집안 재산을 바쳐 자사가 되기를 구했고, 바친 재물이 많은 자는 큰 주와 좋은 지역을 얻었다" 고 했는데,[154] 아마도 이 당시 풍조가 이와 같았을 것이다.

303. 위박의 아병은 모두 두 차례 주살되었다 魏博牙兵凡兩次誅戮

위주(魏州), 박주(博州) 등 여섯 주(州)는 천웅군(天雄軍)이라 불렸는데, 전승사(田承嗣)가 빼앗아 차지한 뒤로 아병(牙兵)을 불러 모아 모두 풍부하고 넉넉하게 보수를 주었다.[155] 세월이 오래 지난 뒤에는 부자가 서로 계승

152)『新五代史』卷36「李嗣昭傳」, 389면, "嗣昭七子, 至明宗時, 子繼能坐笞殺其母主藏婢, 婢家告變, 言繼能反, 與其弟繼襲皆見殺, 惟一子繼忠僅免. 繼忠家于晉陽, 楊氏所積餘貲猶鉅萬, 晉高祖自太原起兵, 召契丹爲援, 契丹求賂, 高祖貸于繼忠以取足. 高祖入立, 甚德之, 以爲沂·棣·單三州刺史, 開運中卒. 楊氏平生積産, 嗣昭父子三人賴之."

153)『新五代史』卷46「房知溫傳」, 508~509면, "知溫卒後, 其子彦儒獻其父錢三萬緡·絹布三萬匹·金百兩·銀千兩·茶千五百斤·絲十萬兩, 拜沂州刺史. 其將吏分其餘貲者, 皆爲富家云."

154)『新五代史』卷46「雜傳」, 516~517면, "嗚呼, 五代之民其何以堪之哉! 上輸兵賦之急, 下困剝斂之苛. 自莊宗以來, 方鎭進獻之事稍作, 至於晉而不可勝紀矣. 其'添都'·'助國'之物, 動以千數計. 至於來朝'奉使'買宴·贖罪, 莫不出於進獻. 而功臣大將, 不幸而死, 則其子孫率以家貲求刺史, 其物多者得大州善地. 蓋自天子皆以賄賂爲事矣, 則爲其民者其何以堪之哉! 於此之時, 循廉之吏如延魯之徒者, 誠難得而可貴也哉!"

155)『新唐書』卷210「田承嗣傳」, 5924면, "承嗣沈猜陰賊, 不習禮義. 旣得志, 卽計戶

하고 인척들이 유착하여, 절도사[主帥 : 節度使]를 바꾸는 일이 아이들 장난과 같았다. 전(田)씨 이후 150년이 지나 절도사의 존폐가 그들의 손에서 나왔으니, 예컨대 사헌성(史憲誠),[156] 하전고(何全皞), 한군웅(韓君雄), 악언정(樂彦禎) 등은 모두 아병들이 세운 자들이었는데, 조금이라도 자신들의 뜻과 같지 않으면 온 일족이 주살되었다. 당(唐)나라 천덕(天德)[157] 원년(888)에 악언정이 아병에게 사로잡히자, (악)언정의 아들 (악)종훈(樂從訓)이 (후)량(後梁)으로부터 병력을 구해 그들을 공격했으나, (악)언정은 결국 피살되었으며 (악)종훈 역시 전사하고 말았고, 아병들은 그를 이어서 나홍신(羅弘信)을 세웠다.[158] (나)홍신이 비록 절도사가 되기는 했지만 아병들은 더욱 교만하게 마음대로 행동했다. 그(나홍신)의 아들 (나)소위(羅紹威)가 계승하기에 이르러 마음이 더욱 두려워져 아병들을 모두 주살하려고 했으나 아병들의 강력함을 꺼려 감히 실행하지 못하다가, 이에 친한 관리 장연범(臧延範)을 보내 (후)량 (태)조(太祖)에게 몰래 알리도록 했다. 마침 (후)량 (태조)의 딸로 나씨에게 시집간 이가 죽자, (후)량 (태)조는 마사훈(馬嗣勳)에게 군사 천 명을 거느리고 위(주)로 들어가도록 했는데, 말로는 장례를 돕는다고 했으나, 실은 전대에 무기를 가득 채운 뒤 메고 들어가

口, 重賦斂, 厲兵繕甲, 使老弱耕, 壯者在軍, 不數年, 有衆十萬. 又擇趫秀彊力者萬人, 號牙兵, 自署置官吏, 圖版稅入, 皆私有之."

156) 史憲誠(?~829) : 唐 靈武 建康縣 사람이다. 선조는 奚人으로 3대에 걸쳐 魏博將이 되었다. 元和 13년(818) 田弘正의 선봉이 되어 淄青節度使 李師道를 토벌하여 御史中丞에 제수되었다. 長慶 2년(822) 魏博節度使 田布가 자살하여 군대가 혼란스럽제 이를 틈타 군대의 옹립으로 節度使가 되었다. 太和 元年(827) 橫海節度使 李同捷이 반란을 일으키자 몰래 군량을 대주었다. 李同捷이 패하자 스스로 불안하여 사자를 보내 入朝하여 땅을 바치겠다고 청하고 河中節度使로 옮기려 하였다. 부임하기 전 亂軍에게 살해되었다.

157) 天德이라는 연호는 五代 閩王 延政이 사용했던 것으로 943년 해당하여 본문의 내용에 부합하지 않는다. 『舊五代史』 卷14 「羅紹威傳」, 187면에 따르면 光啓末이라고 되어 있으니, 天德은 文德의 오기이다. 즉 光啓(885~888)는 唐 僖宗의 연호이며 그 다음이 바로 文德이기 때문이다. 文德 元年은 888년이다.

158) 『新五代史』 卷1 「梁太祖紀」, 4면, "天雄軍亂, 囚其節度使樂彦貞. 其子相州刺史從訓攻魏, 來乞兵. 遣朱珍助從訓攻魏. 而魏軍殺彦貞, 從訓戰死, 魏人立羅弘信, 珍乃還."

한밤중에 (나)소위의 친위군과 함께 아병을 공격하여 그들을 모두 다 죽였으니, 죽은 자가 7천여 명이었고 갓난아기 또한 남지 않았다.[159] 이것이 위주 아병들이 당한 첫 번째 주륙이다.

그 뒤 (후)량 (태)조는 양사후(楊師厚)를 위주에 주둔시켰는데, (후)량 (태)조가 붕어하자 (양)사후는 절도사 나주한(羅周翰)[趙注 : (나)소위의 아들로 지위를 계승했다][160]을 쫓아내고 그 땅을 차지했고, (후)량 군주 (주)우규(朱友珪)는 곧 그를 천웅군절도사(天雄軍節度使)로 임명했다. (양)사후는 다시 은창효절군(銀槍效節軍)을 설치하여 모두 날래고 용감한 사람을 선발하고 마음대로 길러 예전 아병의 모습을 회복하게 하니, 또한 장차 (후)량의 우환이 되었다.[161] 마침 (양)사후가 죽자 조암(趙巖)은 소찬(邵贊)과 함께 (후량) 말제(末帝)를 위해 계책을 꾸며 상주(相州)와 위주를 나누어 두 번진으로 삼아 상주, 전주(澶州), 위주(衛州)는 소덕군(昭德軍)으로 하여 장균(張筠)을 절도사로 삼고, 위주, 박주, 패주(貝州)는 그대로 천웅군으로 하여 하덕륜(賀德倫)을 절도사로 삼았다. 위주(魏州) 군사의 절반을 나누어 소덕군에 넣고, (하)덕륜이 그들에게 길을 떠나도록 재촉하니 친척들이 서로 이별하게 되었는데, 효절군장(效節將軍) 장언(張彦)이 "조정에서 우리 군부가 강성하다 하여 법을 만들어 없애려고 한다"라고 말하며, 이에 무리들과 함께 (하)덕륜을 잡아 누각 위에 그를 가두어 버렸다. 말제가 사신을 보내 타일렀으나, (장)언은 듣지 않았고, 사신이 다시 오자 (장)언은 조서를 땅에 찢어 버리

---

159) 『舊五代史』「梁書」卷2「太祖紀」, 39면, "三年正月, 幽・滄稱兵, 將寇於魏. 魏人來乞師, 且以牙軍驕悍, 謀欲誅之, 遣親吏臧延範密告於帝, 帝陰許之. 乙丑, 北征. 先是, 帝之愛女適羅氏, 是月卒於鄴城, 因以兵仗數千事實於橐中, 遣客將馬嗣勳領長直軍千人, 雜以工匠・丁夫, 肩其橐而入於魏, 聲言爲帝女設祭, 魏人信而不疑. 庚午夜, 嗣勳率其衆與羅紹威親軍數百人同攻牙軍, 遲明盡殺之, 死者七千餘人, 洎于嬰孺, 亦無留者."

160) 『舊五代史』「梁書」卷14「羅紹威傳」, 191면, "紹威子三人 : …… 次曰周翰, 繼爲魏博節度使, 亦早卒."

161) 『舊五代史』「梁書」卷22「楊師厚傳」, 298면, "他莫能及. 然而末年矜功恃衆, 驟萌不軌之意, 於是專割財賦, 置銀槍效節軍凡數千人, 皆選摘驍銳, 縱恣豢養, 復故時牙軍之態, 時人病之."

며 "(후)량 군주는 다른 사람이 우리 코를 꿰는 것을 허락했다"라고 말하며,[162] 마침내 (하)덕륜을 협박하여 (후)당(後唐)에 항복했다. (후당) 장종(莊宗)은 당시 마침 진왕(晉王)이었는데, (후)량은 이로 인해 하북(河北) 지역을 잃게 되었다.[163] (하)덕륜은 항복하고 나서 몰래 사람을 보내 장종에게 (장)언을 참소하니 장종은 (장)언을 참수한 뒤 들어와 곧 위박 군사들로 호위병을 삼고는 이를 '장전은창군(帳前銀槍軍)'이라 불렀다.[164] 이로부터 (후)량과 황하(黃河) 일대에서 전투를 벌여 몇 차례 공이 있었으니, 호류(胡柳) 전투[165]에서 (후)량의 군사들을 몰아내고 흙산을 함락시킨 것은 모두 그들의 힘이었다. (후)량을 멸망시키면 상을 후하게 내리겠다고 허락했는데, (후)량이 망하게 되자 몇 차례 사여가 있었지만 오히려 (위박 군사들은) 원망을 품었다. 장종은 양인정(楊仁晸)에게 명하여 그들을 이끌고 와교관(瓦橋關)에 주둔하도록 했고, 동광(同光) 4년(926)에 교체하여 돌아오게 한 뒤 다시 패주에 주둔하도록 하는 조서를 내렸다.[166] 군사들은 패주와 위주의 거리가 일사(一舍 : 곧 30리) 밖에 안 되는데도 돌아갈 수 없다 하며 모두 원망하였다. 이에 황보휘(皇甫暉)가 반란을 주창하여 양인정 등을 살해하고, 조재례(趙在禮)를 협박해[167] 우두머리로 삼아 위주로 들어갔다.[168]

---

162) 『新五代史』 卷44 「雜傳」 「賀德倫傳」, 483면, "彦乃以楊師厚鎭魏州嘗帶招討使, 逼德倫論列之, 末帝不許, 諭以詔書, 彦裂詔書抵于地, 曰 : '愚主聽人穿鼻, 難與共事矣!' 乃迫德倫降晉, 德倫惶恐曰 : '惟將軍命.' 乃遣牙將曹廷隱奉書莊宗."

163) 『新五代史』 卷42 「雜傳」 「趙犨傳」, 462~463면, "故時, 魏州牙兵驕, 數爲亂, 羅紹威盡誅之. 太祖崩, 楊師厚逐羅氏, 據魏州, 復置牙兵二千, 末帝患之. 師厚死, 巖與租庸判官邵贊議曰 : '魏爲唐患, 百有餘年, 自先帝時, 嘗切齒紹威, 以其前恭而後倨. 今先帝新棄天下, 師厚復爲陛下憂, 所以然者, 以魏地大而兵多也. 陛下不以此時制之, 寧知後人不爲師厚也? 不若分相·魏爲兩鎭, 則無北顧之憂矣.' 末帝以爲然, 乃分相·澶·衛爲昭德軍. 牙兵亂, 以魏博降晉, 梁由是盡失河北."

164) 『新五代史』 卷5 「唐莊宗紀下」, 42면, "十二年, 魏州軍亂, 賀德倫以魏、博二州叛于梁來附. 王入魏州, 行至永濟, 誅其亂首張彦, 以其兵五百自衛, 號帳前銀槍軍."

165) 胡柳는 현재 山東省 濮縣으로 胡柳陂, 黃柳陂로도 불린다. 이곳에서 918년에 晉(後唐)과 後梁이 대결하였는데, 처음에는 晉이 패하였으나 다시 군사를 수습하여 흙산을 점거하고 전투를 승리로 이끌었다.

166) 『舊五代史』 卷34 「莊宗紀」, 469면, "初, 帝令魏博指揮使楊仁晸率兵戍瓦橋, 至是代歸, 有詔令駐於貝州."

장종은 이사원(李嗣源)을 보내 그들을 토벌하게 했지만, 마침 군중에서 변란이 생겨 위박 군사와 합친 (이)사원이 궁궐을 침범하니, 장종은 결국 시해되어 죽음에 이르렀는데, 이는 모두 이 군사들이 불러일으킨 화였다.

명종(明宗)【趙注 : 곧 (이)사원】이 즉위한 뒤 (조)재례는 화를 두려워하여 (아병들을) 해결해 없애주기를 청했다. 명종은 이에 방지온(房知溫)을 보내 위(박) 효절(군)(效節軍)의 아홉 지휘사(指揮使)를 이끌고 노대(盧臺)에 주둔하도록 하되, 무기를 주지 않고 단지 긴 장대에 깃발을 매달아 대오를 단속할 뿐이었다. 이듬해 오진(烏震)을 보내 (방)지온을 대신하도록 하니 주둔군은 물을 끼고 동서에 두 개의 요새를 만들었는데, (오)진이 와서 (방)지온과 동쪽 요새에서 만나는데, 효절군이 반란을 일으키자 (방)지온은 급히 말을 타고 나갔으나 반란군들은 (오)진을 때려 죽이고 말고삐를 잡아 (방)지온을 억류했다. (방)지온은 "기병이 모두 서쪽에 있어 지금 다만 보병뿐이니, 무엇을 할 수 있겠는가"라고 거짓으로 속이고 곧 배를 타고 서쪽 요새로 건너 들어가 기병을 거느리고 반란군을 모두 죽였다. 명종이 그들의 일족을 위주에서 모두 죽이라는 조서를 내리니, 모두 3천여 집안을 장하(漳河) 근처로 내몰아 살해하니 장수(漳水)가 그 때문에 색이 바뀔 정도였다. 위(박)의 교만한 군사들이 이에 이르러 모두 없어지니,169) 이것이 두 번째 주륙이다【趙注 : 「(후)량본기」 「(후)당본기」 각 본기 및 「나소위

167) 『舊五代史』 「晉書」 卷90 「趙在禮傳」, 1177면, "會軍士皇甫暉等作亂, 推指揮使楊戩爲帥, 戩不從, 爲衆所害, 携戩首以脅在禮."

168) 『新五代史』 卷49 「雜傳」 「皇甫暉傳」, 556면, "是時, 唐莊宗已失政, 天下離心. 暉爲人驍勇無賴, 夜博軍中, 不勝, 乃與其徒謀爲亂, 劫其都將楊仁晸曰 : '唐能破梁而得天下者, 以先得魏而盡有河北兵也. 魏軍甲不去體·馬不解鞍者十餘年, 今天下已定, 而天子不念魏軍久戍之勞, 去家咫尺, 不得相見. 今將士思歸不可遏, 公當與我俱行. 不幸天子怒吾軍, 則坐據一州, 足以起事.' 仁晸曰 : '公等何計之過也! 今英主在上, 天下一家, 精甲銳兵, 不下數十萬, 公等各有家屬, 何故出此不祥之言?' 軍士知不可彊, 遂斬之, 推一小校爲主, 不從, 又斬之, 乃携二首以詣裨將趙在禮, 在禮從之, 乃夜焚貝州以入于魏, 在禮以暉爲馬步軍都指揮使. 暉擁甲士數百騎, 大掠城中, 至一民家, 問其姓, 曰 : '姓國.' 暉曰 : '吾當破國!' 遂盡殺之. 又至一家, 問其姓, 曰 : '姓萬.' 暉曰 : '吾殺萬家足矣.' 又盡殺之. 及明宗入魏, 遂與在禮合謀, 莊宗之禍自暉始."

전」「부도소(苻道昭)전」[170]「마사훈전」[171]「양사후전」「하덕륜전」「조재례전」「황보휘전」「오진전」[172]「방지온전」 등의 열전에 보인다].

304. 한 군중에 다섯 황제가 있었다一軍中有五帝

(후)당(後唐) 장종(莊宗)이 진왕(晉王)이었을 때[173] (후)량(後梁) 군사와 황하(黃河) 일대에서 겨룬 것이 거의 10년에 이르렀다. 이때 이사원(李嗣源)[趙注 : 곧 명종(明宗)]이 대장이었는데, 장종이 그와 더불어 운주(鄆州)[174]를 차

169) 『新五代史』 卷4 「雜傳」「房知溫傳」, 507~508면, "効節, 魏州軍也. 魏州自羅紹威誅衙軍, 楊師厚爲節度使, 復置銀槍効節軍. 當梁末帝時, 師厚幾爲梁患. 師厚卒, 以賀德倫代之. 末帝患魏軍彊難制, 與趙巖等謀分相・魏爲兩鎭, 魏軍由此作亂, 劫德倫叛梁而降晉, 梁遂失河北. 莊宗自得魏兵, 與梁戰河上, 數有功, 許其軍以滅梁而厚賞. 及梁亡, 魏軍雖數賜與, 而驕縱無厭, 常懷怨望, 皇甫暉之亂, 劫趙在禮入魏, 皆此軍也. 明宗入立, 在禮鎭天雄軍, 以魏軍素驕, 常懼禍, 不皇居, 陰遣人訴于明宗, 求解去. 明宗乃以皇子從榮代在禮, 而遣魏効節九指揮北戍盧臺. 軍發之日, 不給兵甲, 惟以長竿繫旗幟以表隊伍, 軍士頗自疑惑. 明年, 明宗遣烏震代知溫戍, 而知溫意尤不樂. 盧臺戍軍夾水東西爲兩寨, 震初至, 與知溫會東寨, 方博, 効節軍亂, 噪于門外, 知溫卽乘馬而出. 亂軍擊殺震, 執轡留知溫, 知溫紿曰 : '騎兵皆在西寨, 今獨步軍, 恐無能爲也.' 知溫卽躍馬登舟渡河入西寨, 以騎軍盡殺亂者. 明宗下詔, 悉誅其家屬于魏州, 凡九指揮三千餘家數萬口, 驅至漳水上殺之, 漳水爲之變色. 魏之驕兵, 於是而盡."

170) 『舊五代史』「梁書」 卷21 「符道昭傳」, 284~285면, "及太祖幸魏州, 討牙軍, 中軍前有魏博將山河營指揮使左行遷, 聞府中有變, 引軍還屯歷亭, 自稱留後, 從亂者數萬人. 道昭佐周彝與彦卿已下大破之, 殺四萬餘人, 擒左行遷, 斬之. 有史仁遇亦聚徒數萬據高唐, 又破之, 擒仁遇以獻. 乘勝取澶、博二州, 平之, 復殺萬餘人."

171) 『舊五代史』「梁書」 卷20 「馬嗣勳傳」, 275면, "及羅紹威將殺牙軍, 遣使告於太祖, 求爲外援. 時安陽公主初卒於魏, 太祖乃遣嗣勳率長直官千人, 實兵仗于橐中, 肩舁以入於魏, 聲言來致祭會葬, 牙軍不之覺. 天祐三年正月十六日夜, 嗣勳與紹威親軍同攻牙軍, 至曙, 盡殪之. 嗣勳重傷, 旬日而卒."

172) 『舊五代史』「唐書」 卷59 「烏震傳」, 794면, "契丹犯塞, 漁陽路梗, 震率師運糧, 三入薊門, 擢爲河北道副招討, 遙領宣州節度使, 代房知溫軍於盧臺. 及至軍, 會戍兵龍晊所部鄴都奉節等軍數千人作亂, 未及交印而遇害."

173) 後唐 莊宗은 908년에 아버지 李克用의 작위를 계승하여 晉王이 되었고, 923년에 국호를 唐으로 고친 뒤 後梁을 멸망시켰다.

174) 鄆州 : 현재 山東省 東平縣.

지할 것을 의논하자 (이)사원은 홀로 그 일을 맡겠다고 청하여 기병 5천 명을 이끌고 운주를 습격해 차지했다. (후)량 군사가 덕승(德勝) 남쪽 성채[175]을 격파하자 장종은 군사를 모두 거느리고 구원했는데, (이)사원이 선봉이 되어 (후)량 군사를 격파했다[趙注 : 「명종기」].[176] 이는 명종이 군중에 있었다는 것이다.

(이)사원의 아들 (이)종가(李從珂)[趙注 : 폐제(廢帝)]는 일찍이 황하 일대에서 전투에 나아가 거듭 전공을 세웠는데, 장종은 그 어릴 적 이름을 부르며 "아삼(阿三)[177]은 다만 나와 나이가 같을 뿐만 아니라[178] 과감하게 싸우는 것도 또한 나와 비슷하다"라고 말했다. 덕승 전투에서 (이)종가는 기병 십여 명을 이끌고 (후)량 군사 사이에 섞여 (후)량 진지로 달려들어가 그 망루를 도끼로 찍어 버렸고, (이)사원이 철갑기병 3천 명을 이끌고 그 기회를 노려 공격하니 (후)량 군사들이 크게 패하였다. 호류(胡柳) 전투에서는 또한 장종을 따라가 흙산을 빼앗으니 군사들의 기세가 다시 진작되었다[趙注 : 「폐제기」].[179] 이는 폐제 역시 군중에 있었다는 것이다.

이때 (이)사원의 사위 석경당(石敬瑭)[趙注 : (후)진(後晋) 고조(高祖)]은 항상 (이)사원의 장막 하에 있으면서 '좌사군(左射軍)'이라고 불렸다. (후)량 장수 유심(劉鄩)이 갑자기 청평(淸平)[180]을 공격하자 장종이 구원하러 달려갔는데,

---

175) 현재 河北省 濮陽縣 일대이며, 黃河의 주요 나루 가운데 하나로 전략적 요충지였다. 919년에 晉(後唐)에서 남북 두 성채를 쌓아 後梁과 대결하였다.

176) 『新五代史』 卷6 「唐明宗紀」, 54면, "梁軍攻破德勝南柵, 莊宗退保楊劉, 王彦章急攻鄆州, 莊宗悉軍救之, 嗣源爲前鋒擊梁軍, 追至中都, 擒彦章及梁監軍張漢傑." 이는 923년의 일이다.

177) 後唐 廢帝는 본래 성이 王씨인데 明宗의 양자가 되어 성과 이름을 받았다. 어릴 적에는 二十三이라 불렸는데, 阿三도 이와 관계가 있는 것으로 보인다.

178) 後唐 廢帝는 885년에 출생한 것으로 되어 있으므로 역시 885년에 출생한 莊宗과 나이가 같다고 볼 수 있으나, 唐 昭宗 景福 연간(892~893)에 열살 남짓이었다는 기록도 있으므로 출생년도를 확정하기는 어렵다.

179) 『舊五代史』 「唐書」 卷46 「末帝紀上」, 625~626면, "在太原, 嘗與石敬瑭因擊毬同入于趙襄子之廟, 見其塑像, 屹然起立, 帝祕之, 私心自負. 及從明宗征討, 以力戰知名, 莊宗嘗曰 : '阿三不惟與我同齒, 敢戰亦相類.' 莊宗與梁軍戰於胡柳陂, 兩軍俱撓, 帝衛莊宗奪土山, 摧驍陣, 其軍復振."

(유)심에게 포위를 당하고 말았으나, (석)경당이 기병 십여 명을 이끌고 창을 비껴들고 달려가 그를 도우니, 장종은 그 등을 어루만지면서 장하다고 칭찬하였다. 또한 장종을 따라 (후)량 장수 대사원(戴思遠)을 덕승도(德勝渡)에서 격파했고,[181] 호로투(胡盧套[182])에도 종군하여 (이)사원을 호위하며 퇴각하였다. 양촌채(楊村寨)[183] 전투에 참여해서는 (이)사원의 위급함을 구했고,[184] 운주 공략에도 종군하여 기병 5천 명을 이끌고 동문으로 돌입했다[趙注 : 「(후)진 (본)기」].[185] 이는 (후)진 (고)조 역시 군중에 있었다는 것이다.

그리고 유지원(劉知遠)[趙注 : (후)한(後漢) 고조(高祖)]은 이 무렵 이제 막 (석)경당의 비교(裨校)가 되었는데, 덕승 전투에서 목책을 마주하고 있을 때[186]에 (석)경당이 (후)량 군사에게 습격을 당해 말에게 입힌 철갑이 끊어지자, (유)지원은 말에서 내려 말을 그에게 주고 스스로 철갑이 끊어진 말에 걸터앉아 후방을 방비하며 돌아왔다[趙注 : 「(후)한(본)기」].[187] 이는 (후)한 (고)조

---

180) 淸平 : 현재 山東省 淸平縣. 淸平 전투는 916년의 일이다.

181) 이는 921년의 일이다.

182) 胡盧套 : 현재 河北省 寧晉縣. 胡盧套 전투는 922년의 일이다.

183) 楊村寨 : 현재 河北省 武淸縣 내지는 定興縣. 楊村寨 전투는 923년의 일이다.

184) 『舊五代史』「晉書」 卷75「高祖紀」, 979면, “十八年十月, 又從明宗戰梁人於德勝渡, 敗其將戴思遠, 殺二萬餘人. 十九年, 戰胡盧套, 唐軍稍却, 帝睹其敵銳, 拔劍闢道, 肩護明宗而退, 敵人望之, 無敢襲者”; 『新五代史』 卷8「晉高祖紀」, 77면, “莊宗已得魏, 梁將劉鄩急攻淸平, 莊宗馳救之, 兵未及陣, 爲鄩所掩, 敬瑭以十餘騎橫槊馳擊, 取之以旋. 莊宗拊其背而壯之, 手啗以酥, 酥酥, 夷狄所重, 由是名動軍中. 十五年, 莊宗戰于胡柳, 前鋒周德威戰死, 敬瑭以左射軍從明宗復擊敗梁兵. 明宗戰胡盧套・楊村, 爲梁兵所敗, 敬瑭常脫明宗於危.”

185) 『舊五代史』「晉書」 卷75「高祖紀」, 979~980면, “二十年十月, 從明宗觀梁人之楊村寨. 部曲皆不擐甲, 俄而敵出不意, 以兵掩明宗, 刃將及背, 帝挾戰戟而進, 一擊而凶酋落馬者數輩, 明宗遂解其難. 是歲, 莊宗卽位於鄴, 改元同光, 遣明宗越河, 懸軍深入以取鄆. 鄆人始不之覺, 帝以五十騎從明宗涉濟, 突東門而入, 鄆兵來拒, 帝中刃, 翼明宗, 羅兵通衢, 嶷然不動, 會後騎繼至, 遂拔中城以據之. 旣而平汴水, 滅梁室, 成莊宗一統, 集明宗大勳, 帝與唐末帝功居最, 莊宗朝官未顯者, 以帝不好矜伐故也, 唯明宗心知之.”

186) 이는 921년이 아니라 923년의 일로 보인다.

187) 『舊五代史』「漢書」 卷99「高祖紀」, 1322면, “帝弱不好弄, 嚴重寡言, 及長, 面紫色, 目睛多白. 初事唐明宗, 列於麾下. 明宗與梁人對柵於德勝, 時晉高祖爲梁人所襲, 馬甲連革斷, 帝輟騎以授之, 取斷革者自跨之, 徐殿其後, 晉高祖感而壯之”; 『新五代史』 卷10「漢高祖紀」, 99면, “與晉高祖俱事明宗爲偏將, 明宗及梁人戰德勝, 晉高祖馬甲

역시 군중에 있었다는 것이다.

이때(923년 덕승 전투, 운주 공략 당시) 상황을 따져 보면 (후)당 장종, 명종, 폐제, (후)진 고조, (후)한 고조가 모두 같이 행군하는 가운데에 있었으니, 한 군대에 도합 다섯 황제가 있었던 것이며, 이는 고래로 아직 있지 않았던 기이한 일이다.

305. 오대 때 여러 황제들은 모두 후손이 없었다五代諸帝皆無後

(후)량(後梁) 태조(太祖) 주온(朱溫)의 아들 빈왕(彬王) (주)우유(朱友裕)는 일찍 죽었다.[188] 영왕(郢王) (주)우규(朱友珪)는 (주온을) 시해하는 반역을 저질러 주살되었다.[189] 양자인 박왕(博王) (주)우문(朱友文)은 (주)우규에게 어명을 핑계로 살해되었다.[190] 균왕(均王) (주)우정(朱友貞)이 제위를 이으니[191] 이가 말제(末帝)인데, (후)당(後唐) 병사들이 들이닥치자 건국루(建國樓)에서 자살했다.[192] 강왕(康王) (주)우자(朱友孜)는 말제 때에 먼저 모반으로 주살되었다.[193] 하왕(賀王) (주)우옹(朱友雍), 복왕(福王) (주)우장(朱友

斷, 梁兵幾及, 知遠以所乘馬授之, 復取高祖馬殿而還, 高祖德之."

188) 『舊五代史』「梁書」卷7「太祖紀」, 108면, 注 "通鑑 : …… 帝長子彬王友裕早卒"; 『舊五代史』「梁書」卷12「郴王友裕傳」, 163~164면, "郴王友裕, 字端夫, 太祖長子也. …… (天祐元年)十月, 友裕有疾, 將校乃謀旋師, 尋卒於梨園, 歸葬東京. 開平初, 追贈郴王." 朱友裕는 唐末 哀帝 天祐元年(905)에 이미 사망하였고, 아버지인 朱溫이 즉위한 뒤에 郴王으로 추증된 것이다.

189) 『舊五代史』「梁書」卷12「庶人友珪傳」, 165면, "二年, 弑太祖簒位, 均王以兵討之, 自殺, 追廢爲庶人."

190) 『新五代史』卷13「博王友文傳」, 137면, "友珪親吏馮廷諤以劍犯太祖, 太祖旋柱而走, 劍擊柱者三, 太祖憊, 仆于牀, 廷諤以劍中之, 洞其腹, 腸胃皆流. 友珪以裀褥裹之寢中, 祕喪四日. 乃出府庫, 大賚羣臣及諸軍. 遣受旨丁昭浦矯詔馳至東都, 殺友文."

191) 『舊五代史』「唐書」卷28「莊宗紀」, 381면, "庚寅, 梁朱友珪爲其將袁象先所殺, 均王友貞卽位於汴州."

192) 『舊五代史』「梁書」卷10「末帝紀」, 151면, "戊寅夕, 麟進刃於建國樓之廊下, 帝崩."

璋), 건왕(建王) (주)우휘(朱友徽)의 경우 구양수(歐陽修)의 『신오대사(新五代史)』에서는 이 세 사람의 최후를 알 수 없다고 했고,[194] 설거정(薛居正)의 『구오대사(舊五代史)』에서도 또한 그 죽음에 대해 기록하지 않았는데, 왕우칭(王禹偁)의 『오대사궐문(五代史闕文)』에서는 (후)당 장종(莊宗)이 들이닥쳐 주(朱)씨를 모두 주살했다고 했으니,[195] 곧 (주)우장 등은 모두 살해되었던 것이다. 『(자치)통감(資治通鑑)』에서는 (후)당 군사들이 장차 이르려 하자 말제가 형제들이 위기를 틈타 반란을 꾀할까 의심하여 그들을 모두 죽였다고 했다.[196] 이는 후량 태조 뒤에 자손이 없었다는 것이다.

(후)당 무황(武皇) 이극용(李克用)에게는 아들 (이)낙락(李落落)과 (이)정란(李廷鸞)이 있었는데, 원수(洹水)[197]와 진주(晉州)[198]의 두 전투에서 모두 (후)량 군사에게 잡혀 살해되었다는 것이 「(후)량본기」에 보이지만,[199] 설거정의 『구오대사』 「종실전(宗室傳)」이나 구양수의 『신오대사』 「가인전(家人傳)」에는 모두 (이러한 내용을) 싣지 않았다. 두 사서에서 보이는 내용으로는 (이극용의) 큰아들인 장종 (이)존욱(李存勗)은 곽종겸(郭從謙)에게 시해

193) 『舊五代史』 「梁書」 卷8 「末帝紀上」, 124면, "(貞明元年)冬十月辛亥, 康王友孜謀反(案 : 通鑑友孜作友敬, 與薛史異.(舊五代史考異))伏誅"; 『舊五代史』 「梁書」 卷12 「康王友孜傳」, 166면, "康王友孜, 太祖第八子, 末帝卽位後封, 後以反誅"; 『新五代史』 卷13 「康王友孜傳」, 138면, "康王友孜, 目重瞳子, 嘗竊自負, 以爲當爲天子. 貞明元年, 末帝德妃薨, 將葬, 友孜使刺客夜入寢中. 末帝方寐, 夢人害己, 旣寤, 聞榻上寶劍鎗然有聲, 躍起, 抽劍曰 : '將有變邪!' 乃索寢中, 得刺客, 手殺之, 遂誅友孜."

194) 『新五代史』 卷13 「太祖二兄 · 八子傳」, 132면, "友璋初爲壽州團練使 · 押左右番殿直 · 監豐德庫, 友珪時, 爲鄆州留後, 末帝時, 爲忠武軍節度使, 徙鎭武寧, 及友雍 · 友徽皆不知其所終."

195) 『舊五代史』 「梁書」 卷12 「邵王友誨傳」, 161면, "王禹偁五代史闕文亦云莊宗卽位, 盡誅朱氏."

196) 『資治通鑑』 卷272 「後唐紀1」 「莊宗同光元年(923)」條, 8897~8898면, "及唐師將至, 梁主疑諸兄弟乘危謀亂, 幷皇弟賀王友雍 · 建王友徽盡殺之."

197) 洹水 : 현재 河北省 大名縣.

198) 晉州 : 현재 山西省 臨汾市.

199) 『舊五代史』 「梁書」 卷1 「太祖紀」, 18면, "六月, 李克用帥蕃漢諸軍營於斥丘, 遣其男落落將鐵林小兒三千騎薄於洹水. 從周與戰, 大敗之, 生擒落落以獻. 克用悲駭, 請修舊好以贖其子, 帝不許, 遂執落落送於羅弘信, 斬之"; 『舊五代史』 「梁書」 卷2 「太祖紀」, 30면, "三月, 友寧 · 叔琮與晉軍戰於晉州之北, 大敗之, 生擒克用男廷鸞."

되었고,[200] 목왕(睦王) 이존의(李存義[201])는 곽숭도(郭崇韜)의 사위라 하여 먼저 장종에게 살해되었다.[202] 영왕(永王) (이)존패(李存霸)와 신왕(申王) (이)존악(李存渥)은 나라에 변란이 생긴 뒤 모두 태원(太原)으로 도망갔으나 군사들에게 살해되었다.[203] 통왕(通王) (이)존확(李存確)과 아왕(雅王) (이)존기(李存紀)는 곽언위(霍彦威)에게 살해되었다.[204] 다만 옹왕(邕王) (이)존미(李存美)와 설왕(薛王) (이)존례(李存禮)의 경우 『구오대사』에서는 모두 그 최후를 모른다고 했고,[205] 『(자치)통감』에서는 (이)존미가 중풍을 앓아 반신불수가 되어 죽음을 면하고 진양(晉陽)에서 살 수 있었다고 했으니,[206] 이는 무황 뒤에 겨우 불구자가 된 아들 하나만 남았다는 것이다.

장종의 아들 위왕(魏王) (이)계급(李繼岌)은 장종의 변고를 듣고 스스로 목을 매어 죽었다.[207] (이)계동(李繼潼), (이)계숭(李繼嵩), (이)계섬(李繼蟾), (이)계요(李繼嶢)의 경우 『구오대사』에서는 모두 그 최후를 알지 못한다고

---

200) 『舊五代史』「唐書」卷34「莊宗紀」, 477면, “帝內殿食次, 從馬直指揮使郭從謙自本營率所部抽戈露刃, 至興教門大呼, 與黃甲兩軍引弓射興教門. 帝聞其變, 自宮中率諸王近衛禦之, 逐亂兵出門. 旣而焚興教門, 緣城而入, 登宮牆讙譟, 帝御親軍格鬪, 殺亂兵數百. 俄而帝爲流矢所中, 亭午, 崩於絳霄殿之廡下, 時年四十三.”

201) 『舊五代史』와 『新五代史』 모두 ‘存乂’라고 되어 있다.

202) 『舊五代史』「唐書」卷51「睦王存乂傳」, 690면, “睦王存乂, 莊宗第五弟, 同光三年封. 後以郭崇韜壻爲莊宗所殺.”

203) 『舊五代史』「唐書」卷51「永王存霸傳」, 689면, “永王存霸, 武皇子, 莊宗第二弟, 同光三年封. 莊宗敗, 爲軍卒所殺”; 『新五代史』卷25「唐臣」「符彦超傳」, 265면, “彦超爲汾州刺史. 郭從謙弑莊宗, 明宗入洛陽, 是時, 彦超爲北京巡檢, 永王存霸奔于太原, 彦超見留守張憲謀之. 憲, 儒者, 事莊宗最久, 不忍背恩, 欲納之, 彦超不從, 存霸遂見殺”; 『舊五代史』「唐書」卷51「申王存渥傳」, 690면, “申王存渥, 莊宗第四弟, 同光三年封. 莊宗敗, 與劉皇后同奔太原, 爲部下所殺.”

204) 『舊五代史』「唐書」卷51「通王存確・雅王存紀傳」, 691면, “通王存確, 莊宗第六弟, 雅王存紀, 莊宗第七弟, 同光三年封. 莊宗敗, 並爲霍彦威所殺.”

205) 『舊五代史』「唐書」卷51「邕王存美傳」, 690면, “邕王存美, 武皇子, 莊宗第三弟, 同光三年封. 莊宗敗, 不知所終”; 『舊五代史』「唐書」卷51「薛王存禮傳」, 690면, “薛王存禮, 武皇子, 同光三年封. 莊宗敗, 不知所終.”

206) 『舊五代史』「唐書」卷51「邕王存美傳」, 690면, “案通鑑云 : 存美以病風偏枯得免, 居於晉陽”; 『資治通鑑』卷275「後唐紀4」「明宗 天成元年(926) 夏四月乙未」條, 8979면.

207) 『舊五代史』「唐書」卷51「魏王繼岌傳」, 692면, “師回, 至渭南, 聞莊宗敗, 師徒潰散, 自縊死.”

했다.[208] 다만 『청이록(淸異錄)』[209]에서는 (후)당 복경공주(福慶公主)가 맹지상(孟知祥)에게 시집을 갔는데, 장종의 여러 아들이 삭발하고 중이 되어 샛길로 숨어서 촉(蜀)으로 도망가니 (맹)지상은 이들이 공주의 조카라 하여 후하게 대접했다고 하였은 즉,[210] 장종의 아들 중에는 촉에서 연명한 자가 있었던 것이다.

명종(明宗)의 큰아들 (이)종심(李從審)은 장종이 이름을 (이)계경(李繼璟)이라고 고쳤는데, 원행흠(元行欽)에게 살해되었다.[211] 다음 진왕(秦王) (이)종영(李從榮)은 군사를 이끌고 궁궐로 들어갔다가[212] 안종익(安從益)에게 살해되었다.[213] 송왕(宋王) (이)종후(李從厚)가 즉위하니 이가 민제(愍帝)인데, 나라를 잃은 뒤에 독을 마시고 죽었다.[214] (이)종찬(李從璨)은 앞서 장난으로 어탑(御榻)에 올랐다가 안중회(安重誨)의 모함을 받아 죽었다.[215] 허왕(許王) (이)종익(李從益)은 낙양(洛陽)에서 폐인이 되어 살았는데, 거란(契丹) 군주가 북으로 돌아가자 소한(蕭翰)이 그에게 남조군국사(南朝軍國事)를 맡아 보도록 했으나,[216] (후)한(後漢) 고조(高祖)가 낙양에 들어오자 사사되고 말

---

208) 『舊五代史』「唐書」 卷51 「繼潼等傳」, 692면, "繼潼·繼嵩·繼蟾·繼嶢並莊宗子, 同光三年拜光祿大夫·檢校司徒, 未封. 莊宗敗, 並不知所終."

209) 『淸異錄』: 宋 陶穀이 편찬한 책으로 唐, 五代시대의 이야기를 수록하고 있다.

210) 『淸異錄』卷下 「四奇家具」 "後唐福慶公主下降孟知祥, 長興四年, 明宗晏駕. 唐避亂莊宗諸兒削髮爲苾蒭, 間道走蜀, 時知祥新稱帝, 爲公主厚待猶子, 賜予千計 ……."

211) 『新五代史』 卷15 「明宗子從璟傳」, 161~162면, "從璟初名從審, …… 從璟馳至衛州, 爲元行欽所執, 將殺之, 從璟呼曰: '我父爲亂軍所逼, 公等不亮其心, 我亦不能至魏, 願歸衛天子.' 行欽釋之. 莊宗憐其言, 賜名繼璟, 以爲己子. 從莊宗如汴州, 將士多亡於道, 獨從璟不去, 左右或勸其逃禍, 從璟不聽. 莊宗聞明宗已渡黎陽, 復欲遣從璟通問. 行欽以爲不可, 遂殺之."

212) 李從榮은 明宗의 둘째 아들이지만 큰아들이 죽었으므로 제위 계승에 유리한 위치에 있었으나, 동생 李從厚(愍帝)의 강력한 도전을 받고 있었으므로 명종의 병세가 위독한 틈을 타 군사를 일으켜 궁궐로 들어가 스스로 제위에 오르려고 했다.

213) 『新五代史』 卷15 「明宗子從榮傳」, 166면, "從榮夫妻匿牀下, 從益殺之."

214) 『舊五代史』「唐書」 卷45 「閔帝紀」, 622면, "四月三日, 潞王入洛. 五日, 卽位. 七日, 廢帝爲鄂王. 遣弘贄子殿直王巒之衛州, 時弘贄已奉帝幸州廨. 九日, 巒至, 帝遇鴆而崩, 時年二十一."

215) 『新五代史』 卷15 「明宗姪從璨傳」, 167면, "明宗幸汴州, 以從璨爲大內皇城使. 嘗於會節園飮, 酒酣, 戲登御榻, 重誨奏其事, 貶房州司戶參軍, 賜死."

았다.[217] 민제에게는 아들 (이)중철(李重哲)이 있었던 것이 「명종기(明宗紀)」에 보이나,[218] 『구오대사』와 『신오대사』에 모두 그 열전이 없으니 아마도 역시 그 최후를 모르는 것이다. 이는 명종 뒤에 자손이 없었다는 것이다.

폐제(廢帝)의 큰아들 (이)중길(李重吉)은 민제에게 살해되었다.[219] 다음 옹왕(雍王) (이)중미(李重美)는 폐제와 함께 스스로 불타 죽었다.[220] 이는 폐제 뒤에 자손이 없었다는 것이다.

(후)진(後晉) 고조(高祖)의 아들 섬왕(剡王) (석)중윤(石重胤)[趙注 : 본래 고조의 동생이지만 양자로 삼았다],[221] 괵왕(虢王) (석)중영(石重英)은 모두 고조가 군사를 일으킬 때 (후)당 폐제에게 주살되었다.[222] 초왕(楚王) (석)중신(石重信), 수왕(壽王) (석)중예(石重乂)는 모두 장종빈(張從賓)에게 살해되었다.[223] 제왕(齊

---

216) 946년 12월에 遼가 後晉을 멸망시켰는데, 945년 4월에 遼 太宗이 죽자 汴州節度使로 開封에 주둔하고 있던 蕭翰은 북으로 다시 돌아가기로 하고 許王 從益을 끌어들이게 되었다.

217) 『舊五代史』「唐書」 卷51 「許王從益傳」, 696~697면, "開運末, 契丹主至汴, 以從益遙領曹州節度使, 復封許王, 與王妃尋歸西京. 會契丹主死, 其汴州節度使蕭翰謀歸北地, 慮中原無主, 軍民大亂, 則已亦不能按轡徐歸矣, 乃詐稱契丹主命, 遣人迎從益於洛陽, 令知南朝軍國事. 從益與王妃逃於徽陵以避之, 使者至, 不得已而赴焉. 從益於崇元殿見羣官, 蕭翰率部衆列拜於殿上, 羣官趨拜於殿下, 乃僞署王松爲左丞相, 趙上交爲右丞相, 李式・翟光鄴爲樞密使, 王景崇爲宣徽使, 餘官各有署置. 又以北來燕將劉祚爲權侍衛使, 充在京巡檢. 翰北歸, 從益餞於北郊. 及漢高祖將離太原, 從益召高行周・武行德欲拒漢高祖, 行周等不從, 且奏其事. 漢高祖怒, 車駕將至闕, 從益與王妃俱賜死於私第, 時年十七, 時人哀之."

218) 『舊五代史』「唐書」 卷44 「明宗紀」, 607면, "皇孫重光・重哲並授銀青光祿大夫・檢校工部尚書, 秦王・宋王子也."

219) 『新五代史』 卷16 「廢帝二子」「重吉傳」, 172면, "愍帝卽位, 不欲重吉掌親兵, 乃出重吉爲亳州團練使, 居幼澄於禁中, 又徙廢帝北京. 廢帝自疑, 乃反. 愍帝遣人殺重吉于宋州, 幼澄亦死."

220) 『新五代史』 卷16 「廢帝二子」「重美傳」, 173면, "廢帝自焚, 后及重美與俱死."

221) 『新五代史』 卷17 「晉家人傳」, 181면, "重胤, 高祖弟也, 亦不知其爲親疎, 然高祖愛之, 養以爲子, 故於名加'重'而下齒諸子."

222) 『新五代史』 卷17 「晉家人傳」, 181면, "而敬威、敬德、重胤、重英, 高祖反時死."

223) 『舊五代史』「晉書」 卷87 「楚王重信傳」, 1140면, "是歲, 范延光叛命於鄴, 詔遣前靈武節度使張從賓發河橋屯兵數千人, 東討延光. 旣而從賓與延光合謀爲亂, 遂害重信於理所, 時年二十, 遠近聞者, 爲之嘆惜"; 『舊五代史』「晉書」 卷87 「壽王重乂傳」, 1140면, "會從賓密通延光, 與婁繼英等先劫河橋, 次亂洛邑, 因害重乂於河南府, 時年十九."

王) (석)중귀(石重貴)가 제위를 이으니[趙注 : 본래 고조의 형인 (석)경유(石敬儒)의 아들이다[224]] 이가 출제(出帝)인데, 나중에 거란에 항복하여 북쪽으로 옮겨갔다.[225] 기왕(夔王) (석)중진(石重進), 진왕(陳王) (석)중고(石重杲)는 일찍 죽었다.[226] 막내아들 (석)중예(石重睿)는 출제를 따라 북쪽으로 옮겨갔다.[227] (석)중신의 두 아들과 출제의 아들 (석)연보(石延寶), (석)연후(石延煦)도 모두 따라 북쪽으로 옮겨졌으며 그 최후를 알지 못한다.[228] 이는 (후)진 황제 뒤에 또한 중국에 남은 자손이 없었다는 것이다.

(후)한 (고)조의 큰아들 위왕(魏王) (유)승훈(劉承訓)은 앞서 죽었다.[229] 다음 (유)승우(劉承祐)가 제위를 이으니 이가 은제(隱帝)인데 곽윤명(郭允明)에게 시해되었다.[230] 다음 진왕(陳王) (유)승훈(劉承勳)은 불치병으로 서지도 못하고 광순(廣順, 951~953) 초년에 죽었다.[231] 이는 (후)한 (고)조 뒤에 자손이 없었다는 것이다.

---

224) 『舊五代史』「晉書」卷81「少帝紀」, 1067면, "少帝, 名重貴, 高祖之從子也. 考諱敬儒, 母安氏, 以唐天祐十一年六月二十七日生帝於太原汾陽里. 敬儒嘗爲後唐莊宗騎將, 早薨, 高祖以帝爲子. 帝少而謹厚, 高祖愛之, 洎歷方鎭, 嘗遣從行, 委以庶事, 但性好馳射, 有祖禰之風."

225) 『新五代史』卷10「漢高祖紀」, 100면, "四年, 契丹犯京師, 出帝北遷."

226) 『新五代史』卷17「晉家人傳」, 181면, "高祖叔、兄與弟敬殷、子重進, 皆前卽位卒"; 『新五代史』卷17「高祖子陳王重杲傳」, 186면, "陳王重杲, 高祖幼子也. 小字馮六, 未名而卒."

227) 『舊五代史』「晉書」卷85「少帝紀」, 1126면, "癸卯, 帝與皇太后李氏・皇太妃安氏・皇后馮氏・皇弟重睿・皇子延煦延寶俱北行"; 『新五代史』卷17「高祖子重睿傳」, 185면, "契丹滅晉, 重睿從出帝北遷, 後不知其所終."

228) 『新五代史』卷17「出帝子延煦・延寶傳」, 187면, "後延煦等從出帝北遷, 不知其所終."

229) 『舊五代史』「漢書」卷105「魏王承訓傳」, 1385면, "以天福十二年十二月十一日薨於府署, 年二十六. 高祖發哀於太平宮, 哭之大慟, 以至於不豫"; 『新五代史』卷10「漢」「隱帝紀」, 103면, "魏王承訓長而賢. 高祖愛之, 方屬以爲嗣, 承訓薨, 高祖不豫, 悲哀疾劇, 乃以承祐屬諸將相."

230) 『舊五代史』「漢書」卷101「隱帝紀上」, 1343면, "隱皇帝, 諱承祐, 高祖第二子也. 母曰李太后, 以唐長興二年, 歲在辛卯, 三月七日, 生帝於鄴都之舊第"; 『舊五代史』「周書」卷110「太祖紀」, 1454면, "二十二日旦, 郭允明弑漢隱帝於北郊."

231) 『舊五代史』「漢書」卷105「陳王承勳傳」, 1386면, "隱帝崩, 軍情欲立勳爲嗣. 時勳已病, 大臣及諸將請候勳起居. 太后令左右以臥榻舁之以見, 諸將就視, 知勳之不能興, 故議立劉贇. 周廣順元年春卒."

(후)주(後周) (태)조가 업(鄴)에서 기병하자, (후)한은 병사들로 그의 서울 집[京邸 : 곧 개봉(開封)의 저택]을 포위하였으며 아들 (곽)청가(郭青哥), (곽)의가(郭意哥)가 모두 주살당했다.[232] 이는 (후)주 (태)조 뒤에 자손이 없었다는 것이다.

세종(世宗)은 양자로서 제위를 이었는데, 그 아들 (시)의가(柴宜哥), (시)희가(柴喜哥), (시)삼가(柴三哥)는 앞서 서울 집에 있다가 모두 (후)한에 의해 주살되었다.[233] 다음은 공제(恭帝)[234]인데, 송(宋)나라에 제위를 물렸다. 그 다음은 (시)희근(柴熙謹)은 송 건덕(乾德) 2년(964)에 죽었다.[235] 다음 (시)희양(柴熙讓), (시)희회(柴熙誨)는 그 최후를 모른다.[236] 그런데 공제는 양위한 뒤에도 또한 14년을 더 살다가 죽었으며,[237] (후)주의 자손들은 숭의공(崇義公)에 봉해져 송나라 3백여 년을 거치면서 세습이 끊이지 않았으니,[238] 다른 여러 황제들의 경우에 비하면 홀로 다행한 일이라 하겠다.

---

232) 『舊五代史』「周書」 卷122 「剡王侗傳」, 1607면, "剡王侗, 太祖子, 初名青哥, 漢末遇害"; 『舊五代史』「周書」 卷122 「杞王信傳」, 1607면, "杞王信, 太祖子, 初名意哥, 漢末遇害."

233) 『舊五代史』「周書」 卷111 「太祖紀」, 1468면, "故皇孫三人 : 宜哥贈左驍衛大將軍, 賜名誼; 喜哥贈武衛大將軍, 賜名誠; 三哥贈左領衛大將軍, 賜名誠"; 『舊五代史』 卷119 「世宗紀」, 1582면, 注 "蓋宜哥與其二皆爲漢誅, 指其現存者而長之耳. (舊五代史考異)."

234) 『舊五代史』「周書」 卷121 「恭帝紀」, 1591면, "恭帝, 諱宗訓, 世宗子也. …… 癸巳, 世宗崩. 甲午, 內出遺制, 命帝柩前即皇帝位."

235) 『舊五代史』「周書」 卷122 「紀王熙謹傳」, 1608면, "紀王熙謹, 世宗子, 顯德六年封, 皇朝乾德二年卒."

236) 『新五代史』 卷20 「周世宗家人傳」, 205면, "皇朝乾德二年十月, 熙謹卒. 熙讓·熙誨, 不知其所終."

237) 北宋이 시작된 것은 960년이고, 恭帝가 죽은 것은 宋 開寶6年(973)이니, 왕조교체 후 햇수로 14년을 더 산 셈이다. 『舊五代史』「周書」 卷121 「恭帝紀」, 1597면, "今上於是詣崇元殿受命, 百官朝賀而退. 制封周帝爲鄭王, 以奉周祀, 正朔服色一如舊制, 奉皇太后爲周太后. 皇朝開寶六年春, 崩于房陵. 今上聞之震慟, 發哀成服於便殿, 百僚進名奉慰. 尋遣中使監護其喪. 以其年十月, 歸葬于世宗慶陵之側. 詔有司定謚曰恭皇帝, 陵曰順陵."

238) 『宋史』 卷12 「仁宗紀」, 244면, "(嘉祐 4年夏4月)癸酉, 封柴氏後爲崇義公, 給田十頃, 奉周室祀"; 『宋史』 卷15 「神宗紀」, 280면, "乙亥, 崇義公柴詠致仕, 子若訥襲封"; 『宋史』 卷21 「徽宗紀」, 401면, "(重和元年閏月)丙子, 詔 : 周柴氏後已封崇義公, 復立恭帝後以爲宣義郎, 監周陵廟, 世世爲國三恪."

306. 후주 태조가 결혼한 네 여자는 모두 재혼녀였다周祖四娶皆再醮婦

(후)주(後周) 태조(太祖)는 당초 군교(軍校)였다. 마침 (후)당(後唐) 장종(莊宗)이 붕어하자 명종(明宗)이 그 궁녀들을 내보내 각자 집으로 돌아가게 했다. 그 가운데 시(柴)씨는 장종의 빈(嬪)이었는데, 여관에 머물다가 한 사내가 지나가는 것을 보고는 여관에다 저 사람이 누구냐고 묻자 곽작아(郭雀兒)라고 했다. 시씨는 그가 예사롭지 않은 사람임을 알아보고 결국 갖고 있던 재물의 반을 부모에게 준 뒤 나머지 반을 가지고 (후)주 태조에게 시집을 가서 그를 출세시키는 데에 쓰니[趙注 : 『동도사략(東都事略)』에는 보이나,[239] 설거정(薛居正)의 『구오대사(舊五代史)』, 구양수(歐陽修)의 『신오대사(新五代史)』에는 모두 시씨가 (후)당 궁중 출신임을 싣지 않았다],[240] 이가 곧 세종(世宗)의 고모였다. 나중에 죽고 난 뒤 (후)주 태조가 즉위해서 시호를 추증해 성목황후(聖穆皇后)라고 했다.[241] 양(楊)씨라는 이는 이미 석광보(石光輔)에게 시집을 갔는데, 석광보가 죽고, (후)

---

239) (宋) 王稱 撰, 『東都事略』(臺北 : 國立中央圖書館, 1991) 卷21 「張永德傳」, 372면, "初周太祖柴后, 本唐莊宗之嬪御也. 莊宗沒, 明宗遣歸其家. 行至河上, 父母迓之會. 大風兩止於逆旅. 數日, 有一丈夫走過其門, 衣弊不能自庇. 后驚曰 : '此何人耶?' 逆旅主人曰 : '此馬步軍史郭雀兒也.' 后異其人, 欲嫁之, 請于父母. 父母恚曰 : '汝帝左右人歸, 當嫁節度使. 何欲嫁此人?' 后曰 : '此貴人, 不可失也. 囊中裝分半與父母, 我取其半.' 父母知不可奪, 遂成婚于逆旅."

240) 『舊五代史』「周書」卷121「聖穆柴皇后傳」, 1599면, 注 "案東都事略張永德傳云 : 周太祖柴后, 本唐莊宗之嬪御也, 莊宗沒, 明宗遣歸其家, 行至河上, 父母迓之, 會大風雨, 止於逆旅數日. 有一丈夫走過其門, 衣弊不能自庇, 后見之, 驚曰 : '此何人邪?' 逆旅主人曰 : '此馬步軍使郭雀兒者也.' 后異其人, 欲嫁之, 請於父母. 父母恚曰 : '汝帝左右人, 歸當嫁節度使, 奈何欲嫁此人?' 后曰 : '此貴人也, 不可失也. 囊中裝分半與父母, 我取其半.' 父母知不可奪, 遂成婚於逆旅中. 所謂郭雀兒, 卽周太祖也."

241) 『舊五代史』「周書」卷121「太祖聖穆皇后柴氏傳」, 1599~1600면, "太祖卽位, 乃下制曰 : '義之深無先於作配, 禮之重莫大於追崇. 朕當宁載思, 撫存懷舊. 河洲令德, 猶傳荇菜之詩; 嬀汭大名, 不及珩璜之貴. 俾盛副笄之禮, 以伸求劍之情. 故夫人柴氏, 代籍貽芳, 湘靈集慶. 體柔儀而陳翽翟, 芬若椒蘭; 持貞操以選中璫, 譽光圖史. 懿範尙留於閨閫, 昌言有助於箴規. 深唯望氣之艱, 彌歎藏舟之速, 將開寶祚, 俄謝璧台. 宜正號於軒宮, 俾潛耀於坤象, 可追命爲皇后. 仍令所司定謚, 備禮冊命.' 旣而有司上謚曰聖穆."

주 태조의 시부인(柴夫人)도 마침 세상을 뜨자, 결국 (후주 태조가) 그녀를 맞아들였다. 양씨는 당초 응하려 하지 않다가 동생 (양)정장(楊廷璋)에게 (후)주 (태)조를 만나보게 했는데, (양)정장이 돌아와 (후)주 (태)조의 자태가 예사롭지 않아 거절할 수 없다고 하자 결국 시집을 갔다. 나중에 죽자 추증하여 숙비(淑妃)로 책봉했다.[242] (후)주 (태)조는 또 장(張)씨를 맞아들였는데, 장씨 역시 먼저 무종간(武從諫)의 아들에게 시집갔다가 과부가 되었고, 마침 (후)주 (태)조의 양부인(楊夫人)이 죽자 맞아들여 계실(繼室)로 삼은 것이었다. (후)주 (태)조가 업(鄴)에서 군사를 일으키자 장씨는 자녀들과 함께 서울 집에 있다가 (후)한에 주살되었고, 나중에 추증되어 귀비(貴妃)로 책봉되었다.[243] (후)주 (태)조가 황제가 된 뒤에는 동(董)씨라는 이가 있었는데, 예전에 양부인과는 고향 친구여서 양(부인)이 평소 그녀의 현명함을 칭찬했었고, 앞서 유진초(劉進超)에게 시집갔다가 마침 과부가 되어 살고 있었는데, (후)주 (태)조가 양(부인)의 말을 기억하고는 또 그녀를 맞아들이니, 이가 덕비(德妃)이다.[244] 전후로 네 번 결혼한 것을 따져 보면 모두가 재혼녀이니 또한 이해할 수 없는 일이다.

242) 『舊五代史』「周書」卷121「楊氏傳」, 1600~1601면, "唐明宗在藩, 錄其遺逸. 安重誨保庇妃家, 致其仕進, 父母卽以妃嫁于鄕人石光輔, 不數年嫠居. 太祖佐漢之初, 屬聖穆皇后棄世, 聞妃之賢, 遂以禮聘之. 妃睦族撫孤, 宜家內助, 甚有力焉. 晉天福末, 卒於太原, 因留葬於晉郊. 廣順元年九月, 追冊爲淑妃."

243) 『舊五代史』「周書」卷121「張氏傳」, 1601면, "時妃年尙幼, 有幽州偏將武從諫者, 駐旆於家, 見妃韶令, 乃爲其子聘之. 武氏家在太原. 太祖從漢祖鎭幷門, 屬楊夫人以疾終, 無何武氏子卒, 太祖素聞妃之賢, 遂納爲繼室. 太祖貴, 累封至吳國夫人. 漢隱帝末, 蕭牆變起, 屠害大臣, 太祖在鄴都被讒, 妃與諸皇屬同日遇害於東京舊第. 太祖踐祚, 追冊爲貴妃, 發哀, 故世宗有起復之命."

244) 『舊五代史』「周書」卷121「董氏傳」, 1602면, "時年十三. 妃歸踰年, 嫁爲里人劉進超之妻, 進超爲內職, 及契丹破晉之歲, 陷蕃歿焉. 妃嫠居洛陽. 太祖楊淑妃與妃鄕親, 平居恆言妃賢德. 太祖從漢祖幸洛, 因憶淑妃之言, 尋以禮納之. 鼎命初建, 張貴妃遇禍, 中宮虛位, 乃冊爲德妃."

307. 총애하고 우대하는 공신에게는 고향 이름을 고쳐 하사했다 寵待功臣改賜鄕里名號

『신당서(新唐書)』를 보면, 주도(朱滔)가 반란을 일으키려 하자 유평(劉怦)이 간언하여 "사도(司徒) 형제는 은혜롭게 받은 대우가 극에 달했습니다. 지금 창평(昌平)에 태위향(太尉鄕), 사도리(司徒里)가 있으니 불후의 공업입니다"[245]라고 운운했는데, 이는 당(唐)나라 때 총애하고 우대하는 공신에게 향리의 (새로운) 이름을 하사하는 예가 본래 있었음을 말한다[趙注 : 「유자현전(劉子玄傳 : 劉知幾의 열전)」을 보면, 저술을 좋아하여 거소자(居巢子)에 봉해졌다. 형제 여섯 명이 모두 재주와 명성이 있어 사람들이 그 향(鄕)을 '고양(高陽)', 리(里)를 '거소(居巢)'라 칭했다고 한다.[246] 그러한 즉 향리의 이름을 고치는 것은 본래 민간에서 영예롭게 장려하는 일이었는데, 조정에서 그것을 따른 것이다]. 당나라 말기에 이르면 (이러한 예가) 더욱 범람했다. 당(唐) 소종(昭宗)은 주온(朱溫)에게 공이 있다 하여 패군왕(沛郡王)으로 봉하고 조서를 내려 그 향 금의리(錦衣里)를 패왕리(沛王里)로 고치도록 했다.[247] (후)량(後梁) 개평(開平) 연간(907~911)에는 전류(錢鏐)[248]가 그가 살던 임안현(臨安縣)의 광의향

---

245)『新唐書』卷212「朱滔傳」, 5969면, "滔姑子劉怦爲州刺史, 以書諫曰 : '司徒身節制, 太尉位宰相, 恩遇極矣. 今昌平有太尉鄕·司徒里, 不朽業也. 能以忠順自將, 則無不濟. 比忘上樂戰, 不顧成敗如安·史者, 今復何有? 司徒圖之, 無貽悔.' 滔不從, 連兵救悅."

246)『新唐書』卷132「劉子玄傳」, 4521면, "子玄內負有所未盡, 乃委國史於吳兢, 別撰劉氏家史及譜考. 上推漢爲陸終苗裔, 非堯後; 彭城叢亭里諸劉, 出楚孝王囂曾孫居巢侯般, 不承元王. 按據明審, 議者高其博. 嘗曰 : '吾若得封, 必以居巢紹司徒舊邑.' 後果封居巢縣子. 鄕人以其兄弟六人俱有名, 號其鄕曰高陽, 里曰居巢."

247)『舊五代史』「梁書」卷1「太祖紀」, 10~11면, "五月己亥, 昭宗制以帝檢校侍中, 增食邑三千戶. 戊辰, 詔改帝鄕曰衣錦鄕, 里曰沛王里."

248) 錢鏐(852~932, 재위 907~932) : 五代 杭州 臨安縣 사람으로 字는 具美, 小字는 婆留이다. 어려서 私鹽을 팔았다. 唐末 董昌을 따라 黃巢軍을 진압하였다. 光啓 3년(887) 恒州刺史가 되었고, 景福 元年(892) 武勝軍防禦使가 되었다. 다음 해 杭州의 羅城을 쌓았다. 다시 鎭海軍節度使 潤州刺史가 되었다. 乾寧 3년(896) 董昌을 죽이고 越州(지금의 浙江省 紹興)를 합병하고 鎭海鎭東節度使가 되었다. 乾寧 5년(898) 杭州로 옮겨 兩浙에 할거하였다. 開平 元年(907) 後梁이 吳越王에 봉하였다. 貞明 5년(919) 吳와 화해하여 안정국면에 접어들었다. 재위시 의례와 호위의 명칭은 모두 天子의 제도를 취하였다. 그러나 스스로를 지키기를 도모하여 中原王朝에 稱臣하고 공물을 바쳤다. 수

(廣義鄕)을 의금향(衣錦鄕)으로 고쳐 달라고 상주했다[趙注 : 모두 「양기(梁紀)」에 보인다].[249] 이는 모두 특별한 은총에서 나온 것이었다.

(후)당(後唐) 장흥(長興) 원년(930)에는 조서를 내려 여러 신하들 가운데 직위가 평장사(平章事),[250] 시중(侍中),[251] 중서령(中書令)에 해당하는 자에게는 모두 향리의 이름을 고쳐 주도록 했으니, 또한 정해진 예가 된 것이 분명하다[趙注 : 「후당기(後唐紀)」].[252] (후)진(後晉) 천복(天福) 3년(938)에는 조서를 내려 사상(使相), 절도사(節度使) 관직을 가진 양광원(楊光遠) 이하 일곱 명에게 모두 향리의 이름을 고치도록 했다.[253] 또 조서를 내려 재상 조형(趙瑩), 상유한(桑維翰), 이숭(李崧) 등에게 역시 향리의 이름을 고치도록 했다. 형남절도사(荊南節度使) 고종회(高從誨)는 본관이 변주(汴州) 준의현(浚儀縣) 왕기향(王畿鄕) 표절방(表節坊)이었는데, 조서를 내려 옹정향(擁旌鄕) 욕봉리(浴鳳里)로 고치도록 했다[趙注 : 「진기(晉紀)」].[254] 풍도(馮道)는 『장락로전(長樂老傳)』 자서

리시설을 확충하고 통상을 장려하여 대외무역을 촉진시켰다. 謚號는 武肅王이다.

249) 『舊五代史』 「梁書」 卷4 「太祖紀」, 64면, "兩浙錢鏐奏, 改管內紫極宮爲眞聖觀, 改臨安縣廣義鄕爲衣錦鄕."

250) 平章事 : 同中書門下平章事의 약칭.

251) 侍中 : 官名. 본래 秦漢時代에는 少府의 屬官이었으나 魏晉시대 점차 貴重하게 되고 南朝 劉宋 때 機要를 관장하기 시작하였다. 隋初 納言이라 칭하고 大業 12년(616) 侍內로 고쳤다가 唐 武德初 다시 納言으로 바꾸었다가 武德 5년(622) 侍中으로 고쳤으며, 五代까지 이 명칭이 계속되었다. 門下省의 長官으로 制敕의 封駁을 담당하였다. 中書省의 長官인 中書令과 공동으로 軍國大政을 논의하여 宰相의 지위에 있었다. 두 명을 두었으며 品階는 正三品이다. 玄宗 때 이미 쉽게 제수하지 않았다. 大曆 2년(787) 正二品으로 品階를 올린 이후 우대하는 장수와 대신들에게 주는 명예직으로 바뀌었다. 이후 중요한 일은 門下省의 門下侍郞이 처리하였다. 龍朔 2년(662) 東臺左相으로 바뀌었다가 咸亨 元年(670) 원래의 명칭으로 환원되었다. 光宅 元年(684) 鸞臺納言으로 改稱했다가 神龍 元年(705) 원래의 관명으로 되돌아갔다. 開元 元年(713) 黃門監으로 바뀌었다가 改元 5년(717) 원래의 명칭으로 환원되었다. 天寶 元年(742) 左相으로 바뀌었다가 至德 2년(757) 원래대로 바뀌었다.

252) 『舊五代史』 「唐書」 卷41 「明宗紀」, 560면, "羣臣職位帶平章事·侍中·中書令, 並與改鄕名里號."

253) 『舊五代史』 「晉書」 卷77 「高祖紀」, 1016면, "丁酉, 詔 : '尙書省司門應管諸關令丞等, 宜準唐天成四年四月四日敕, 本司不得差補, 祗委關鎭使鈐轄, 見差補者, 並畫時勒停訖奏聞. 應常帶使相節度使, 自楊光遠已下凡七人, 並改鄕里名號'."

254) 『舊五代史』 「晉書」 卷77 「高祖紀」, 1016면, "宰臣趙瑩·桑維翰·李崧各改鄕里名

(自敍)에서 관직이 높아짐에 따라 칙명이 내려와 태어난 내소향(來蘇鄕)을 원보향(元輔鄕)으로, 조한리(朝漢里)를 효행리(孝行里)로 고치도록 했고, 나중에 하남(河南)에 집을 짓자 또 칙명이 내려져 거주하는 삼주향(三州鄕)을 고쳐 상상향(上相鄕)으로 하고, 영대리(靈臺里)를 중태리(中台里)로 고치도록 했으며, 관직이 더욱 올라가게 되자 또 상상향을 태위향(太尉鄕)으로, 중태리를 시중리(侍中里)로 고치도록 했다고 기록했다.[255] 이는 관직에 따라 여러 차례 (이름을) 고쳤다는 것이다. 천복 4년(939)에는 중서(성)(中書省)에서 상주하여 태원(太原)에 있는 잠룡장(潛龍莊)을 경장궁(慶長宮)으로, 사상향(使相鄕)을 용비향(龍飛鄕)으로, 도위리(都尉里)를 신광리(神光里)로 고치자고 했다.[256] 사상이나 도위(都尉) 같은 이름은 아마도 모두 아직 즉위하기 전에 하사 받은 것인 듯하며, 이에 이르러 다시 고친 것이다. 풍도가 관직에 따라 향리의 이름을 고친 것을 보면, 곧 제왕의 잠저(潛邸)[257]도 자연히 또한 고쳐 부르는 것이 마땅했을 것이다.

308. 장전의와 풍도張全義馮道

장전의(張全義)는 주온(朱溫)을 아첨으로 섬겨 심지어 처첩과 자녀들이 그에게 난잡한 짓거리를 당했는데도 수치스럽게 여기지 않았으며,[258] (후)

號. 荊南節度使高從誨本貫汴州浚儀縣王畿鄕表節東坊, 改爲擁旌鄕浴鳳里."

255)『舊五代史』「周書」卷126「馮道傳」, 1663면, "唐長興二年敕, 瀛州景城縣莊來蘇鄕改爲元輔鄕, 朝漢里爲孝行里. 洛南莊貫河南府洛陽縣三州鄕靈臺里, 奉晉天福五年敕, 三州鄕改爲上相鄕, 靈臺里改爲中台里, 時守司徒・兼侍中; 又奉八年敕, 上相鄕改爲太尉鄕, 中台里改爲侍中里, 時守太尉・兼侍中."

256)『舊五代史』「晉書」卷78「高祖紀」, 1027면, "二月辛卯, 改東京玉華殿爲永福殿. 中書上言 : '太原潛龍莊望建爲慶昌宮, 使相鄕望改爲龍飛鄕, 都尉里望改爲神光里.' 從之."

257) 潛邸 : 천자가 아직 즉위하지 않은 때에 살았던 저택.

258)『新五代史』卷45「雜傳」「張全義傳」, 490면, "自梁與晉戰河北, 兵數敗亡, 全義輒

당(後唐)이 (후)량(後梁)을 멸망시키게 되자 또 (후)당 장종(莊宗), 유후(劉后), 궁중악사, 환관 등에게 뇌물을 써서 작록과 지위를 보존했다.[259] 풍도(馮道)는 역대로 네 개의 성을 가진[260] 10명의 군주를 섬겨 주군을 잃고 나라를 망하게 하는 것을 보아도 일찍이 마음에 두어 생각하지 않았고, 바야흐로 스스로를 '장락로(長樂老)'라 일컬으며[261] 자기가 얻은 품계, 훈작, 관위, 작록을 서술하여 그것을 영예로 여겼다.[262] 두 사람은 모두 인간 세상에 부끄러운 일이 있다는 것을 알지 못하는 자라고 할 것이다.

그러나 당시에는 모든 사람이 한 목소리로 다들 두 사람이 명신이요, 원로라고 했다. (후)진(後晉) 천복(天福) 연간(936~944)에 (장)전의의 아들 (장)계조(張繼祚)가 장종빈(張從賓) 등과 함께 반란을 도모했는데, 마땅히 일족을 주살되어야 했지만, 이도(李濤)가 상주하여 말하길 "(장)전의는 낙읍(洛邑)[263]을 다시 세운 공적이 있으니, 청컨대 일족을 주살하는 것은 면하게 해 주십시오"라고 하였다[趙注 : 『(자치)통감(資治通鑑)』].[264] (이에) 조서를 내려 말

蒐卒伍鎧馬, 月獻之以補其缺. 太祖兵敗蓨縣, 道病, 還洛, 幸全義會節園避暑, 留旬日, 全義妻女皆迫淫之. 其子繼祚憤恥不自勝, 欲剚刃太祖, 全義止之曰 : '吾爲李罕之兵圍河陽, 啖木屑以爲食, 惟有一馬, 欲殺以餉軍, 死在朝夕, 而梁兵出之, 得至今日, 此恩不可忘也.' 繼祚乃止."

259) 『新五代史』 卷45 「雜傳」「張全義傳」, 491면, "全義因去梁所賜名, 請復其故名. 而全義猶不自安, 乃厚賂劉皇后以自託"; 『新五代史』 卷14 「莊宗神閔敬皇后劉氏傳」, 144 ~145면, "莊宗數幸郭崇韜·元行欽等私第, 常與后俱. 其後, 幸張全義第, 酒酣, 命后拜全義爲養父. 全義日遣姬妾出入中宮, 問遺不絶."

260) 後唐의 李씨, 後晉의 石씨, 後漢의 劉씨, 後周의 郭씨를 가리킨다.

261) 『舊五代史』「周書」 卷126 「馮道傳」, 1661면, "乾祐中, 道奉朝請外, 平居自適. 一日, 著長樂老自敍云."

262) 『新五代史』 卷54 「雜傳」「馮道傳」, 614~615면, "當是時, 天下大亂, 戎夷交侵, 生民之命, 急於倒懸, 道方自號'長樂老', 著書數百言, 陳己更事四姓及契丹所得階勳官爵以爲榮. 自謂 : '孝於家, 忠於國, 爲子·爲弟·爲人臣·爲師長·爲夫·爲父, 有子·有孫. 時開一卷, 時飮一杯, 食味·別聲·被色, 老安於當代, 老而自樂, 何樂如之?' 蓋其自述如此."

263) 洛邑 : 洛陽을 지칭하며, 현재 河南省 洛陽市에 해당한다.

264) 『舊五代史』 卷96 「張繼祚傳」, 1274면, 注 "案通鑑云 : 史館修撰李濤上言 : '張全義有再造洛邑之功, 乞免其族.' 遂止誅繼祚妻子." 및 『資治通鑑』 卷281 「後晉紀2」 高祖 天福2年(937) 秋七月乙卯」條, 9179~9180면.

하길 "(장)계조는 분명히 반란을 따랐으니 형률을 대속하기 어렵지만, 먼저 간 신하를 돌아보면 실로 남긴 덕이 있는지라 갑자기 지금 제사를 멈춤은 깊이 염려되는 바이다. 조상의 묘소와 사당이 있는 것은 가까운 친척에게 주어 맡겨야 할 것이다"라고 했다[趙注 : 「진기(晉紀)」].265) 이는 (장)전의 의 덕이 후손에게까지 미친 것이다.

야율덕광(耶律德光)266)은 변(주)(汴州)에 들어가 유계훈(劉繼勳)이 (후)진 출제(出帝)를 위해 모의하여 두 나라의 우호 관계를 끊으려 한 것을 꾸짖었는데, (유)계훈이 풍도를 핑계대자, (야율)덕광은 "그 어른은 떠들썩한 것을 좋아하는 분이 아니니 끌어들이지 말라"라고 말했다[趙注 : 「유계훈전」].267) 곽충서(郭忠恕) 역시 (풍)도에게 "공은 누대에 걸친 대신으로 성실과 신뢰가 세상에 드러났으니, 사방에서 논하는 선비들은 어질고 못나고를 막론하고 모두 어른으로 여깁니다"라고 말했다[趙注 : 『오대회요(五代會

---

265) 『舊五代史』「晉書」 卷76 「高祖紀」, 1006~1007면, "先是, 遐監左藏庫於洛陽, 會張從賓叛, 令强取錢帛, 遐拒而不與, 因而遇害, 故有是命. 乙巳, 詔 : '天下見禁囚徒, 除十惡五逆・放火劫舍・持杖殺人・合造毒藥・官典犯贓・欠負官錢外, 其餘不問輕重・已發覺未發覺・已結正未結正, 並從釋放. 應自張從賓作亂以來, 有曾被張從賓及張延播脅從染汚者, 及符彦饒下隋身軍將等, 兼安州王暉徒黨, 除已誅戮外, 並從釋放, 一切不問. 張繼祚在喪紀之中, 承逆豎之意, 顯從叛亂, 難貸刑章. 乃睠先臣, 實有遺德, 遽茲乏祀, 深所軫懷. 其一房家業, 準法雖已籍沒, 所有先臣并祖父母墳莊祠堂, 並可交付骨肉主張. 應自梁朝・後唐以來, 前後奉使及北京沿邊管界擄掠往向北人口, 宜令官給錢物, 差使齎持, 往彼收贖, 放歸本家.' 云."

266) 耶律德光(902~947, 재위 927~947) : 契丹人이며 耶律阿保機의 둘째 아들이다. 天下兵馬大元帥가 되어 군대를 통솔하여 전쟁에 나서 공을 세웠다. 즉위 후 정복된 渤海國을 東京(지금의 遼寧省 遼陽市)으로 옮겨 통제에 편하게 하였다. 이 때문에 형 耶律倍가 後唐으로 도망갔다. 天顯 11년(936) 군대를 이끌고 남하하여 石敬瑭을 晉帝로 삼고 幽薊 16州를 차지하였다. 會同 9년(946) 石重貴가 孫이라 칭하고 臣이라 칭하지 않자 남하하여 後晉을 멸하고 다음 해 年號를 大同, 國號를 大遼라 하였다. 開封에 주둔하면서 胡騎를 사방으로 파견하여 노략질하여 이를 打草穀이라 불렀다. 華北民들의 저항에 직면하자 철수하다 도중에 죽었다. 廟號는 太宗이다.

267) 『舊五代史』 卷96 「劉繼勳傳」, 1278면, "始少帝與契丹絶好, 繼勳亦預其謀, 及契丹主至闕, 繼勳自鎭來朝, 契丹責之. 時馮道在側, 繼勳事急, 指道曰 : '少帝在鄴, 道爲首相, 與景延廣謀議, 遂致南北失歡. 臣位至卑, 未嘗措言, 今請問道, 道細知之.' 契丹主曰 : '此老子不是好鬧人, 無相牽引, 皆爾輩爲之.' 繼勳不敢復對."

要)』].[268] (풍)도가 죽었을 때 나이가 일흔셋이었는데, 논자들은 공자(孔子)와 같은 나이에 죽었다고 말하기까지 했다[趙注 : 「본전」].[269] 이는 풍도의 덕망이 한 시대에 드높았다는 것이다.

아침엔 진(秦)나라를 섬기다 저녁엔 초(楚)나라를 섬긴(朝秦暮楚) 사람이면서도 모두 이렇게 아름다운 영예를 얻고, 죽은 뒤에도 여전히 추도가 이어졌으며, 외국에서도 역시 공경하고 믿을 만함을 알았으니 그 까닭은 무엇인가? 아마도 오대(五代)의 어지러운 시기에 백성들의 목숨이 거꾸로 걸렸는데, 두 사람만이 유독 시대를 구제하고 사람들을 돕는 것을 염두에 둘 수 있었기 때문일 것이다.

본전에 실려 있어 다시 서술할 필요가 없는 것을 제외하고 다른 책이나 다른 열전에서 보이는 것을 보자. (장)전의는 주량(朱梁, 곧 후량)을 섬기면서 전쟁을 면하게 하였고, 떠돌아다니는 백성들을 다시 불러들여 그들에게 부모를 섬기고 자식을 돌볼 수 있게 했다. 매번 밖으로 나갈 때면 새 보리와 새 누에고치를 볼 때마다 곧 기뻐하니, 백성들은 "왕께서는 음악이나 광대는 좋아하지 않고 오로지 좋은 누에나 보리를 보면 웃으실 뿐이구나"라고 몰래 말했다[趙注 : 『낙양진신구문기(洛陽縉紳舊聞記)』].[270] 양응식(楊凝式)은

---

268) [王注] 이 일은 陶岳의 『五代史補』 卷5에 보이니, 『五代會要』라 한 것은 잘못이다.

269) 『新五代史』 卷54 「雜傳」 「馮道傳」, 615면, "葬畢而道卒, 年七十三, 謚曰文懿, 追封瀛王. 道旣卒, 時人皆共稱歎, 以謂與孔子同壽, 其喜爲之稱譽蓋如此."

270) (宋) 張齊賢撰, 『洛陽搢臣舊聞記』(上海 : 上海古籍出版社, 1991, 四庫筆記小說叢書) 卷2 「齊王張令公外傳」, 1036~1044면, "取其新麥新繭觀之, 對之喜動顔色, 民間有竊言者曰 : '大王見好聲妓等閒不笑, 惟見好蠶麥卽笑爾.'" 및 『舊五代史』 「唐書」 卷63 「張全義傳」, 838면, 注 "案洛陽搢紳舊聞記 : 王每喜民力耕織者, 某家今年蠶麥善, 去都城一舍之內, 必馬足及之, 悉召其家老幼, 親慰勞之, 賜以酒食茶綵, 丈夫遺之布袴, 婦人裙衫, 時民間尙衣靑, 婦人皆靑絹爲之. 取其新麥新繭, 對之喜動顔色, 民間有竊言者曰 : '大王見好聲妓, 等閒不笑, 惟見好蠶麥卽笑爾.' 其眞朴皆此類. 每觀秋稼, 見田中無草者, 必下馬命賓客觀之, 召田主慰勞之, 賜之衣物. 若見禾中有草, 地耕不熟, 立召田主集衆決責之. 若苗荒地生, 詰之, 民訴以牛疲或闕人耕鋤, 則田邊下馬, 立召其鄰伻責之曰 : '此少人牛, 何不衆助之.' 鄰伻皆伏罪, 卽赦之. 自是洛陽之民無遠近, 民之少牛者相率助之, 少人者亦然. 田夫田婦, 相勸以耕桑爲務, 是以家有蓄積, 水旱無飢民. 王誠信, 每水旱祈祭, 必具湯沐, 素食別寢, 至祠祭所, 儼然若對

(장)전의에게 바치는 시에 "낙양(洛陽)의 풍경은 실로 슬픔을 견딜 만하니, 예전에는 일찍이 부서진 기와더미였다네. 우리 공께서 다시 수리하지 않았던들, 지금까지 여전히 한갓 잿더미였을 터"라고 했다[趙注 : 『오대시화(五代詩話)』].[271] 이를 통해 역시 (오는 사람들을) 위로해 불러들이고 편안하게 모은 그의 공을 볼 수 있다.

풍도는 (후)당 명종(明宗) 때 해마다 자주 풍년이 들자 황제에게 편안한 처지에 있어도 위험한 때의 일을 미리 생각하고 경계하도록(居安思危) 권했고, 봄비가 지나치게 많이 내리자 황제에게 널리 은혜를 베풀도록 권했다[趙注 : 「당기(唐紀)」].[272] 야율덕광을 만나서는 "지금 백성들은 부처가 나와도 구원할 수가 없으나 오직 황제께서만 구할 수 있습니다"라고 말했는데, 논자들은 (풍도의) 이 말 한 마디가 중국 사람들이 모두 죽을 것을 면하게 한 것이라 여겼다[趙注 : 『(자치)통감』].[273] (후)한(後漢) (고)조(高祖) 때에는 소가죽에 대한 금령이 매우 엄해서 숨긴 자는 사형에 처했는데, 20여 명이 연좌되자 (풍)도가 힘써 간쟁해서 면할 수 있도록 했다[趙注 : 『낙양진신구문기』].[274]

至尊, 容如不足. 遇旱, 祈禱未雨, 左右必曰 '王可開塔', 卽無畏師塔也, 在龍門廣化寺. 王卽依言而開塔, 未嘗不澍雨, 故當時俚諺云 : '王禱雨, 買雨具'."

271) 『五代詩話』 卷2 "凝式詩什 亦多雜以詼諧, 少從張全義辟, 故作詩紀全義之德云, 洛陽風景實堪哀, 昔日曾爲瓦子堆. 不是我公重葺理, 至今猶自一堆灰"; 『舊五代史』 卷128 「楊凝式傳」, 1684면, 注 "案別傳云 : 凝式 …… 少從張全義辟, 故作詩紀全義之德云 : '洛陽風景實堪哀, 昔日曾爲瓦子堆. 不是我公重葺理, 至今猶自一堆灰'."

272) 『舊五代史』 「唐書」 卷38 「明宗紀」, 530면, "居數日, 帝延宰臣於元德殿, 言及民 事, 馮道奏曰 : '莊宗末年, 不撫軍民, 惑於聲樂, 遂致人怨國亂. 陛下自膺人望, 歲時豐稔, 亦淳化所致也. 更願居安思危.' 帝然之." 및 『舊五代史』 「唐書」 卷43 「明宗紀」, 590면, "癸卯, 帝顧謂宰臣曰 : '春雨稍多, 久未晴霽, 何也?' 馮道對曰 : '水旱作沴, 雖是天之常道, 然季春行秋令, 臣之罪也. 更望陛下廣敷恩宥, 久雨無妨於聖政也'."

273) 趙翼의 注는 『자치통감』에서 인용한 것으로 표시했으나, 이 내용은 『新五代史』에 보인다. 『新五代史』 卷54 「雜傳」 「馮道傳」, 614면, "耶律德光嘗問道曰 : '天下百姓如何救得?' 道爲俳語以對曰 : '此時佛出救不得, 惟皇帝救得.' 人皆以謂契丹不夷滅中國之人者, 賴道一言之善也."

274) 漢祖가 北京에 있을 때, 군사를 모으면서 소가죽의 사사로운 매매와 民間에서의 사용을 금하고, 소가 죽으면 그 가죽을 官에 납부하도록 했다. 즉위 후에도 天下의 牛皮 사용을 금하는 法을 만들자 천하백성들이 이것을 고달파했다. 마침, 上黨의 民들이 이 법을 어긴 이가 이십여 명이었고 罪는 죽음에 해당했는데, 馮道가 황제를 설득하

또 진왕(秦王) (이)종영(李從榮)이 패했을 때 그 속료들은 모두 죄에 연루되어야 했으나, (풍)도는 홀로 임찬(任贊), 왕군민(王君敏) 등이 본래 정직하여 (이)종영에게 미움을 산 것이라고 힘써 말하여 그들을 방면하도록 했다[趙注 : 「당기」].[275] 사규(史圭)는 관리를 선발하는 일[銓事]로 (풍)도와 사이가 안 좋았는데, (풍)도는 오히려 (사)규를 형부시랑(刑部侍郎)[276]으로 천거했다[趙

여 이들의 죄를 재물로 대속하게 해주고 풀어주었다(『舊五代史』「周書」卷126「馮道傳」, 1660~1661면, 注 "案洛陽縉紳舊聞記 : 贈大監張公璨, 漢祖卽位之初爲上黨戎判. 漢祖在北京時, 大聚甲兵, 禁牛皮不得私貿易及民間盜用之, 如有牛死, 卽時官納其皮, 其有犯者甚衆. 及卽大位, 三司擧行請禁天下牛皮法, 與河東時同, 天下苦之. 會上黨民犯牛皮者二十餘人, 獄成, 罪俱當死. 大監時爲判官, 獨執曰 : '主上欽明, 三司不合如此起請, 二十餘人死尙間可, 使天下犯者皆銜寃而死乎! 且主上在河東, 大聚甲兵, 須藉牛皮, 嚴禁可也, 今爲天下君, 何少牛皮, 立法至于此乎!' 遂封奏之. 時三司使方用事, 執政之地, 除馮瀛王外皆惡之, 曰 : '豈有州郡使敢非朝廷詔敕!' 力言於漢祖. 漢祖亦怒曰 : '昭義一判官, 是何敢如此! 其犯牛皮者, 依俱死. 大監以非毀詔敕, 亦死.' 敕未下, 獨瀛王非時請見. 漢祖出, 瀛王曰 : '陛下在河東時, 斷牛皮可也, 今旣有天下, 牛皮不合禁. 陛下赤子枉死之, 亦足爲陛下惜. 昭義判官, 以卑位食陛下祿, 居陛下官, 不惜軀命, 敢執而奏之, 可賞不可殺. 臣當輔弼之任, 使此枉害人性命, 臣不能早奏, 使陛下正, 臣罪當誅.' 稽首再拜. 又曰 : '張璨不合加罪, 望加敕赦之.' 漢祖久之曰 : '已行之矣.' 馮瀛王曰 : '敕未下.' 漢祖遽曰 : '與赦之.' 馮曰 : '勒停可乎?' 上曰 : '可.' 由是改其敕, 記其略曰 : '三司邦計, 國法攸依, 張璨體事未明, 執理乖當, 宜停見職, 犯牛皮者貸命放之.' 大監聽敕訖, 聞敕云'執理乖當', 尙曰 : '中書自不能執理, 若一一教外道判官執理, 則焉用彼相乎!'").

275) 『舊五代史』「唐書」卷44「明宗紀」, 609~610면, "(長興 4年 11月)丁酉, 勅秦王府官屬, 除諮議參軍高輦已處斬外, 元帥府判官・兵部侍郎任贊配武州, 祕書監兼秦王傅劉贊配嵐州, 河南少尹劉陟配均州, 並爲長流百姓, 縱逢恩赦, 不在放還. …… 時宰相・樞密使共議任贊等已下罪, 馮道等曰 : '任贊前在班行, 比與從榮無舊, 除官未及月餘, 便逢此禍. 王居敏、司徒詡疾病請假, 將近半年, 近日之事, 計不同謀. 從榮所款昵者高輦、劉陟、王說三人, 昨從榮稱兵指闕之際, 沿路只與劉陟、高輦並轡耳語, 至天津橋南, 指日影謂諸判官曰 : '明日如今, 已誅王居敏矣.' 則知其冗泛之徒, 不可一例從坐.' 朱弘昭意欲盡誅任贊已下, 馮贇力爭之乃已."

276) 刑部侍郎 : 尙書省 刑部의 次官이다. 隋煬帝 大業 3년(607) 설치되었다가 唐 武德 7년(624) 폐지되었다가 貞觀 2년(628) 다시 설치되었다. 1員을 두었으며, 品階는 正四品下이다. 刑法과 徒隸, 勾覆, 關禁을 다루었다. 中唐 이후 刑部尙書를 대개 外官이 겸직하여 空銜이 되자 刑部侍郎이 刑部의 사무를 총괄하였다. 龍朔 2년(662) 司列少常伯으로 바뀌었다가 咸亨 元年(670) 원래대로 바뀌었다. 光宅 元年(684) 秋官侍郎으로 개칭되었다가 神龍 元年(705) 원래의 이름을 회복하였다. 天寶 11년(752) 憲部侍郎으로 개칭했다가 至德 2년(757) 원래대로 환원되었다.

注 : 「사규전」].[277] 한운(韓惲)은 본성이 근면하고 후덕했는데, (풍)도가 재상이 되자 항상 그를 좌우에 두었다[趙注 : 「한운전」].[278] 이는 (풍)도의 사람됨이 역시 실제 세상을 구제하는 것을 마음에 두고 공정하게 일을 처리하였지, 겉으로만 어른답고 후덕한 것은 아니었다는 것이다. 두 사람의 평소 행적을 총체적으로 살펴보면, 곧 그 덕망에 대해 멀고 가까운 곳에서 모두 따르며 감복하는 바였으니, 진실로 역시 까닭이 있었던 것이다.

역대로 여러 왕조를 섬겨 신하된 절조를 어그러뜨린 것에 대해서도 오대(五代)에서 벼슬한 사람들은 모두 익숙하게 보아 본래 그러한 것이라 이상하게 여길 만한 것이 없다고 여겼다. 「정도광전(鄭韜光傳)」에서는 어린아이 때부터 벼슬에서 물러날 때[懸車]까지 모두 열한 명의 임금을 섬겼고, 70년을 넘기면서 관부의 비방도 없고 사사로운 허물도 없었으니, 선비들은 어질고 아니고를 막론하고 모두 그를 칭송했다고 했다.[279] 열한 명의 임금을 대대로 섬긴 사람으로서 도리어 관부의 비방도 없다고 했으니, 당시 풍조에 여러 왕조를 바꾸어 섬기는 것을 잘못으로 여기는 것이 결코 없었음을 볼 수 있으며, (이런 상황 속에서) (장)전의와 (풍)도를 헐뜯는 논의가 나오지 않은 것도 당연했던 것이다.

---

277) 『舊五代史』「晉書」卷92「史圭傳」, 1218면, "高祖登極, 徵爲刑部侍郎, 判鹽鐵副使, 皆宰臣馮道之奏請也. 始圭在明宗時爲右丞, 權判銓事, 道在中書, 嘗以堂判衡銓司所注官, 圭怒, 力爭之, 道亦微有不足之色; 至是圭首爲道所擧, 方愧其度量遠不及也. 旋改吏部侍郎, 分知銓事, 而圭素厲廉守節, 大著公平之譽."

278) 『舊五代史』「晉書」卷92「韓惲傳」, 1223면, "天成初, 改秘書監. 俄而馮道爲丞相, 與惲有同幕之舊, 以惲性謹厚, 尤左右之, 尋遷禮部尙書."

279) 『舊五代史』「晉書」卷92「鄭韜光傳」, 1221~1222면, "自襁褓迨于懸車, 凡事十一君, 越七十載, 所仕無官謗, 無私過, 三持使節, 不辱君命, 士無賢不肖, 皆恭己接納. 晩年背傴, 時人咸曰鄭傴不迂. 平生交友之中無怨隙, 親族之間無愛憎, 恬和自如, 性尙平簡, 及致政歸洛, 甚愜終焉之志."

309. 오대 때 사람들은 '언'을 이름으로 쓰는 예가 많았다五代人多以彦爲名

'언(彦)'자는 본래 좋은 이름이기 때문에[280] 사람들이 그것으로 이름을 짓는 예가 많았지만, 오대(五代) 때처럼 많은 경우는 없었다. 당(唐)나라 말엽에 본래 재상 서언약(徐彦若), 좌습유(左拾遺) 서언추(徐彦樞),[281] 공봉관(供奉官)[282] 사언경(史彦瓊), 환관 지언훈(支彦勳), 위박(魏博)[趙注 : 무릇 주진(州鎭)을 언급하는 것은 모두 그 절도사(節度使)(의 약칭)이다] 악언정(樂彦禎), 동천(東川) 고언랑(顧彦朗)과 그 아우 (고)언휘(高彦暉), (고)언요(高彦瑤[283])가 있었다.

(후)량(後梁) 때에 유명한 이로는 철창(鐵槍) 왕언장(王彦章[284])이 있으니 사람들이 모두 아는 바이다. 그러나 같은 시기에 통병대장(統兵大將)으로 사언장(謝彦章)이 있었다. 그 밖에도 창주(滄州) 노정언(盧廷彦), 동주(同州) 구언경(寇彦卿), 부주(鄜州) 이언용(李彦容), 정승군(靜勝軍) 이언도(李彦韜)[趙注 : 본명은 온소도(溫昭圖)],[285] 선의군(宣義軍) 곽언위(霍彦威)가 있고, 또 창주 노언위(盧彦威), 좌용무통군(左龍武統軍) 이언위(李彦威)[趙注 : 즉, 주우공(朱友恭)],[286] 도

---

280) '彦'이란 글자는 선비라는 뜻 이외에 재덕이 뛰어난 남자의 미칭으로도 사용된다.

281) 【王注】 徐彦樞는 『舊唐書』에 열전이 있는데, 그 형인 徐彦若의 뒤에 붙어 있으며(卷179), 그 官職은 太常少卿이라 했다.

282) 供奉官 : 皇帝의 좌우에서 직무를 담당하는 관직.

283) 【王注】 顧彦瑤의 이름은 『新五代史』 卷63 「王建世家」에 보이는데 顧彦暉의 장수이지 그 아우가 아니다.

284) 王彦章(863~923) : 唐五代 鄆州 壽張縣(지금의 山東省 梁山縣 서북) 사람으로 字는 賢明, 혹은 子明이다. 용맹하고 힘이 셌다. 전쟁 때마다 鐵槍을 쥐고 적진을 공격하여 軍中에서 王鐵槍이라 불렀다. 後梁 건국 후 濮州刺史·澶州刺史·汝州防禦使·鄭州防禦使·許滑節度使를 지냈다. 龍德 3년(923) 李存勗이 칭제하고 後唐을 세운 후 後梁이 鄆州를 잃자 北面招討使가 되어 德勝口를 끊고 黃河의 남북에 2城을 쌓아 後唐의 공격에 대비하였다. 전후 백여 회 싸웠는데 적의 大軍이 몰려오자 후퇴하여 兗州와 鄆州의 경계에 주둔하였으나 李嗣源의 습격으로 패하여 사로잡혔다. 後唐 莊宗이 살려주려 했으나 이를 거부하고 피살되었다.

285) 『新五代史』 卷40 「溫韜傳」, 441면, "溫韜, 京兆華原人也. 少爲盜, 後事李茂貞, 爲華原鎭將, 冒姓李, 名彦韜. …… 末帝時, 韜復叛茂貞降梁, 梁改耀州爲崇州, 鼎州爲裕州, 義勝爲靜勝軍, 卽以韜爲節度使, 復其姓溫, 更其名曰昭圖."

지휘사(都指揮使) 양언홍(楊彦洪), 채주자사(蔡州刺史) 왕언온(王彦溫), 대장 이언유(李彦柔), 좌천무사(左天武使) 유언규(劉彦圭), 좌복야압아(左僕射押牙) 왕언홍(王彦洪), 양유수장(楊劉守將) 안언지(安彦之), 유주기장(幽州騎將) 고언장(高彦章), 채주군교(蔡州軍校) 장언가(張彦珂), 뇌만(雷滿)의 아들 (뇌)언공(雷彦恭), (뇌)언웅(雷彦雄), (뇌)언위(雷彦威)가 있다.

(후)당(後唐), (후)진(後晉) 사이에는 중서(中書) 초언빈(焦彦賓), 공봉관 유언요(劉彦瑤), 환관 마언규(馬彦珪), 영관(伶官)[287] 사언경(史彦瓊), 우감문위상장군(右監門衛上將軍)[288] 왕언린(王彦璘), 병마도감(兵馬都監) 하언랑(夏彦朗), 황성사(皇城使)[289] 이언신(李彦紳), 궁원사(宮苑使) 사언용(史彦容), 유혁장(遊奕將) 이언휘(李彦暉), 용양지휘사(龍驤指揮使) 요언온(姚彦溫), 마보군사(馬步軍使) 마언초(馬彦超), 추밀(樞密) 이건휘(李虔徽)의 객 변언온(邊彦溫),[290] 보군지휘사(步軍指揮使) 약언조(藥彦稠), 호부상서(戶部尙書)[291] 한언휘(韓彦

---

286) 『舊五代史』「梁書」 卷19 「朱友恭傳」, 257면, "朱友恭, 壽春人, 本姓李, 名彦威. 丱角事太祖, 性穎利, 善體太祖意, 太祖憐之, 因畜爲己子, 賜姓, 初名克讓, 後改之."

287) 伶官 : 樂官名이다. 五代 後唐의 莊宗이 俳優音樂을 좋아하여 伶人을 총애하였는데, 이를 伶官이라 칭했다. 敬新磨·景進·史彦瓊 등이 대표적이다. 전권을 행사하여 國政을 파괴하여 정치 혼란의 원인이 되었다. 南唐 등 국가에도 伶官이 있었으며, 일찍이 後周에 伶官 오십 명을 바치기도 했다. 『新五代史』 권37에는 「伶官傳」이 있다.

288) 右監門衛上將軍 : 官名으로 右監門衛에 설치된 職事官으로 品階는 從二品이다. 후에 각 衛의 上將軍이 職事官에서 文武勳臣들이 이동하는 자격으로 변하면서 명예직이 되었다.

289) 皇城使 : 使職名으로 唐 天祐 3년(906) 설치하였으며, 五代에도 존재하였다. 皇城의 開閉와 警衛에 관한 일을 관장하였다.

290) **[王注]** 邊彦溫은 安重誨를 무고했던 밀고자로서 李行德, 張儉에게 쓰인 바이며, 『舊五代史』 卷41 「唐明宗本紀」에 보인다. 당시 李虔徽가 樞密承旨였는데 그와는 관계가 없다. 『舊五代史』「唐書」 卷41 「明宗紀」, 567면, "(長興元年八月)乙未, 捧聖軍使李行德、十將張儉、告密人邊彦溫並族誅, 以其誣告安重誨私市兵仗故也."

291) 戶部尙書 : 尙書省 戶部의 長官이다. 隋는 前代를 이어 度支尙書를 설치하였는데, 開皇 3년(583) 民部尙書로 고쳤다가 唐 貞觀 23년(649) 戶部尙書로 고쳤다. 1員을 두었으며, 品階는 正三品이다. 高宗·武后 시기 度支尙書·司元太常伯·地官尙書로 바뀌었다가 원래대로 회복되었다. 五代에도 戶部尙書라 칭했다. 天下의 土地·戶口·賦稅·錢穀 등을 관장하였다. 中唐 이후 他官이 錢穀의 사무를 관장하게 되어 戶部는 使職에 의해 침탈되고 尙書 역시 外官이 겸하는 명목뿐인 관직이 되어 일상 사무는 戶部侍郎이 처리하였다.

暉)[趙注 : 설거정(薛居正)의 『구오대사(舊五代史)』에서는 '휘(暉)'라 했고 구양수(歐陽修)의 『신오대사(新五代史)』에서는 '운(惲)'이라 했다],[292] 하중(河中) 안언위(安彦威), 의성(義成) 이언순(李彦舜), 안국(安國) 양언순(楊彦珣),[293] 창의(彰義) 장언택(張彦澤), 소순(昭順) 요언장(姚彦章), 진주부사(鎭州副使) 이언가(李彦珂), 흥원부사(興元副使) 부언림(苻彦琳), 막주자사(鄚州刺史) 백언구(白彦球), 천평군부사(天平軍副使) 이언윤(李彦贇), 하양행군사마(河陽行軍司馬) 이언순(李彦珣), 영주장(靈州將) 왕언충(王彦忠), 동천(東川) 동장(董璋)의 장수 이언쇠(李彦釗), 안중영(安重榮)의 장수 조언지(趙彦之), 두중위(杜重威)의 아들 이름 (두)언초(杜彦超)가 있다.

(후)진, (후)한(後漢) 사이에는 태녕(泰寧) 모용언초(慕容彦超), 보대군(保大軍) 장언초(張彦超), 서주(徐州) 왕언초(王彦超), 동주(同州) 장언윤(張彦贇), 지안양주(知安陽州) 부언륜(苻彦倫), 단주지휘사(丹州指揮使) 고언순(高彦珣), 여경사(如京使) 견언기(甄彦琦), 감군 양언랑(楊彦朗), 하언초(何彦超), 선봉지휘사(先鋒指揮使) 사언초(史彦超), 보군지휘사 송언균(宋彦筠), 하동행군사마(河東行軍司馬) 장언위(張彦威), 기주자사(沂州刺史) 방언유(房彦儒), 분주자사(汾州刺史) 무언홍(武彦弘), 경주자사(慶州刺史) 곽언흠(郭彦欽), 등주자사(鄧州刺史) 곽언위(郭彦威), 진주부사(鎭州副使) 이언기(李彦琦), 원종도압아(元從都押牙) 소언존(蘇彦存), 후궁도압아(後宮都押牙) 이언필(李彦弼), 괵주자사(虢州刺史) 상언경(常彦卿), 서주수어사(徐州守禦使) 강언환(康彦環),[294] 서경판관(西京判官) 시언징(時彦澄), 보녕군도두(保寧軍都頭) 유언장(劉彦章), 안주군교(安州軍校) 무언화(武彦和), 창의 장만진(張萬進)의 아들 이름 (장)언구(張彦球), 동주지휘사(同州指揮使) 성은(成殷)의 아들 이름 (성)언장(成彦章)이 있다.

(후)한, (후)주(後周) 사이에는 부언도(符彦圖), (부)언초(符彦超), (부)언경(符

292) [王注] 『舊五代史』와 『新五代史』는 모두 '惲'이라 썼고, 또한 韓惲이라는 이름으로 『舊五代史』 卷92에 열전이 있다.

293) [王注] 『舊五代史』 卷90과 『新五代史』 卷47에 모두 열전이 있는데, '珣'은 '詢'으로 되어 있으니, 이에 근거해 마땅히 고쳐야 한다.

294) [王注] 『舊五代史』 卷100 「漢高祖本紀」에는 '徐州'가 '金州'로 되어 있으므로 이를 근거로 고쳐야 한다.

彦卿), (부)언요(符彦饒), (부)언능(符彦能)이 있었는데 모두 부존심(符存審)의 아들이다. 그리고 상련봉어(尙輦奉御) 김언영(金彦英)【趙注 : 본래 고려(高麗) 사람이다】,[295] 감군 이언종(李彦從), 내객성사(內客省使)[296] 이언군(李彦頵), 좌위상장군(左衛上將軍)[297] 호언가(扈彦珂), 금오위상장군(金吾衛上將軍)[298] 장언성(張彦成), 수부원외랑(水部員外郎) 한언경(韓彦卿), 진주부사(鎭州副使) 조언택(趙彦鐸)이 있다. 이는 모두 『구오대사』와 『신오대사』에 보이는 예이다.

이밖에도 유수광(劉守光)에게는 장수 사언장(史彦章)이 있었고, 양행밀(楊行密)에게는 수주장(壽州將) 왕언위(王彦威), 군사(軍使) 팽언장(彭彦章)이 있었다. 남당(南唐)에는 수주대장(壽州大將) 유언정(劉彦貞), 초주장(楚州將) 장언경(張彦卿), 원주자사(袁州刺史) 원언장(袁彦章)이 있었고, 서지훈(徐知訓)에게는 행주리(行酒吏) 조언능(刁彦能)이 있었다. 남한(南漢)에는 대장 오언주(伍彦儔), 지휘사(指揮使) 기언윤(暨彦贇), 환관 허언정(許彦貞)이 있었다.[299] 북한(北漢)에는 요주자사(遼州刺史) 부정언(傅廷彦), 석주자사(石州刺史) 안언진(安彦進)이 있었다. 촉(蜀)에는 선봉사(先鋒使) 상언휘(尙彦暉), 초토사(招討使) 고언주(高彦儔), 부사(副使) 여언가(呂彦珂), 사개(使价) 조언도(趙彦韜), 객장(客將)[300] 왕언구(王彦球), 원언초(袁彦超)가 있었다. 민(閩)에는 학

---

295) 『舊五代史』「周書」 卷120 「恭帝紀」, 1592면, "(顯德 6年 秋七月)丁巳, 百僚釋服. 尙輦奉御金彦英, 本東夷人也, 奉使高麗, 稱臣於夷王, 故及於罪."

296) 內客省使 : 客省使라고도 한다. 唐 永泰 연간 처음으로 客省이 설치되어 지방에서 長安으로 朝覲하는 官員과 다른 나라 사절이 이곳에서 명을 기다렸으며, 음식은 관부에서 지급했다. 客省使와 副使가 일을 주관했으며, 鴻臚寺의 직권을 일부 빼앗았다. 五代 後晉·後漢·後周와 吳·南唐·前蜀·後蜀·吳越·閩·北漢에 모두 이 직책이 있었다. 後唐 莊宗이 客省使 李嚴을 蜀에 파견하였고, 南唐·閩·吳越 등도 사절로 왕래하였다.

297) 左衛上將軍 : 品階는 從二品이며, 左衛의 武官名이다.

298) 金吾衛上將軍 : 品階는 從二品이며, 金吾衛에 설치된 武官으로 실제로는 명예직이었다.

299) 【王注】『宋史』 卷481 「南漢劉鋹傳」에는 (伍彦儔의) '儔'가 '柔'로 되어 있으며, 『新五代史』 卷65 「南漢世家」에는 (許彦貞의) '貞'이 '眞'으로 되어 있는데, 이를 근거로 바꿔야 한다.

300) 客將 : 客籍의 將領 또는 本部에 예속되지 않은 장수를 가리킨다. 書吏衙役을 지칭

사(學士) 요언약(廖彦若)이 있었고,[301] 초(楚)의 마은(馬殷[302])에게는 좌상(左相) 요언장(姚彦章), 대장 요언휘(姚彦暉), 유언도(劉彦韜),[303] 낭주수(朗州帥) 뇌언공(雷彦恭), (뇌)언웅(雷彦雄), 건주장(虔州將) 이언도(李彦韜)가 있었다.

심지어 요(遼)에도 막주자사 왕언휘(王彦徽), 환주자사(寰州刺史) 조언신(趙彦辛),[304] 무주자사(武州刺史) 왕언부(王彦符), 아교(牙校[305]) 허언흠(許彦欽)이 있었다. 당항(黨項)에도 역시 탁발언소(拓跋彦昭)가 있었고 위주(威州)에는 탁발언초(拓跋彦超)가 있었다. 회골(回鶻)에는 수령 양언순(楊彦詢)이 있었다. 남녕만(南寧蠻)에는 추장(酋長) 막언주(莫彦珠[306])가 있었는데, 역시 『구오대사』와 『신오대사』에 보인다.

송(宋)나라 초기에 이르러서도 여전히 그러했으니, 진교(역)(陳橋驛)의 군사반란 때 군교(軍校) 나언괴(羅彦瓌), 왕언승(王彦昇)이 있었다. 뒤에는 용첩지휘사(龍捷指揮使) 조언휘(趙彦徽), 무신군절도사(武信軍節度使) 최언진(崔彦進), 보군지휘사 근언랑(靳彦朗), 진양순검(晉陽巡檢) 목언장(穆彦章)이

하기도 한다.

301) **[王注]** 廖彦若은 唐末 泉州刺史였는데 정치를 행함에 貪暴하여 후에 王潮에게 격파되었음이 『新五代史』 卷68 「閩世家」에 보이니, 學士가 아니다.

302) 馬殷(852~930, 재위 907~930) : 許州 鄢陵縣 사람으로 字는 霸圖이다. 원래 木工이었으나 군사모집에 응하여 從軍하였다. 처음에 孫儒의 裨將이었다가 秦宗權·孫儒·劉建峰을 따라 江淮를 약탈하였다. 乾寧 元年(894) 劉建峰을 따라 湖南에 들어가 潭州(지금의 湖南省 長沙市)를 거점으로 삼았다. 乾寧 3년(896) 劉建峰이 죽자 部衆의 추대로 우두머리가 되어 潭州刺史가 되었고, 후에 武安軍節度使가 되었다. 장수를 보내 邵州·衡州·永州·道州·郴州·連州·朗州·灃州를 점령하여 湘湖를 통일하였다. 후에 嶺南의 桂州·容州 등 11州를 점령하였다. 高郁의 전략을 써서 밖으로 강대국을 섬기고 안으로 농업과 통상을 발전시켰다. 開平 元年(907) 後梁이 天策上將軍으로 임명하고 楚王에 봉했다. 天成 2년(927) 後唐이 楚國王으로 봉하였다. 潭州를 長沙府로 바꾸고 스스로 관속을 두었다. 말년에 아들들이 권력다툼을 벌여 憤死하였다. 諡號는 武穆王이다.

303) **[王注]** 『新五代史』 卷66 「楚世家」에는 '姚'가 '秦'으로, '韜'가 '瑫'로 되어 있으므로 응당 바꿔야 한다.

304) **[王注]** 이 이름은 『宋史』 卷5 「太宗紀」에 보이며, 『遼史』 卷11 「聖宗紀」에는 '趙彦章'으로 되어 있는데, '辛'字는 아마도 '章'字의 잘못일 것이다.

305) 牙校 : 하급 무관.

306) **[王注]** 『新五代史』 「楚世家」에는 '珠'가 '殊'로 되어 있으므로 이에 따라 고쳐야 한다.

있었다. 북한을 정벌할 때에는 방어사(防禦使) 장언진(張彦進)이 있었고, 남한을 정벌할 때에는 부장(部將) 염언곤(冉彦袞)이 있었으며, (후)촉(後蜀)을 정벌할 때에는 부장 고언용(高彦容), 절언윤(折彦贇)이 있었다. 또 두태후(杜太后) 오빠의 아들로 (두)언초(杜彦超), (두)언규(杜彦珪), (두)언준(杜彦遵), (두)언균(杜彦鈞), (두)언빈(杜彦彬)이 있었다. 태종(太宗) 때에는 여전히 공봉관 진언순(陳彦詢), 숭화부사(崇化副使) 염언진(閻彦進)이 있었다. 병주(幷州)를 정벌할 때에는 상식사(尙食使) 석언윤(石彦贇)이 있었다. 거란을 정벌할 때에는 사주관찰사(沙州觀察使) 두언규(杜彦圭)가 있었다. 이는 또한 『송사(宋史)』에서 보이는 예이다.

오대부터 송대(宋代)까지 모두 헤아려 보면 '언장(彦章)'이란 이름을 가진 자가 일곱 명, '언초(彦超)'가 열한 명, '언위(彦威)'가 일곱 명, '언경(彦卿)'이 일곱 명, '언진(彦進)'이 네 명, '언온(彦溫)'과 '언도(彦韜)'가 각각 세 명이었다.[307] 다투어 서로 모방하여 각자 '언'자를 이름으로 삼았으니 또한 한 시대의 풍조였다.

307) 【王注】 이 통계수치는 정확하지 못하니, 곧 本篇에 열거된 이름들을 통해 살펴보면 '彦章'이라 이름한 이가 여덟 명, '彦卿'은 다섯 명이다. 실제로 『舊五代史』와 『新五代史』 가운데 열전이 있는 이 중에도 열거되지 않은 이가 많으니, 예컨대 後唐의 劉彦琮(『舊五代史』 卷61), 楊彦溫(『舊五代史』 卷74), 後晉의 孫彦韜(『舊五代史』 卷94) 등이다. 글 가운데 언급된 자는 수가 더욱 많으므로 반드시 상세하게 나열할 필요는 없다.

이십이사차기 | 찾아보기

찾아보기

ㄱ

ㄴ

ㄹ

ㅁ

ㅂ

ㅅ

ㅇ

ㅈ

ㅊ

ㅋ

ㅌ

ㅍ